CVV

COMOVAIVOCÊ?

CVV, 50 ANOS OUVINDO PESSOAS

DALMO DUQUE DOS SANTOS

SUMÁRIO

CAPÍTULO VII. O MUNDO MUDOU E A AMIZADE CONTINUA.

Pode a máquina substituir o voluntário? Cabeça e coração no Mundo Digital. Como fica a prevenção do suicídio? E os próximos 50 anos? Apenas 17 anos e um conto de Tchekov. Quanto vale uma amizade?

DEDICATÓRIA

Ao Cel. Edgard Pereira Armond e ao Dr. Milton Batista Jardim, respectivamente idealizador e organizador do grupo que formou a base dos primeiros voluntários do CVV.

Ao Dr. Ary Lex, da Faculdade de Medicina da USP, que forneceu as primeiras informações científicas e orientações práticas para a estruturação dos plantões do CVV.

Ao Dr. Wilson Ferreira de Mello, grande incentivador dos jovens fundadores e que acolheu o CVV em seu consultório nos primeiros meses de funcionamento;

Ao Dr. Pedro Martins, que atuou por mais de 20 anos como voluntário e presidente do Centro de Valorização da Vida.

À Sebastião da Silva Filho e Oswaldo Caccielo, da SETA, que voluntariamente cuidaram por muitos anos das contas CVV.

CENTENÁRIO DO FUNDADOR DOS SAMARITANOS

SIR EDWARD CHAD VARAH (1911-2011)

PRÓLOGO

A prevenção do suicídio no Brasil praticamente se confunde com a trajetória do Centro de Valorização da Vida. Talvez não fosse única, nem a pioneira, mas certamente surgiu em um contexto no qual a sociedade passava por graves mudanças e o suicídio, em franco crescimento, também passou ser questionado como tabu. Em vários países foram surgindo pequenos focos de contestação do preconceito em torno do assunto.

No Brasil, a iniciativa de enfrentar o suicídio partiu de um grupo de jovens portadores de idealismo e disposição, porém desprovidos de conhecimento e experiência. O assunto continuava apenas como caso de polícia, foco de sensacionalismo nos jornais ou então como preconceito, superstição e condenação religiosa.

Era preciso criar uma forma diferente e menos traumática para lidar com esse estigma da tragédia humana. Nesse sentido aqueles jovens foram buscar auxílio no meio acadêmico e também na experiência médica de alguns psiquiatras, os quais sentiam a mesma necessidade de mudar a forma como a sociedade - e a própria medicina – enfrentam o suicídio. Eles viram na iniciativa a oportunidade de chamar a atenção das autoridades e da opinião pública para a gravidade do problema. Dessa forma, os jovens se municiaram de informações, metodologia e muita cautela para não confundirem a atitude voluntária com ação profissional. Tudo isso ocorreu em 1961, período em que estudaram o tema por meio de dados estatísticos, entrevistas com profissionais, visitas a enfermos que haviam tentado suicídio, além de planejar a escala de trabalho, ou seja, de "plantões". No ano seguinte, todos já estavam organizados e a postos para iniciar o trabalho, tendo como recurso apenas uma pequena sala e um telefone, emprestados por uma instituição beneficente.

Assim iniciou-se a história da prevenção do suicídio no Brasil, feita por jovens voluntários, pessoas comuns apoiando-se uns nos outros e também com o auxílio de pesquisadores entusiastas dessa maneira diferente de ajudar pessoas.

Essa história pode ser resumida também em como descobrimos e aprendemos a utilizar a nossa principal ferramenta de ajuda, que é "falar menos e ouvir mais", principalmente quando se trata de auxiliar pessoas desesperadas.

Aqui a história é contada pelo ponto de vista de um voluntário ingressante na entidade aos 17 anos de idade, não como atendente, mas como elemento de apoio num curso de seleção, o qual participou até completar 18 anos, juntamente com alguns jovens amigos.

2011, ano em que iniciamos as comemorações, celebramos o centenário de nascimento do Rev. Chad Varah, nosso grande exemplo de iniciativa humanitária e fundador dos Samaritanos, instituição a qual serviu de modelo para a criação do CVV no Brasil. Chad começou seu trabalho em Londres, quase duas décadas antes, com a publicação de uma pequena nota de jornal; nela escreveu estar disposto a "**ouvir seriamente pessoas falarem de assuntos sérios**". Naquela época, ele era apenas um jovem sacerdote recém formado e sem nenhuma experiência em oferecer auxílio aos suicidas. Mais tarde, Chad tornou-se psicólogo, porque percebeu a enorme contribuição dessa ciência para entender e compreender melhor o comportamento dos suicidas. Isso também foi muito importante para que os voluntários não assumissem atitudes próprias dos profissionais e exercessem com mais eficiência a sua atividade de doação de amizade.

Como vimos, os jovens sempre foram presença marcante no CVV. O líder do grupo de fundadores tinha somente 17 anos ao receber a tarefa de criar a Campanha de Valorização da Vida -nome original da entidade- a qual se tornou Centro de Valorização da Vida. Dos primeiros participantes desse grupo, a maioria não passava de 25 anos de idade. O atual Coordenador Nacional, hoje com 47 anos, tornou-se voluntário aos 19 anos. Isso é muito significativo, pois as estatísticas da Organização Mundial de Saúde e do Ministério da Saúde apontam um crescimento espantoso do índice de suicídios entre os adolescentes nos últimos dez anos.

Os jovens ingressam no CVV atraídos primeiramente pela busca de si mesmos e também pela possibilidade de ajudar pessoas solitárias por alguma circunstância; ou porque não superaram o isolamento e introspecção, muito comum nessa fase da existência. Entram na adolescência e lá se tornam adultos. Despojados naturalmente de alguns preconceitos sociais, permanecem anos e até algumas décadas nesse círculo que consideram uma grande escola de convivência e compreensão do ser humano. Ficam fascinados pela história iniciada em Londres, na década de 1930, com o suicídio de uma menina de 14 anos; ou então pelo caso do um bilhete lacônico, dado como desafio a um jovem em 1961, desencadeador da fundação do CVV em São Paulo no ano seguinte.

Enfim, quem somos, de onde viemos e o que fazemos é o que vamos relatar nas páginas desse livro.

Todos os anos, os postos do CVV, hoje espalhados em mais de 70 cidades, oferecem cursos para a formação de voluntários. Em cinco décadas de atuação, a entidade reuniu em seus programas de formação mais de 30 mil pessoas, a maioria jovens, mas também gente de todas as idades. Essa experiência de treinar pessoas para ouvir e compreender equações emocionais é uma grande aventura de auto-conhecimento e disciplina pessoal. Mesmo aqueles que não permanecem, se despedem com um forte sentimento de gratidão por terem aprendido coisas as quais marcarão para sempre a suas vidas.

O que se ensina e o que se aprende nesses cursos?

Nada demais senão a capacidade de ouvir e compreender o ser humano no momento em que ele sofre e não suporta essa dor íntima.

Durante as aulas e no estágio, o CVV faz uma proposta introspectiva aos candidatos, que é mudar também a forma de ver as coisas e as pessoas, afastando os preconceitos e desenvolvendo a capacidade de aceitação. Afinal, o que os olhos não veem o coração não sente. Essa é proposta de vida do CVV, um conceito desafiador o qual instiga os candidatos que nos procuram. Eles aceitam esse desafio porque sabem o que buscam: um novo rumo e um novo sentido para suas vidas. Eles sabem também que assim podem mudar a vida de muitas pessoas, aliviando seus sofrimentos e livrando-as da tragédia do suicídio.

OS 50 ANOS MAIS TERRÍVEIS E PROMISSORES DA HUMANIDADE

"Estima-se que no mundo, em média, pelo menos mil pessoas se matam por dia"

– WHU- Public Healt Papes nº35, 1968"

A ERA ESPACIAL 1961-1987

1961 – Morrem o escritor Ernest Hemingway e o cartunista Péricles de Andrade Maranhão, criador do Amigo da Onça. No dia 27 de junho o jornal Folha de São Paulo anuncia o "Festival da Bossa Nova" em prol da reforma do Teatro Oficina com "Vinicius de Morais, Antonio Carlos Jobim, Baden Powell, Johnny Alf, Claudette Soares, Sergio Ricardo, Silvinha Teles, no auditório Rui Barbosa, no Mackenzie.

Em 28 de julho Jacques Conchon recebe um bilhete e um recorte de jornal de Edgard Armond sugerindo a criação de um serviço de prevenção do suicídio.

O Dr. Albert Sabin aperfeiçoa a vacina contra a poliomielite e renuncia aos direitos de patente, para facilitar sua difusão pelo mundo. Incêndio criminoso no "Gran-circo Norte-americano", em Niterói (RJ) mata 317 pessoas, a maioria delas crianças e mulheres, e mais de 300 ficam feridas. O cirurgião Ivo Pitanguy improvisa em Niterói um hospital de socorro às vítimas dessa tragédia. Tropas legalistas garantem a posse de João Goulart e do primeiro-ministro Tancredo Neves. Kennedy envia as Forças Armadas para conter violentos conflitos raciais no Alabama. O monge budista Ngo Quang Duc ateia fogo no próprio corpo em protesto contra a política religiosa do Vietnã do Sul.

Tem início a construção do Muro de Berlim, símbolo máximo da Guerra Fria. Os soviéticos testam a Tsar Bomba, o maior artefato nuclear até então construído. Nasce em 4 de agosto o futuro presidente dos EUA Barack Obama. "A Terra é azul!", declarou o astronauta Yuri Gagarin, a bordo da nave Vostok, lançada no espaço no dia 12 de abril. Os Beatles realizam seu primeiro show no Cavern Club, em Liverpool. O filme "O Pagador de Promessa" ganha a Palma de Ouro no Festival de Cinema de Cannes. A Marcha Contra a Discriminação, organizada por Martin Luther King, reúne mais de 200 mil pessoas em Washington (EUA).

1962 – Ken Kesey publica nos EUA o livro Um Estranho no Ninho, denunciando as condições desumanas dos hospitais psiquiátricos. Morre a atriz Marilyn Monroe. Misayo Ishioka, em 1° de março, faz o primeiro plantão do CVV em São Paulo. É fundada em Londres a Anistia Internacional. A crise dos mísseis em Cuba põe em risco o futuro da Humanidade. Em 30 de maio, um após o seu julgamento em Israel, o ex-oficial nazista Adolf Eichmann é executado por enforcamento. O Brasil torna-se bicampeão mundial de futebol na Copa do Mundo no Chile. Morre a jornalista escritora Patrícia Galvão (Pagú)

1963 – Morrem a poetisa Sylvia Plath e o ator mexicano Pedro Armendáriz. Morre Diane Churchill, filha de Winston Churchil e voluntária do Samaritans. O Presidente John F. Kennedy é assassinado em Dallas, no estado do Texas. Os EUA dá início ao plano de ampliação das tropas americanas na Guerra do Vietnan. Na Marcha sobre Washington, Martin Luther King pronuncia seu famoso discurso igualitário com a frase "I have a dream !" O poeta Roberto Piva publica "Paranóia", obra ilustrada pelas fotos do artista Wesley Duke Lee retratando São Paulo como uma cidade cinzenta. Betty Friedan publica "A Mística Feminina", considerado um marco do movimento feminista, causando polêmica no mundo inteiro.

1964 – Morre o ator Alan Ladd. Numa conspiração política de forças conservadoras e anti-comunistas, o presidente João Goulart é deposto, assumindo o poder o Marechal Castelo Branco. Thiago de Melo publica no Chile o poema "Os Estatutos do Homem", em homenagem ao amigo e escritor Carlos Heitor Cony. Falece a pintora Anita Malfatti. Billy Blanco inicia a composição da Sinfonia Paulistana. Falece o compositor Ary Barroso. Estréia no Rio de Janeiro o "Show Opinião", com Zé Keti, Nara Leão, Maria Bethânia e João do Vale. O presidente Lyndon Johnson assina lei dos direitos civis dos negros.

1965 – Jean-Luc Godard filma Alphaville, cidade fictícia governada por um supercomputador que oprime as pessoas e as leva ao suicídio. No filme Pierrot le Fou, Godard finaliza a obra com uma cena de suicídio protagonizada por Jean-Paul Belmundo. É lançada a sonda soviética

Venera 3, que alcançou Vênus a 16 de Fevereiro de 1966, tornou-se o primeiro objeto terrestre a pousar noutro planeta. Realiza-se em Helsínque o Congresso Mundial da Paz. São presos no Brasil um grupo de artistas e ativistas políticos de esquerda conhecido como Os "Oito do Glória": Carlos Heitor Cony, Glauber Rocha, Joaquim Pedro de Andrade, Mário Carneiro, Flávio Rangel, Jaime Azevedo Rodrigues, Antonio Callado e Márcio Moreira Alves. Falece o estadista britânico Winston Churchill. Celso Furtado assume a cátedra de professor na Sorbone, sendo o primeiro estrangeiro nomeado para uma universidade francesa, por decreto presidencial do general Gaulle. O regime militar determina o fechamento da Panair do Brasil. A estilista inglesa Mary Quant, dona da loja Bazaar, lança a minissaia. 15 mil jovens protestam contra Guerra do Vietnã, em Washington. Para realizar um show nos Estados Unidos os Beatles recusam tocar diante de uma platéia em que brancos e negros estivessem segregados.

1966 – John Lennon desculpa-se em Chicago por ter declarado os Beatles mais populares do Jesus Cristo. O Index foi abolido pelo Papa Paulo VI. Em entrevista, realizada pela BBC o cantor e compositor Bob Dylan revela ter tendências suicidas. "Morte para mim não é nada desde que eu morra rapidamente. Muitas vezes eu soube que poderia morrer de forma rápida e eu poderia facilmente ter ido em frente e feito isso." É montada e encenada no TUCA, em São Paulo, a peça Morte e Vida Severina, com textos de João Cabral de Melo Neto e música de Chico Buarque de Holanda. O líder chinês Mao Tse-tung lança a Revolução Cultural. Em Salvador, Bahia, mais de mil pessoas comparecem na sessão de autógrafos e lançamento do livro Dona Flor e Seus Dois Maridos, do escritor Jorge Amado. É lançada no Rio a Frente Ampla, movimento de oposição que une Carlos Lacerda, JK e João Goulart. O ex-professor de Harvard Timothy Leary é preso em Nova York. Com ele são encontrados comprimidos da droga chamada LSD. Falece Walt Disney.

1967 – Morre a compositora Violeta Parra. É realizado o primeiro transplante de coração no Hospital Groote Schur da Cidade do Cabo, África do Sul. Tem início em 5 de junho a Guerra dos Seis Dias na qual Israel ataca o Egito, Síria e Jordânia. O pugilista Cassius Clay adota o nome Muhammad

Ali e recusa-se a servir o Exército americano, perdendo o título de campeão mundial dos pesos-pesados, O Teatro Oficina lota na sua reestréia com a peça O Rei da Vela, de Oswald Andrade. Os Beatles lançam o revolucionário LP "Sgt. Pepper´s Lonely Hearts Club Band".

1968 – Morre o redator, compositor e produtor de rádio Oswaldo Molles, parceiro de Adoniram Barbosa. Martin Luther King e Robert Kennedy são assassinados nos Estados Unidos. A ONU declara o Ano Internacional dos Direitos Humanos. Manifestações estudantis iniciadas nas Europa atingem as principais cidades do mundo protestando contra a Guerra Fria e a opressão de governos ditatoriais. Gilberto Gil e Caetano Veloso são presos em São Paulo por desrespeito aos símbolos nacionais e levados um quartel do Rio de Janeiro onde tiveram suas cabeças raspadas. O ministro da justiça proíbe a encenação das peças do jovem dramaturgo Plínio Marcos. Inauguração do MASP na Avenida Paulista com a presença da Rainha Elisabeth II, da Inglaterra. Em São Paulo, ativistas de direita depredam o teatro que apresentava a peça "Roda Viva" e espanca os atores. No Rio, Geraldo Vandré apresenta, no 3º Festival Internacional da Canção, a música "Para Não Dizer que Não Falei nas Flores", considerada subversiva pelo coronel Otávio Costa, que exige a prisão do compositor. Falece Sérgio Porto, o Stanislaw Ponte Preta. 68 municípios são considerados áreas de segurança nacional e proibidos de realizar eleições municipais. 100 mil pessoas saem às ruas no Rio contra o regime militar.

1969 – Morrem a atriz Judy Garland o romancista peruano José María Arguedas. Passa a ser editado no Brasil o semanário O Pasquim. A Apolo 11 pousa na Lua e o astronauta Neil Armstrong é o primeiro Homem a pisar em solo lunar. Falece em São Paulo a atriz Cacilda Becker. Ao marcar seu milésimo gol, no Maracanã, Pelé faz um apelo para a proteção das crianças abandonadas no Brasil. Nasce, na Califórnia, a internet com a primeira transmissão de uma mensagem entre dois computadores. É realizado o festival hippie de Woodstock, na pequena cidade de Bethel, Estado de Nova York (EUA). O capitão do Exército Carlos Lamarca foge do 4º Regimento de Infantaria, levando 63 fuzis FAL, 10 metralhadoras e farta munição. É criada a Oban (Operação Bandeirantes), centro de repressão em São Paulo, pelo governador Abreu Sodré. O embaixador americano no Brasil, Charles Burke

Elbrick, é libertado após passar quatro dias em poder dos sequestradores, integrantes do MR-8 (Movimento Revolucionário 8 de Outubro). O governo aprova nova Lei de Segurança Nacional, com pena de morte e prisão perpétua.

1970 – Morrem o escritor Yukio Mishima, a cantora Janis Joplin e o guitarrista Jimmy Hendrix. Entra em vigor o Tratado de Não-Proliferação de Armas Nucleares, assinado por 100 países. O dissidente soviético Alexander Soljenítsin ganha o Prêmio Nobel de literatura. A seleção brasileira de futebol torna-se tricampeã na Copa do Mundo, no México.

1971 – Morrem o vocalista da banda The Doors, Jim Morrison e o poeta romeno Paul Celan. Em 24 de abril, 500 mil pessoas marcham contra a Guerra do Vietnam em Washington, DC. Estima-se que a população da Terra tenha atingido o número de quatro bilhões. É fundado em Vancouver o grupo ambientalista Green-Peace. John Lennon grava a música Imagine. Falece em acidente de carro o médium Zé Arigó, que atendia a cerca de 500 pessoas por dia, em Congonhas do Campos (MG), realizando cirurgias sem anestesia com um canivete, uma faca de cozinha e uma tesoura. O capitão Carlos Lamarca é morto no município baiano de Ipupiara. Cinco linhas telefônicas instaladas de cada lado do Muro de Berlim começam a funcionar. 19 anos depois, as comunicações entre os lados ocidental e oriental são restabelecidas. Um plebiscito, do qual apenas homens participam, aprova o direito das mulheres suíças de se tornarem eleitoras.

1972 – Morrem o escritor americano John Berryman, o ator George Sanders e o poeta brasileiro Torquato Neto. A delegação israelita aos Jogos Olímpicos na Alemanha sofre um atentado da autoria do grupo terrorista Setembro Negro. Onze atletas são mortos. O jornal O Estado de São Paulo publica notícia sobre a Guerrilha do Araguaia, burlando a censura do Regime Militar. Emerson Fittipaldi conquista o título mundial de Fórmula 1. Faculdade de Direito da USP permite que alunos freqüentem aulas sem gravata.

1973 – É assinado em Paris o Acordo para o Fim da Guerra e Restauração da Paz no Vietnam. A TV a cores chega ao Brasil. Elvis Presley realiza um show no Hawaii que foi o primeiro a ser transmitido via satélite para mais de 40 países e visto por mais de 1 bilhão de pessoas. 24 estudantes são mortos na Escola Politécnica de Atenas em manifestações contra o regime militar grego. Falecem em acidente no aeroporto de Orly, entre outros, a atriz Leila Diniz, o cantor Agostinho dos Santos e o senador Felinto Muler. Estréia na TV o programa Vila Sésamo. O grupo Secos & Molhados lança seu primeiro disco. Falece a pintora Tarsila do Amaral. Crise do petróleo, devido ao embargo decretado pelos países árabes, elevando o preço do produto a US$ 40 por barril. Surge nas igrejas da periferia da Zona Sul de São Paulo (SP) o Movimento do Custo de Vida, pedindo o fim da carestia e a volta da democracia. O MDB decide apresentar uma anticandidatura à Presidência, com Ulysses Guimarães para presidente e Barbosa Lima Sobrinho para vice. O aborto é legalizado nos EUA.

1974 – O presidente dos EUA Richard Nixon renuncia à presidência após o escândalo de Watergate. Um incêndio no Edifício Joelma, em São Paulo, causou 189 mortes e deixou 300 pessoas feridas. Inaugurada a primeira linha de metrô do Brasil, em São Paulo, ligando o Jabaquara à Vila Mariana. Falecem o compositor Lupicínio Rodrigues, em Porto Alegre; e no Rio, o teatrólogo Oduvaldo Vianna Filho. Milhares de portugueses com cravos na mão saem às ruas para festejar o sucesso do levante militar pondo fim a 46 anos de ditadura iniciada por Salazar.

1975 – É fundada nos EUA a Microsoft, por Bill Gates e Paul Allen. Vinícius de Moraes e Toquinho lançam pela gravadora Phonogram um disco contendo o samba *"Um homem chamado Alfredo"*, falando de solidão e suicídio. João Carlos de Oliveira, o João do Pulo, bate o recorde mundial do salto triplo durante os Jogos Pan-Americanos. No Brasil, o diretor de jornalismo da TV Cultura, Vladimir Herzog, detido oito dias antes, é morto por enforcamento na sede do DOI-CODI, em São Paulo. Elis Regina estréia no Teatro Bandeirantes o show Falso Brilhante. O governo Geisel cria o Proálcool (Programa Nacional do Álcool). A censura proíbe a novela "Roque Santeiro", de Dias Gomes. Mais de 10 mil pessoas participam de um ato ecumênico na Catedral da Sé em memória de Herzog.

1976 – O filme Um Estranho no Ninho, de Milos Forman, protagonizado por Jack Nicholson, recebe seis prêmios Oscar. O ministro da Justiça do Brasil, Armando Falcão, proíbe a Rede Globo de exibir um especial da companhia de ballet do Teatro Bolshoi. Steve Jobs e Steve Wozniac fundam a Apple. É criada na Irlanda a banda de rock U2, liderada pelo vocalista e ativista Bono Vox. Falece em acidente de automóvel o ex-presidente Juscelino Kubstchek. Chico Buarque lança o álbum "Meus caros amigos". O filme "Dona Flor e Seus Dois Maridos" faz grande sucesso nos cinemas. O metalúrgico Manuel Fiel Filho falece nas dependências do DOI-Codi e a versão oficial foi de que o operário teria cometido suicídio.

1977 – Morre em Memphis o cantor Elvis Presley. Roberto Carlos e Erasmo Carlos gravam a música Amigo. Lançado o primeiro microcomputador moderno, o Apple II. O Rev. Chad Varah, criador dos Samaritanos visita pela primeira o Brasil. A agência de publicidade CBB&A cria e veicula voluntariamente uma grande campanha nos principais jornais e emissoras de Rádio e TV de São Paulo. Falecem Charles Chaplin e a escritora Clarice Lispector. Surge o correio eletrônico, inicialmente utilizado entre membros de uma comunidade científica. O Congresso Nacional institui o divórcio, modificando o Código Civil, que considerava o casamento uma instituição indissolúvel. Polícia interrompe ato público em frente a PUC-SP e invade os prédios da instituição, prendendo todos os manifestantes, estimados em mais de mil pessoas.

1978 – Ocorre nas Guianas o suicídio em massa dos seguidores do pastor Jim Jones, que tomaram veneno, morrendo cerca de 912 pessoas. É realizado em São Paulo a versão internacional do Festival de Jazz de Montreux. É encenada em São Paulo a peça Macunaíma, adaptada por Antunes Filho a partir da obra de Mário de Andrade. Caetano Veloso lança no LP Muito as canções Sampa e Terra. Nasce na Inglaterra o primeiro bebê de proveta.

1979 – Morre o músico Sid Vicious. Em 11 de fevereiro o ayatollat Khomeini toma o poder no Irã e torna-se o guia supremo da revolução islâmica. Acontece em 23 de maio o maior acidente da história dos EUA na central nuclear norte-americana de Three Mille Island. Começa a ser vendido no Japão o primeiro modelo do Walkman. A TV Globo leva ao ar a série Malu Mulher estrelada por Regina Duarte. Surge o primeiro carro a álcool produzido em série no Brasil, o Fiat 147. 130 mil pessoas se reúnem no estádio de Vila Euclides, São Bernardo, em um evento organizado por 50 sindicatos e entidades de classe. O presidente Figueiredo sanciona a Lei de Anistia. Segundo o STM (Superior Tribunal Militar), há 52 presos políticos, dos quais 17 são soltos imediatamente e os demais esperam análise dos processos. Entre cassados, banidos, presos, exilados ou simplesmente destituídos dos seus empregos, a lei beneficiou 4.650 pessoas. Margaret Thatcher é a primeira mulher a exercer o cargo de primeira-ministra da Inglaterra.

1980 – Morre o músico Ian Curtis. Fundação do sindicato "Solidariedade" tendo como líder Lech Walesca na Polônia. È assassinado em Nova York o compositor John Lennon. Pelé é escolhido por jornalista de todo o mundo como o atleta do século. O Papa João Paulo II chega ao Brasil para uma visita de 12 dias e um roteiro que inclui 13 cidades. Durante a visita beatifica o padre jesuíta José de Anchieta. Falece o ator, comediante e cineasta Mazaropi. O presidente do Sindicato dos Metalúrgicos de São Bernardo e Diadema, Luiz Inácio Lula da Silva, e 14 pessoas são presos com base na Lei de Segurança Nacional.

1981 – Renato Teixeira e Dominguinhos compõem a música Amizade Sincera. O Papa João Paulo II sofre um atentado na Praça São Pedro. É registrado o primeiro caso de AIDS nas Américas. Falece o cineasta Glauber Rocha. Estréia o filme de "Eles Não Usam Black-Tie", de Leon Hirszman, com Gianfracesco Guarnieri e Fernanda Montenegro, abordando os problemas sociais e políticos dos operários da região do ABC. O presidente do Egito, Anwar Sadat, falece após ser baleado, durante um desfile militar no Cairo

1982 – Morre a cantora Elis Regina. Adolescentes norte-americanos criaram o dia internacional do beijo (14 de abril). Falece Adoniran Barbosa, compositor de Saudosa Maloca. Estréia no Brasil o filme "Blad Runner",de Ridle Scoth, antecipando as principais revoluções tecnológicas do futuro e suas implicações humanas. O filme "ET o Extraterrestre", de Steven Spielberg, quebra todos os recordes de bilheteria. Michael Jackson lança o LP "Thriller", disco mais vendido de todos os tempos. Gabriel García Márquez recebe o prêmio Nobel de literatura.

1983 – Morre a poetisa Ana Crista Cesar. As Indústrias Reunidas Francisco Matarazzo entram com pedido de concordata depois de quase 100 anos de atividades. Adolfo Bloch funda a Rede Manchete de Televisão. Morre a cantora Karem Carpenter. O cartunista Angeli passa publicar tiras no jornal Folha de São Paulo. Falecem o sambista Blackout, a cantora Clara Nunes e a novelista Janete Clair. Lançamento do livro "Solidão", do jornalista José Maria Mayrink, relatando o cotidiano das pessoas solitárias em São Paulo.

1984 – Morre o escritor Pedro Nava. Incêndio na Vila Socó, em Cubatão faz dezenas de vítimas fatais no primeiro grande desastre ambiental no Brasil. Na Índia acontece a tragédia de Bhopal com mais de 500 mil pessoas expostas aos gases tóxicos e pelo menos 27 mil mortos. Falece em Paris o escritor argentino Júlio Cortázar, descrito pelo seu amigo brasileiro Davi Arrigucci como "um homem doce, um pouco desajeitado, com grande capacidade de ouvir as pessoas, e com um senso de humor fino". São realizados os comícios das Diretas Já, reunindo milhares de pessoas no Rio e em São Paulo. Falece em São Paulo o historiador Sérgio Buarque de Holanda. Nasce, na Austrália, o primeiro bebê a partir de um embrião congelado. O Instituto Adolfo Lutz fotografa, pela primeira vez na América Latina, o vírus HIV. Depois de 75 anos volta a nevar em Porto Alegre, capital gaúcha.

1985 – A ONU declarara o Ano Mundial da Juventude. Surge em São Paulo a primeira Delegacia de Atendimento Especializado à Mulher. Identificado o buraco na camada de ozônio. Um bilhão de espectadores assistem ao concerto Live Aid, realizado simultaneamente em cidades da Europa, América e Ásia em favor dos refugiados da Etiópia. Mikhail Gorbatchov torna-se o novo secretário-geral do PC soviético.

1986 – Morre o poeta norueguês Michael Strunge. É criado o Plano Cruzado, com o congelamento e tabelamento de preços e salários. A Telebrás concede para uso exclusivo do CVV em todo o Brasil, o número com o final 4111. Falece Edgard Armond, o idealizador do CVV. A nave Challenger, lançada de Cabo Canaveral, o primeiro vôo de um civil a bordo de um ônibus espacial, a professora Christa McAuliffe, explodiu 73s após a decolagem, matando os sete tripulantes. Falece em Salvador (BA), Mãe Menininha do Gantois. Falece o antropólogo e historiador potiguar Luís da Câmara Cascudo. Um grave acidente nuclear ocorre na Usina de Chernobyl, na URSS provocando um incêndio e emissão de radioatividade por vários quilômetros.

1987 – Morre o escritor Primo Levi. É exibida a 1ª edição do show brasileiro de TV Criança Esperança, dentro do programa especial que comemorava os vinte anos dos Trapalhões. Falece no Rio o poeta Carlos Drummond de Andrade. Falecem o artista pop norte-americano Andy Warhol e o cantor, ator e dançarino norte-americano Fred Astaire. Falece Gilberto Freyre, autor de Casa Grande e Senzala. Depois de 37 dias de julgamento, o nazista Klaus Barbie é condenado à prisão perpetua por crimes contra a humanidade.

Fontes: Almanaque Abril, Almanaque Folha; Wikipedia

CAPÍTULO I

A NEBLINA E A GAROA

Primeiro Princípio/Primeira Prática

– O objetivo primordial dos Postos do CVV é estarem disponíveis para prestar apoio emocional às pessoas que estão se sentindo propensas ou determinadas a praticarem o suicídio.

– Os voluntários são cuidadosamente selecionados por suas qualidades pessoais e aptidões naturais para o trabalho. Os processos de aperfeiçoamento individual do voluntário e da sua prática, e de integração às demais atividades do CVV, são objetos de atenção e empenho permanentes.

ANGLICANOS, ESPÍRITAS, SAMARITANOS...

A história do CVV é a história de alguns brasileiros anônimos os quais, conhecendo a tragédia diária de milhares de pessoas que sofrem emocionalmente e até se matam por isso, resolveram oferecer a elas amizade e também um novo significado para as suas próprias vidas.

É isso mesmo. Oferta de amizade e atenção para pessoas sofredoras e que nunca as viram, todavia, sabiam ser exatamente como eles: homens, mulheres, médicos, engenheiros, professores, donas-de-casa, advogados, jornalistas, operários, aposentados, enfim gente de todos os tipos, de todas as crenças, etnias, ideologias políticas, religiosas e não religiosas, crentes e ateus. Todos bem diferentes entre si, mas com algo em comum: a compaixão pelo sofrimento humano.

Ao invés de apenas ficarem impressionados com as histórias tristes e trágicas ou com os dados estatísticos assustadores sobre suicídio, decidiram, como se dizia antigamente, arregaçar as mangas e fazer algo sério a esse respeito; algo como criar um movimento sensibilizador para a gravidade desse problema, um grupo de voluntários para atuar como socorristas discretos e respeitosos com os suicidas em potencial.

Essa atividade, considerada no mínimo insólita para os padrões de ajuda humanitária, na época já existia no Reino Unido; entretanto ainda causava certa estranheza entre os ingleses os quais, como senso comum, pensavam que as pessoas com ideias suicidas não pedem socorro nem se importam em comunicar as suas intenções; no entanto, um sacerdote anglicano, pioneiro nesse tipo de atendimento desde 1936, dizia exatamente o contrário: suicídios são gestos de comunicação e são antecedidos de muitos avisos, conscientes e inconscientes. O anúncio inglês para divulgar esse tipo de serviço era simples e direto: "Se você está pensando em se matar, ligue para mim: MANSION HOUSE 9000".

"Diante de atitudes tão imprevisíveis e surpreendentes é preciso estar atento e principalmente disponível para ouvir o que essas pessoas têm a dizer", dizia o sacerdote. A maioria das vezes não são lamentos repetitivos e derrotistas, mas principalmente a comunicação de sentimentos incômodos, ditos de forma simples e emocional como o choro convulsivo, o silêncio reflexivo ou a elaboração de frases subjetivas e aparentemente desconexas.

Os brasileiros do qual vamos falar nas páginas desse livro conheciam vagamente essa curiosa experiência dos ingleses, porém sempre se entusiasmavam quando viam a possibilidade de fazer funcionar no Brasil um trabalho humanitário tão empolgante e carregado de alta responsabilidade.

Na Inglaterra, em plena década 1960, os serviços de ajuda emocional já estavam num estágio mais avançado, como boa organização e estrutura. Muitos cidadãos londrinos agora já se orgulhavam de ter um serviço diferente como esse, ao mesmo tempo tão antigo e também tão pós-moderno, de oferecer amizade para pessoas estranhas e apoio moral aos suicidas em potencial; embora a Inglaterra e o Brasil fossem realidades sociais bem diferentes e muitas pessoas desconfiassem que esse tipo ajuda humanitária pudesse surtir algum efeito em nosso País. Afinal, aqui é um lugar onde todos são sempre vistos como pessoas alegres e extrovertidas, incompatíveis com o comportamento fechado e triste dos suicidas. Puro preconceito e desconhecimento do que realmente se passa no coração e na mente das pessoas que estão sofrendo. O Brasil e a Inglaterra poderiam ser bem diferentes em muitas coisas, mas Londres e São Paulo possuíam pontos em comum, muito além da sua misteriosa neblina, bem como da saudosa garoa a qual ainda tomava conta da pauliceia dos anos 1960. As duas cidades eram metrópoles industrializadas, agitadas, ambientes urbanos muito parecidos; escondiam em centenas de ruas e endereços o isolamento e a solidão sofrida das massas que ali se concentraram em busca de trabalho e realização de sonhos.

Esse foi o ponto de partida para a implantação do CVV em São Paulo, uma ideia que nas décadas seguintes se espalharia nos quatro cantos do Brasil.

Inspirado nos “Samaritans” de Londres, a entidade adotaria o modelo estrutural da reconhecida instituição britânica passando, dessa forma, a usar alguns anos depois a sigla CVV-Samaritanos. Assim, caracterizava não somente uma comunhão de objetivos, mas também uma profunda relação de amizade e troca de experiências entre os dois grupos. Por um lado o grupo brasileiro passou a ver os Samaritanos como um irmão mais velho e experiente a dar as primeiras orientações de organização e ação; por outro lado, os Samaritanos reconheceram o CVV como um autêntico herdeiro e propagador dos seus ideais humanitários na América do Sul.

Um dos mais curiosos aspectos da relação entre ingleses e brasileiros foi a tolerância religiosa, lição valiosa a qual estreitaria ainda mais os laços de amizade e o caráter areligioso do trabalho desenvolvido em conjunto.

Quando o jovem Chad Varah atendeu ao caso da menina suicida, não teve dúvida: o problema era desinformação, tabu, solidão. Publicou imediatamente no jornal Picture Post o número do telefone da igreja onde atuava para "conversar com pessoas sérias sobre assuntos sérios". No outro dia, já recebia a visita de alguém o qual atravessou o Canal da Mancha somente para conversar. No Brasil, um jovem engenheiro recém formado também não sossegou enquanto não encontrou Chad para conversar. Isso só ocorreria em julho 1965, três anos depois de fundar o CVV. Atravessou o Atlântico para conhecer o futuro amigo , um padre anglicano o qual seduziu o jovem espírita com a parábola do Bom Samaritano. A relação entre eles se estendeu por quase cinco décadas, cada qual com a sua crença religiosa. O segredo da longa e profícua amizade ocorreu graças ao aprendizado de Chad o qual o trabalho de prevenção do suicídio não deveria ter bandeira religiosa. Para ele, os seres humanos com esse tipo de risco de vida não dão tanta importância para as suas crenças e sim para as questões mais íntimas que os atormentam. A consciência sempre fala mais alto do que as ideologias. Semelhante a Chad Varah, que tornou-se psicólogo, ao voltar para o Brasil, o jovem engenheiro estudou psicologia (curso que não chegou a terminar), para entender melhor o ser humano. Mais tarde, mais experiente, aprenderia com Carl Rogers (e talvez também com Fernando Pessoa), que "entender" é discordar e melhor seria "compreender", "estar com", falar a linguagem dos sentimentos e das emoções, deixando um pouco de lado as questões intelectuais e sociais das pessoas. Para entender é preciso ser profissional, para compreender basta ser voluntário. Esse era o segredo: disponibilidade, voluntariado, "ócio criativo" há quase meio século...

O CVV, com veremos, seguiu a sua trajetória; superou obstáculos; construiu sua experiência. Possui 2 mil voluntários (quantidade ainda pequena, se comparada às necessidades da população) e atualmente, com o membro do Befrienders Worldwide, é referência mundial em saúde pública.

Hoje, com quase 70 anos, aquele jovem engenheiro é um importante e discreto empresário de engenharia ambiental, entretanto continua inquieto, em busca de outros rumos para minorar o sofrimento humano. Chad faleceu em 8 de novembro de 2007, aos 95 anos. Recebeu oficialmente da rainha da Inglaterra o título de "Sir", todavia continuava o mesmo, simples e também discreto. Quando o conhecemos durante a visita ao posto do CVV em Santos, queríamos saber mais sobre amizade entre ele e o fundador brasileiro. Chad dava gargalhadas ao lembrar da grande empolgação do amigo ao vê-lo pela primeira vez em Londres: "Ele queria saber de tudo que fizemos durante anos em apenas algumas horas". Conseguiu.

No início, a maioria dos voluntários brasileiros era espírita e os Samaritanos, por sua vez, foram fundados por católicos anglicanos; porém, ambos possuíam em comum um aspecto do ideal cristão, considerado universal pelos dois grupos: a compaixão incondicional por aqueles que sofrem, exatamente como relata a parábola do Bom Samaritano. Essa narrativa da tradição judaico-cristã, criada para desarmar preconceitos, selou uma amizade inabalável. Surgiu também entre as duas entidades algumas divergências filosóficas e até operacionais, as quais fluíram sem radicalismo no decorrer dessa longa relação de amizade, incluindo questões delicadas, dentre elas a postura firme de não dar conselhos aos atendidos. Essa atitude, não totalmente incorporada pelos ingleses, tornou-se historicamente uma marca inconfundível dos voluntários brasileiros.

Para o CVV, os Samaritanos mantiveram ótimas referências em aspectos inquestionáveis como a polidez, a organização e objetividade ao tratar de assuntos técnicos e práticos dessa atividade voluntária. Nossos voluntários consideram a concepção filosófica britânica do '"befriending" uma das sete maravilhas das relações humanas (não nos perguntem quais são as outras. Aliás, é uma boa pergunta!) e exemplo universal a ser seguido por todos os povos.

Em junho de 1977, o jornal O Trevo trouxe um dos melhores relatos já publicados sobre a biografia de Chad Varah e as origens dos Samaritanos. Nessa edição, redigida por Valentim Lorenzetti, noticiou-se o histórico encontro de Chad com os grupos integrados da Aliança Espírita Evangélica, visando aumentar o quadro de voluntários no Brasil. Além de retribuir a visita do amigo em 1965, Chad também lançou o ousado plano de expansão do modelo londrino.

"A Aliança Espírita Evangélica promoveu um encontro dos seus grupos integrados com o reverendo Chad Varah que visitou o Brasil a convite do Centro de Valorização da Vida, que se dedica à prevenção do suicídio.

A reunião teve lugar no dia 15 de maio, na sede da Aliança e culminou com o oferecimento ao visitante de um exemplar em francês do "Evangelho Segundo o Espiritismo". Nessa ocasião todos tiveram a oportunidade de conhecer de perto essa personalidade inglesa que aqui veio incrementar aqui abertura de postos de "Os Samaritanos".

O Reverendo Chad Varah, da Igreja Anglicana, é o fundador de "Samaritanos", de Londres, e atual presidente do Befrienders International, que congrega 165 postos de emergência telefônica espalhados pelo mundo reunindo aproximadamente 18.500 voluntários, homens e mulheres, que generosamente dedicam parte do seu lazer à prevenção do suicídio, aliviando a solidão humana, a miséria e o desespero, o que tem auxiliado a reduzir o número de mortes por suicídio em 37% nos últimos dez anos.

O Reverendo Varah é casado coma Sra Susan Varah e o casal tem 4 filhos: o mais velho nascido em 1942 e os outros trigêmeos , alguns anos após, ainda durante a Segunda Grande Guerra.

Esse trabalho de prevenção do suicídio teve início quando Chad Varah estava em sua primeira paróquia. Uma jovem havia se suicidado, julgando-se portadora de doenças venéreas (na verdade, apresentava sua primeira menstruação). Enquanto cavava a sepultura com as próprias mãos, num campo profano, fora da cidade, pois que os tabus da não permitiam que os suicidas fossem enterrados em cemitérios comuns, pertencentes à Igreja, ele mostrava-se aturdido e visivelmente perturbado, não tanto pelo suicídio, mas

Chad Varah falando aos membros da Aliança espírita Evangélica

sim pelo motivo que teria levado essa jovem a se matar, e dizia consigo mesmo ""Minha jovem, não a conheci...contudo você mudou a minha vida."

E conforme ele hoje relata, "Aceitei o risco de, no futuro, ser chamado de velho um sujo, falando aos paroquianos sobre problemas sexuais, que começavam a se tornar a minha especialidade, campo para o qual conduzia, de forma aperfeiçoada, todos os conhecimentos que havia recebido quando estudei psicologia na Universidade.

Em 1953 Chad Varah escrevia seu primeiro artigo para o jornal "Picture Post", cujo tema básico era que o sexo era abençoado, e desta forma, pondo fim "a um dos campos mais férteis explorados pelo Diabo".

No dia seguinte, continua Chad, "recebi centenas de cartas de suicidas em potencial que queria aquilo que eu viria chamar de " amor de um desconhecido"

"Quando eu anunciei na imprensa que as pessoas que estavam contemplando o suicídio poderiam me telefonar através do número MAN 9000 (localizado no bairro Mansion House) mal sabia que eu estava fundando uma organização internacional. Eu não encontrei Os Samaritanos. Os Samaritanos é que me encontraram."

Nessa época já havia sido promovido ao vicariato da catedral de St. Stephen Walbrook, em Londres.

Em 1972 foi agraciado com a Medalha de Ouro Albert Schweitzer.

A NEGAÇÃO E A EMERGÊNCIA DA PESSOA

Os Samaritanos e o futuros voluntários do Centro de Valorização da Vida não estavam fora de si nem sonhando com um mundo imaginário, fora da realidade.

O sonho de um mundo melhor, cultivado desde a década de 1950 e início dos anos 60, buscava um mundo possível, que não dependesse de ações de terceiros, de políticas de manipulação social, amplamente conhecidas pela sua ineficiência e hipocrisia. Os dois grupos viviam a dura realidade pós-guerra, ou seja, o temor e a esperança por um futuro mais seguro para a humanidade.

O século XX alimentou as ideologias conflituosas do século anterior, as quais negavam o valor da pessoa por meio da supervalorização do sujeito coletivo. Nesse período pós-guerra, com a perda de mais de 100 milhões de vidas, surge com grande ênfase o conceito de emergência da pessoa. Foi uma reação aos genocídios e ao desprezo pela autonomia da natureza humana.

Em "*Revolição, a revolução da vontade*", ensaio sobre as intensas mudanças ocorridas naquele contexto e também sobre o crescimento gradual da cultura do voluntariado, Antonio Carlos Gomes da Costa demonstra como a sociedade contemporânea retomou o controle de seu destino e geriu o próprio caminho, independente das forças de opressão, ameaçadoras da liberdade:

Ao longo das últimas décadas, a humanidade tem assistido a uma importante transformação: a emergência e a afirmação da pessoa como a mais significativa erupção na superfície do Direito Internacional nos últimos tempos. O sistema das nações unidas, desde a sua criação, passou por períodos com ênfases distintas. No pós-guerra, prevaleceu o princípio da autodeterminação dos povos; no auge da Guerra Fria, o princípio da segurança coletiva: não-proliferação das armas nucleares; nos anos sessenta, foi a vez do tema do desenvolvimento econômico; nos anos setenta, veio a preocupação com o meio ambiente; a partir da segunda metade dos setenta e na década dos oitenta, emergiu a questão dos direitos humanos: mulher, criança, jovem, idoso, deficiente, família, minorias e outros; nos anos noventa, como síntese de todo esse processo evolutivo, surgiu o Paradigma do Desenvolvimento Humano. Em 2001, com a emergência da pessoa no direito internacional, elegeu-se o Ano Internacional do Voluntário, que plantou a semente para que tenhamos a década do voluntariado.

Em 1986, ao fazer um balanço dos 25 anos do CVV no Brasil, o fundador Flávio Focássio lembrou que o funcionamento dessa atividade depende essencialmente do fator humano como ferramenta de trabalho; e que a nossa natureza nem sempre está preparada para enfrentar a dura realidade da existência, muito menos suportar as dores decorrentes das lutas íntimas e cotidianas, principalmente as dores alheias.

Como na parábola do Evangelho, esse dilema sempre nos divide entre a indiferença e o amparo; o interesse pessoal e a urgência do outro; entre a necessidade de reconhecimento e a compaixão. Depois de muita de busca e compreensão de uma síntese, ele traçou um perfil dos que ingressam e permanecem ligados por longos anos ao nosso trabalho:

Encontramo-nos num campo muito difícil embutido em outro mais difícil, trabalhamos em bases voluntárias dentro da prevenção do suicídio. O voluntariado é um campo delicado de atuação. Muitas experiências foram feitas nesse sentido e fracassaram. A única que se apresentou vitoriosa , produziu e cresceu é aquela que observamos dentro do Movimento Mundial dos Samaritanos.

Há basicamente dois tipos de voluntários: o primeiro é aquele que vem para o CVV julgando que, pelo fato de estar trabalhando gratuitamente é merecedor de agradecimento e gestos de reconhecimento; fica à espera de que alguém lhe diga todos os dias, ao fim do seu plantão: "Muito obrigado!". Existe o segundo tipo, que vê, na oportunidade de trabalhar no CVV, um prêmio, e reconhece que em tudo aquilo que fazemos junto aos desesperados, os maiores beneficiados somos nós mesmos. São esses voluntários do segundo grupo que consolidaram o Movimento Mundial dos Samaritanos.

Reunião de Voluntários nos anos 1970

CAPÍTULO II

A TERRA É AZUL

Segundo Princípio/ Segunda Prática

– Os voluntários também procuram aliviar o sofrimento, a angústia, o desespero e a depressão, ouvindo e oferecendo apoio àqueles que sentem não haver ninguém disponível para aceitá-los e/ou compreendê-los.

– Os voluntários estão integrados em Postos que permanecem em atividade ininterrupta, durante 24 h do dia, e todos os dias do ano, podendo ser contatados por telefone, visita pessoal, correspondência e outros meios.

O MUNDO NO QUAL NASCEU O CVV

A Terra é a azul. Essa frase marcou o ano de 1961 e nele teve inicio a história do CVV, isto é, as causas que desencadeariam o inesquecível plantão da voluntária Misayo Ishioca em 1° de março do ano seguinte; todavia, foi também o ano em que, pela primeira vez, um ser humano navegou pelo espaço, acontecimento o qual daria um rumo diferente para muitas vidas, incluindo a do próprio autor desse feito.

Por que será que, lá do espaço, a bordo da nave Vostok 1, Yuri Gagarin afirmou ser a Terra azul?

A frase pronunciada como constatação científica, e também com euforia poética pelo astronauta russo, certamente não se referia somente à aparente coloração da atmosfera. Mais do que isso, o significado do "azul" saído da boca de Gagarin tinha um significado mais profundo e abrangente, tanto político como espiritual. O mundo daquela época não era nada azul e todos viviam sob a tensão permanente da Guerra Fria. Armas poderosas eram constantemente testadas nos desertos e oceanos, armazenadas em silos subterrâneos ou colocada em aviões e vasos bélicos que trafegavam pelo mundo. Todos aguardavam, a qualquer momento, o sinal do início do fim. Do lado ocidental temia-se o poder dos soviéticos, ateus comunistas, os quais, a qualquer instante, poderiam invadir os lares cristãos da América. Do outro lado, no mundo soviético, protegido pela Cortina de Ferro, difundia-se a ideia de que o consumismo desvairado das sociedades capitalistas era a pior ameaça ao futuro dos lares socialistas.

O engenheiro e aviador Yuri Gagarin possivelmente tenha esquecido tudo isso ao pronunciar naquele instante a sua célebre frase, cujas palavras soaram como um grito pacifista, cheio de esperança por um mundo mais justo e solidário. Naquele momento, o astronauta tornou-se não somente o símbolo da ousadia tecnológica do século XX, mas também, involuntariamente, o símbolo de um mundo acima das divergências políticas entre capitalistas e socialistas. Sua frase desconcertante revelou-o como um visionário sobre a natureza viva do planeta e do destino da humanidade. Se a Terra era azul, o nosso futuro também poderia ser bem diferente do cenário tenebroso previsto pelos economistas e cientistas políticos daquela época.

1961 foi um ano diferente, um ano de esperanças; contudo foi ainda um ano de presságios sombrios, de grandes tragédias que estavam por vir.

Talvez fossem úteis para despertar em todos a consciência de que o futuro azul seria alcançado somente depois de passarmos por provas, as quais definiriam se realmente estaríamos preparados para viver em um mundo feliz.

Os fundadores do CVV talvez não estivessem atentos a esse dado preocupante, isto é, o do fim da civilização e sim com os aspectos necessários para mudar a sociedade, inquietação natural e inconformista das mentes juvenis do pós-guerra. Era preciso fazer algo pelas pessoas e pelo mundo que, naquele ano, caíra em si sobre a sua insignificância diante da imensidão do cosmos demonstrada pela astronomia e confirmada pelos astronautas. Era preciso chamar a atenção também para a importância do nosso planeta como moradia de milhões de pessoas, as quais agora deveriam finalmente decidir o próprio destino.

Com Yuri Gagarin, surgia o Homem da Era Espacial e a humanidade estava, por sua vez, adquirindo simbolicamente a sua maioridade existencial. A conquista do espaço sideral significava o momento de uma conquista muito mais complexa, em termos de obstáculos psicológicos e não apenas tecnológicos. Havia chegado a hora da terrível conquista de si mesmo. Isso significava uma sucessão de crises sem precedentes na história existencial humana

O CVV nasceu em uma época crítica, acostumou-se a superar crises e mergulha agora no universo da complexidade. Quem possui um presente tão agitado e um futuro tão incerto, deve ter vivido um passado no mínimo curioso e interessante.

De onde veio essa necessidade de existir e manter-se como instituição e conceito em uma sociedade na qual predomina a instabilidade e o efêmero?

O que nos faz lutar por uma causa que muitos acreditam estar morta, em função da frieza e da indiferença, e que, mesmo assim, insistimos e persistimos em sustentá-la?

A resposta é a utopia.

O CVV tem uma utopia, vive e se alimenta permanentemente dessa ideia, dessa possibilidade que entre nós é real e se define como proposta de vida.

Utopia significa sonho humano de um mundo melhor, busca de um lugar perfeito onde reina a plenitude e a felicidade. É a idealização e a projeção do tempo futuro, faculdade mental da qual só os seres humanos são dotados.

Para as pessoas céticas e pessimistas, utopia é fantasia e perda de tempo. Para as pessoas criativas e subjetivas, é sonho, imaginação.

Para as pessoas práticas e objetivas, porém idealistas, utopia é plano, projeto, possibilidade.

Nas experiências daquelas pessoas as quais combinam essas duas últimas características mentais – praticidade e criatividade – utopia se torna realização, empreendimento.

E se tudo isso cair no terreno da impossibilidade e da negação, resta ainda o recurso da esperança, essa força derradeira e profunda que nos tira do abismo da desilusão e da desistência.

Essa é a raiz histórica dos fundadores do CVV e o perfil humano permanente dos seus voluntários.

Quando idealizamos algo para o futuro, é sinal de insatisfação com o presente e nem sempre guardamos boas referências do passado. São pendências as quais precisam ser resolvidas. Nosso relacionamento com o mundo, em todas as fases de nossas cosmovisões, sempre foi conflituoso, contraditório, efeito das dificuldades, inquietações, medos, angústias, dúvidas e incertezas. Impossibilitados de romper esses limites, barreiras para nós instransponíveis, apelamos para a adaptação, mecanismo maravilhoso da mente humana que nos faz suportar as mais terríveis provas do tempo presente e ainda nos projeta para as inúmeras possibilidades do tempo futuro.

Em todas as épocas, construímos ou aderimos a utopias que despertaram em nós o interesse por uma vida diferente, promissora, contrária aos problemas das sociedades em que nos agrupamos, nascemos e nos desenvolvemos.

Na pré-história, cultivamos a utopia da caverna permanente; nas primeiras civilizações, a utopia do tempo eterno e da imortalidade; na Grécia, o Olimpo dos heróis mitológicos e a Polis perfeita dos cidadãos mortais; em Roma, a utopia de um Estado Mundial e, durante sua queda, a utopia cristã do Céu, a qual dominaria as mentes medievais; na Renascença, as utopias se multiplicariam até atingirem a imaginação dos filósofos iluministas criadores do sonho da Razão; na Revolução Industrial, veio a utopia socialista da riqueza para todos; e no mundo contemporâneo, volta à tona a utopia da paz e da harmonia, antigos sonhos os quais agora voltariam a povoar as mentes humanas por meio de Gandhi, dos hippies, de Martin Luther King, dos conspiradores da Era de Aquário e multidões de militantes ecologistas.

Que utopia almejamos no Terceiro Milênio?

O século XIX foi marcado pela explosão de movimentos de busca de felicidade, como reflexo dos desequilíbrios causados pela revolução industrial.

No século XX, essas ideologias tomaram formas esdrúxulas, expressas como sistemas políticos totalitários, guerras monstruosas, aniquilamento humano e ambiental. O próprio planeta foi colocado em risco diante da ameaça de uma hecatombe nuclear. Morte, servidão industrial, massificação, miséria, individualismo, narcisismo foram as principais marcas desse século tão promissor e, ao mesmo tempo, tão sombrio. Mergulhamos na ambição e no medo, na extravagância e na fome, nas multidões e na solidão, nas fantasias e na depressão; ora iludidos pela fama de quinze minutos, ora derrotados pela desilusão das coisas efêmeras. Nunca se registrou tal situação de caos na experiência humana; nunca se consumiu tantas drogas e alucinógenos para facilitar a fuga da realidade. A expansão da criminalidade e o aumento da população carcerária atingiram níveis assustadores.

No mesmo século, todavia, surgiram os germes de uma nova forma de vida: as contra-correntes de resistência. Da própria ciência decadente apareceram novos paradigmas de observação da realidade; das próprias instituições, impotentes e desmoralizadas, brotam perspectivas para civilização. Uma nova geração começou a nascer no planeta, demonstrando com isso um comportamento diferente dos seus antepassados. Foi a emergência da pessoa, antes sufocada pelo coletivismo da cultura de massas. Marilyn Ferguson definiu esse curioso fenômeno como uma "conspiração". Esse novo ser humano recusou ser tratado como uma peça de consumo ou mero dado estatístico. Ao contrário, seria foco de uma transformação silenciosa, sem alardes, se intercomunicando pela afinidade de sentimentos.

As pessoas "conspiram" porque "respiram" juntas o mesmo ar, os mesmos anseios. São portadoras de uma revolução invertida, de dentro para fora; e, por isso, permanecem em silêncio, num compasso de espera, aguardando o momento certo para atuar. Não poderiam comprometer a nova ordem das coisas. Muitas delas já entraram em cena e desempenharam complicados papéis de mudanças; papéis de destaque ou anônimos, como suportes ou pontas de lança, mas todas comprometidas com as transformações.

São pessoas diferentes e que continuam a nascer todos os dias. Segundo a impressão de Carl Rogers, elas teriam uma infância atormentada, sofreriam as adversidades de um ambiente estranho e hostil, mas conseguiriam sobreviver. Iriam crescer, instruir-se para exercer as mais diversas profissões, geralmente ligadas ao processo de mudanças: na educação, nas artes, nos laboratórios, no ativismo social. Seriam autênticos agentes da regeneração planetária e por isso ocupariam novos espaços e saberiam explorar esse novo tempo.

A onda de transformações ocorrida nos últimos 50 anos nos deixa perplexos e exige explicações mais profundas sobre as tendências e rumos que a Humanidade vem tomando. Cientistas propõem uma nova nomenclatura para definir a época a qual sucederá o Holoceno, iniciado há 11.750 anos. Segundo eles, já estamos vivendo o Antropoceno, isto é, a Era Humana, na qual declaramos que o planeta está literalmente em nossas mãos. De acordo com Friedman, intérprete da globalização e das novas tecnologias, o mundo agora é plano. Pierre Levy descreve a sociedade do futuro como a era da inteligência coletiva e da cybercultura. Para David Hotkopf, conceituador de uma nova aristocracia (a Superclasse), o poder não está mais no dinheiro, nem nas armas, mas na capacidade de influenciar pessoas. Ray Kurzweil, conhecido inventor e futurista, afirma sem nenhum constrangimento que muito em breve nos aproximaremos da imortalidade por meio da nanotecnologia. Edgard Morin, de quem bebemos essas impressões da transição, fez uma análise dessa passagem e identificou as três principais forças negativas predominantes no século XX : o aniquilamento, o irracionalismo e a servidão industrial. Além disso, identificou as contra-correntes, as quais lutam pelo estabelecimento de uma nova ordem mundial, mais harmônica e humanista.

Rompemos com a cultura industrial do progressismo, que via o planeta como pedra bruta a ser lapidada pela livre exploração predatória e degeneradora. Assim sendo, aos poucos foi surgindo uma nova mentalidade mais afinada com os movimentos sociais de regeneração planetária. Esse novo paradigma, o qual vê a Terra como um organismo vivo, não somente percebe o Homem como parte de um grande ecossistema, mas também como o maior perigo à sua conservação e continuidade como forma de vida. Homem e Natureza não podem mais viver divorciados por causa da tecnologia e da satisfação insaciável de necessidades artificiais, bastante supérfluas em relação ao tempo do nomadismo. A vida sedentária não pode mais ser o principal motivo da extinção dos recursos naturais e da própria existência humana.

A REVOLUÇÃO SILENCIOSA

Em 1960, o casal britânico Joy e George Adamson, proprietários de uma leoa domesticada (cria de leões por eles abatidos) resolveu quebrar o modelo dominante de relação entre seres humanos e animais selvagens, devolvendo o bicho de estimação para viver nas savanas do Quênia. A atitude do casal não foi uma simples decisão de abandono, mas uma complicada ação, a qual envolvia muitos outros aspectos e implicações. Foi necessário fazer com que a leoa Elsa aprendesse a caçar e sobreviver num ambiente hostil do qual ela havia sido retirada ainda nos primeiros dias de vida. O casal se mudou para África e participou diretamente desse processo de reeducação da leoa e também deles mesmos, pois Elsa não era mais um simples bicho de estimação. Elsa era um ser especial na vida deles. Depois de meses de intensos esforços (e críticas de muitos que não viam nenhum sentido nessa atitude), vieram os primeiros resultados. Elsa conseguiu matar uma presa, teve filhotes e, para a surpresa de todos, a leoa caminhou muitos quilômetros de volta para mostrar as crias aos seus ex-donos. O fato, registrado num filme doméstico do casal, foi levado para o cinema e mais tarde virou série de televisão.

O comportamento de Elsa quebrou um antigo paradigma, demonstrando que animais não agem apenas por instinto e que seus organismos guardam algo mais do que simplesmente impulsos irracionais. O mito da realeza dos leões escondia um fundo de verdade e serviu como evento simbólico de grandes proporções culturais. A história provocou uma onda de reflexões sobre as relações entre humanos e não humanos, a contestação sobre as condições de vida em cativeiro e principalmente na cultura colonial de matanças e tratamento cruel às espécies consideradas inferiores. Essas reflexões não ficaram apenas na dimensão da fauna, mas estendeu-se para todo o meio ambiente, espaço vital para a preservação das espécies e para as condições de vida de inúmeros seres humanos em lamentáveis condições de degradação.

Seguiu-se então a luta contra o racismo, a intolerância religiosa, as ditaduras e os abusos de poder militar e financeiro, a devastação das guerras, o alastramento das diferenças sociais e da violência urbana, a propagação de epidemias e a contaminação dos mananciais naturais. Era preciso fazer o caminho inverso do progresso pelo progresso, repensar e reinventar uma nova concepção de desenvolvimento e riqueza. Esse é o espírito das contra-correntes de resistência e regeneração. Morin denominou alguns desses movimentos, os quais considerou como “ousados” ou “tímidos”, de acordo com a consciência manifesta em suas ações: os ecologistas, que movimentam-se pela conscientização e preservação ambiental; o que lutam pela qualidade de vida, pela humanização do trabalho, pelo exercício dos direitos de cidadania e integridade humanas; a resistência ao consumismo, que prega a temperança, a frugalidade e luta contra o consumo supérfluo e a cultura do desperdício de recursos; a resistência ao capitalismo desumano, contra a tirania do dinheiro e do lucro e luta pela correta aplicação e distribuição da riqueza; a resistência à frieza utilitarista, que exemplifica a poesia, a espiritualidade e o amor; os que combatem a disseminação do comportamento individualista e da indiferença social; os pacifistas, que trabalham contra a disseminação da violência e pregam o desarmamento civil e estatal como forma de ação preventiva.

Ao analisar esses movimentos, logo nos vem à mente uma pergunta óbvia: qual dessas contra-correntes e resistência melhor identifica os serviços de ajuda como os Samaritanos e o CVV?

Inicialmente eles foram vistas com desconfiança pela sociedade, exatamente porque ousavam destoar dos conceitos comuns. Foram desacreditados pois se apoiavam em pessoas sem nenhuma influência formal, e sim em jovens idealistas, adultos já conhecidos como velhos rebeldes, grupos de utopistas, os quais nunca haviam mostrado resultados práticos de suas ideias.

Esse não é o perfil da maioria das pessoas que se aproximam e se integram ao CVV?

Tudo isso se resume em uma nova inteligência coletiva, atualmente configurada como redes sociais, grupos humanos interconectados, formal ou informalmente pela rede mundial da internet. Esse fenômeno tecnológico de aceleração e simultaneidade dos meios de comunicação acolheu uma nova cultura de grupos, os quais nos primeiros tempos foram denominados de novas "tribos". Tal denominação se referia ao modo como eram formados os núcleos, numa desordem aparente, rompendo regras e hábitos institucionais. Essas tribos inicialmente possuíam características essencialmente urbanas e se agrupavam por afinidade de costumes típicos das cidades; em seguida, mostraram uma nova face e penetraram em todas as áreas de convívio humano, sobretudo naquelas encontradas em situação de trânsito ou deslocamento.

O advento dos sites de relacionamento foi o segundo momento dessa nova configuração social. Depois dos computadores e da internet, talvez a invenção mais importante últimos 30 mil anos – da agricultura e dos territórios políticos - tenha sido a formação do espaço cibernético, por meio dos sites de busca e das redes sociais como o Blogger, Orkut, o Facebook e Tweetter. Segundo dados fornecidos pela empresa ComScore, somente no mês de maio de 2011, o Google atingiu a marca de 1 bilhão de visitantes. Nesse mesmo período o Facebook teve 713,6 milhões de acessos (só no Brasil foram 22 milhões) e o Orkut teve 35,2 milhões. A sociedade de massas, criada pelo mundo industrial e marcada pelo isolamento humano, pode estar com os dias contados. Os milhões de acessos diários a esses sites e páginas criaram uma nova realidade, novos comportamentos e novas regras de relacionamento social. É o fim da solidão?

ANOS REBELDES E OBSCUROS

O CVV nasceu e se desenvolveu nos anos que antecederam e sucederam ao regime militar, um dos mais difíceis períodos da nossa história republicana. As agitações políticas marcariam as décadas de 60 e 70. No Brasil tiveram início com o suicídio de Getúlio Vargas em 1954, acontecimento que marcou por longos anos a vida moral dos brasileiros. O gesto suicida e sua famosa Carta Testamento – os quais Vargas deu um caráter de evento político – tinham certamente um fundo psicológico no qual o estadista também revelava suas tendências autodestrutivas. De acordo com os seus biógrafos, o presidente sempre foi depressivo e muito influenciado, desde a juventude, por escritores e líderes de comportamento suicida. Raul Pompéia, que se matou com um tiro no peito para provar seu caráter, foi um dos seus escritores preferidos.

O governo de Juscelino Kubtschek também antecipou os tumultos pré-revolucionários do regime militar. Fortemente combatido por suas ideias progressistas, embora não tivesse nenhuma afinidade com as ideologias marxistas, JK quase foi impedido de tomar posse e enfrentou graves rebeliões nos quartéis durante seu mandato.

Em agosto de 1961, ocorre a renúncia do presidente Jânio Quadros, fato desencadeador da maioria dos distúrbios políticos registrados até 1964. A crise política que dividiu ideologicamente a nação era um reflexo da polarização da Guerra Fria, a qual dividia o mundo entre socialismo e capitalismo. A aproximação do então presidente João Gourlart com as forças de esquerda provocou a sua queda, gerando o regime de exceção, mergulhando, dessa forma, o país numa ditadura de 20 anos. O acontecimento foi patrocinado politicamente pelo então governo dos EUA, o qual via no Brasil um forte indício de uma revolução nos moldes cubanos e que ameaçava sua hegemonia no continente sul-americano.

Durante o governo João Goulart, o Brasil sofria uma espécie de euforia misturando a contracultura típica dos anos 60 dos países desenvolvidos e as tendências esquerdistas latino-americanas, cujos países ainda eram dominados por forças tradicionalistas dos tempos coloniais. Esse era o grande temor dos americanos com relação ao Brasil e demais nações sul-americanas. Jango foi então o pretexto para as mudanças exigidas há décadas pelas chamadas forças progressistas (na qual se incluíam os ideais comunistas) e o pavio curto e temeroso das forças reacionárias. Deposto o presidente e instalado o novo governo, passaram a ocorrer os expurgos políticos do regime anterior. Primeiro os exílios e cassações dos adversários, com todo o tipo de abusos e arbitrariedades, muito comuns nos ditos períodos revolucionários. Depois, as perseguições contra os desafetos, a censura aos meios de comunicação e manifestações culturais. Setores que inicialmente haviam apoiado os golpistas, devido às suas críticas ao modelo econômico escolhido pelos militares, passaram a sofrer também restrições em suas atividades, principalmente na área de comunicação.

Nas Forças Armadas já não havia consenso sobre os objetivos do golpe de Estado dado em 1964. Com a morte do Marechal Castelo Branco em 1967, o qual pretendia retomar a normalidade democrática, a revolução dos militares tomou um rumo bem diferente do projeto original. A morte de Costa e Silva, sucessor de Castelo Branco, em 1969, aprofundaria essa divergência interna e levaria ao poder uma facção militar denominada Linha Dura, a qual não pretendia, não naquele contexto, restaurar as instituições democráticas. Trata-se do governo Médici, considerado o mais rigoroso de todo o regime. A conhecida mão de ferro desse governo se explica graças à exacerbação ideológica dos opositores e aos acontecimentos libertários internacionais.

Nesse período, grupos radicais de orientação socialista, composto em sua maioria por jovens universitários influenciados pelos acontecimentos estudantis de 1968 na Europa e nos EUA, optaram pela luta armada contra o regime. Estes, denunciando a ilegalidade e impossibilidade de reversão pelos meios democráticos e pacíficos, empreenderam várias ações de sequestros, assaltos a bancos e execuções de personalidades suspeitas de colaboracionismo com o governo militar. 1968 foi o ano da edição do Ato Institucional nº5, cujos 12 artigos supervalorizavam a segurança nacional em detrimento dos direitos de cidadania.

No início da década de 1970, em São Paulo, surgiu a Operação Bandeirantes- OBAN, grupo composto por civis e militares de direita, apoiados por membros do governo do estado e empresários alarmados com a expansão das ações terroristas. Esse grupo, o qual serviu de modelo para outras regiões do Brasil, passou a reprimir os militantes de esquerda. Foi o período dos confrontos armados mais graves e também a época da tortura e desaparecimento de presos políticos, muitos sob a guarda das Forças Armadas e dos inquéritos policiais militares. A polarização perigosa aos interesses do regime, o crescimento político dessas facções clandestinas, as mortes da estilista Zuzu Angel (cujo filho militante de esquerda havia desaparecido) e do jornalista Wladmir Herzog, bem como o temor da perda de autoridade por parte do governo, dariam fim a esse período, fazendo com que as Forças Armadas recuassem nos seus métodos políticos autoritários.

Esses fatos desgastantes haviam exposto negativamente o Brasil na comunidade internacional, sob a acusação de violação dos diretos humanos. A morte de Herzog – cuja versão oficial de suicídio não foi aceita pela família, nem pelas lideranças da comunidade judaica – bem como outros acontecimentos obscuros, estimularam o governo Geisel a mudar as estratégias do governo e isolar a Linha Dura. Iniciou-se o lento processo de abertura gradual do regime. Este seria concluído somente em 1984, no final do governo João Figueiredo, com o fracasso do movimento multipartidário "Diretas Já" e a eleição indireta do presidente Tancredo Neves.

Os tempos eram obscuros e de perigo para todos. No CVV era preciso cuidado e cautela para não ter problemas com as autoridades do regime, nem prejudicar o trabalho desenvolvido pelos voluntários. Uma atividade de escuta telefônica como a nossa poderia ser facilmente confundida com ações políticas de espionagem ou mesmo ser usado como ferramenta de informação pelos grupos ativistas de direita ou de esquerda. O perfil de atendimento exigia que a instituição fosse politicamente neutra sem, no entanto, abrir mão das suas convicções humanistas. Resguardava-se também as ideologias particulares dos voluntários, desde que essas não colocassem em risco a própria existência da entidade e a continuidade dos atendimentos.

Na passagem da década de 1960 para 1970, considerado o período mais crítico do regime, o CVV começava entrar em evidência e aparecer nos grandes órgãos de comunicação. Era uma atividade bastante delicada e deveria ser feita com profissionalismo e um bom suporte jurídico. Nesse período era considerado normal e estratégico que as empresas e instituições tivessem em seus quadros membros da forças armadas, para atuar como conselheiros e relações públicas. Não era somente uma questão de prestígio, mas, sobretudo, a garantia de proteção em caso de algum tipo conflito ou mal-entendido com os órgãos de segurança.

Constam em nossos registros históricos, que o CVV também passou por essa experiência e recebeu ajuda de voluntários os quais possuíam algum tipo de influência em órgãos governamentais. No início de 1970, o voluntário Marius, membro do primeiro grupo histórico de plantonistas, compareceu em três emissoras de televisão para divulgar o trabalho do CVV: no programa Flávio Pereira, no canal 11, em São Paulo; e no programa Cidinha 70, com a jornalista Cidinha Campos, na TV Record, também em São Paulo. No mesmo ano, Marius e quatro diretores do CVV (Valentim, Flávio, Suely e Jacques) participaram uma entrevista no programa Flavio Cavalcanti, pela TV Tupi do Rio de Janeiro. Esse programa tinha uma grande audiência nas noites de domingo e seu apresentador era visto como um comunicador polêmico e simpatizante de artistas de esquerda. Alguns meses depois o programa foi retirado do ar pelos órgãos de censura porque Flávio Cavalcanti fôra acusado de proteger a atriz Leila Diniz, considerada inimiga do regime. Quanto ao nosso voluntário Marius, este não era somente um simples colega anônimo o qual se apresentava em público usando apenas "o nome de guerra" do plantão, mas o oficial do exército brasileiro Coronel Marius Vieira Gonçalves, que trabalhara como adido militar nas embaixadas do Brasil em Buenos Aires e Montevideo. Além de pertencer à alta oficialidade militar e ao corpo diplomático, numa época em o país era governado por generais, Marius soube aproveitar seu prestígio profissional para abrir portas para o CVV e difundir o trabalho de prevenção do suicídio. Com certeza era bem experiente ao lidar com a necessidade e, ao mesmo tempo, com a dificuldade de manter o seu anonimato. Ele também era pai da jovem e já então famosa atriz Susana Vieira. Marius faleceu em 2009, aos 94 anos, no Hospital Bandeirantes, em São Paulo.

O voluntário Marius discursando na inauguração da C. R. Francisca Júlia

No início da década de 1980, ainda havia no Brasil certo receio ao tratar de assuntos os quais a censura do regime normalmente condenaria nos anos anteriores. Os brasileiros recebiam frequentemente notícias do movimento samaritano mundial por meio do boletim do Befrienders, redigido pessoalmente por Chad Varah. O fundador dos Samaritanos pretendia a expansão do serviço na América Latina, processo iniciado na Europa e na Ásia. Ele via o Brasil como a melhor referência para efetivar esse projeto América do Sul. A Aliança Espírita Evangélica, a qual fornecia grande parte do voluntariado no Brasil possuía grupos filiados em Mar del Plata e também em cidades uruguaias. Sabendo disso, Chad insistia, então, para o CVV liderasse a expansão, porém considerava que, dentre os muitos obstáculos, a situação desses países era a de maior peso político. Houve uma ação efetiva nesse sentido quando a diretoria do CVV elaborou um plano para abertura de postos em todas as capitais do continente. A estratégia começava pelo contato com os principais jornais dessas capitais, enviando cartas e publicando anúncios convidando a comunidade para compor comitês. Essa tarefa inicial era feita por Valentim Lorenzetti. A segunda etapa, feita por Jacques Conchon e Arnaldo Coutinho, era a visita e contato direto com os interessados, para fazer a proposta da formação dos grupos fundadores. Entretanto, dois fatores surgiram, naquela época, como obstáculos para a implantação do programa nesses países. O primeiro foi de ordem cultural, que era a dificuldade de assimilação e compreensão do caráter voluntário; e o segundo foi de natureza política e corporativista: os regimes ditatoriais, cujas bases eram as organizações corporativistas, incluindo as religiosas, viam essa iniciativa com extrema desconfiança. Na Argentina e no Uruguai, onde o CVV-Samaritanos chegou a ter postos, as reuniões de voluntários eram quase clandestinas e sob rígido controle policial. Nada podia ser feito sem o "permiso" das autoridades locais.

O boletim do Befrienders foi o principal porta-voz desse projeto expansionista. Era publicado originalmente em inglês e tinha que ser traduzido para que atingisse os novos centros samaritanos e finalmente as mãos dos voluntários. No Brasil esse trabalho foi realizado gentilmente pelo voluntário Chris, inglês nativo que residia em São Paulo. Mesmo que a publicação fosse de veiculação interna e de temática específica ao samaritanismo, qualquer assunto que pudesse causar interpretação dúbia tinha que ser cortado por meio de auto-censura. Num desses boletins (nº 11, janeiro de 1981) Chad Varah cita o tráfego de informação e da importância da participação política dos voluntários no movimento samaritano; recomendava ainda a leitura atenta da Constituição do BW -Befrienders Worldwide, cujo documento explicava a estrutura política e a natureza ideológica do movimento. Embora para os ingleses este fosse um assunto trivial, no Brasil e alguns países sul-americanos como a Argentina, Paraguai, Chile e Uruguai poderia ter significado e repercussão bem diferentes.

" Se a sua cópia do Befriending Worldwide não chegar em suas casa, mande seu nome e endereço; lembre o seu secretário para mandar a relação dos voluntários ativos dentro do centro com seus endereços. Isto é necessário para registrar os membros de Samaritans Worldwide e também para a eleição dos representantes dos centros, países e continentes".

" A Constituição temporária anexa é formulada em linguagem legal e assim você pode achar que é desagradável demais para ler, mas espero que não. A mesma aponta que as eleições estão muito atrasadas. Eu desejo que nós exercitemos nosso direitos democráticos".

"De seu presidente também eleito

Chad"

Vendo nesses trechos uma real possibilidade de conflito interpretativo com os censores do regime, o tradutor consulta, por meio de um bilhete, um dos diretores do CVV (o qual havia trabalhado muitos anos como chefe de reportagem em grandes jornais da Capital) e pergunta sobre a inclusão ou não desses dois parágrafos. A resposta, dada no mesmo bilhete, obviamente foi uma negativa: "Não acho conveniente!"

Os ingleses estavam bem informados sobre a situação política no Brasil, bem como na América Latina. O jornal Brazil Herald, dirigido à comunidade britânica do Rio de Janeiro e também distribuído na Inglaterra, publicou um longo artigo sobre o acordo entre o CVV e os Samaritanos para prevenção do suicídio. Porém, nota-se que as demais matérias têm a nítida preocupação de informar que o país ainda é governado por militares , porém caminhando para a redemocratização. Ao lado do artigo sobre o CVV, encontram-se notícias transcritas do jornal O Globo sobre o encontro dos sindicalistas Lula e o seu colega polonês Lech Walessa; atritos do bispo de Recife Dom Helder Câmara com oficiais militares e também a promessa do general Milton Tavares de intervir com rigor nos problemas de criminalidade em São Paulo. O recorte desse jornal foi enviado ao CVV pelo próprio Chad.

Os anos 60 e 70 não foram marcados apenas pelas agitações políticas, embora estas fossem o tom predominante nos movimentos e tendências.

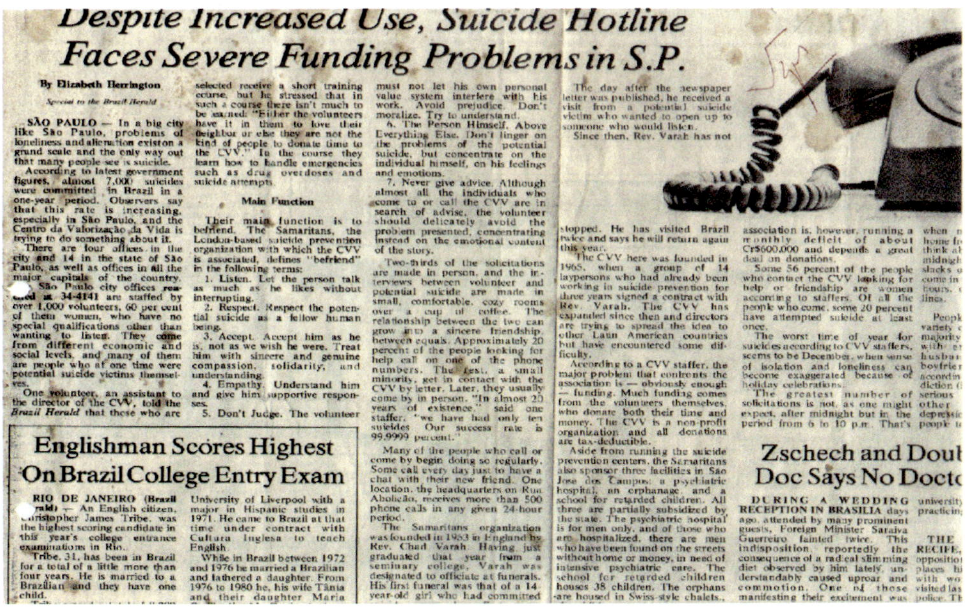

Despite Increased Use, Suicide Hotline Faces Severe Funding Problems in S.P.

By Elizabeth Herrington

Special to the Brazil Herald

SÃO PAULO — In a big city like São Paulo, problems of loneliness and alienation exist on a grand scale and the only way out that many people see is suicide.

According to latest government figures, almost 7,000 suicides were committed in Brazil in a one-year period. Observers say that this rate is increasing, especially in São Paulo, and the Centro da Valorização da Vida is trying to do something about it.

There are four offices in the city and 14 in the state of São Paulo, as well as offices in all the major capitals of the country.

São Paulo city offices reached at 34-4141 are staffed by over 1,000 volunteers, 60 per cent of them women, who have no special qualifications other than wanting to listen. They come from different economic and social levels, and many of them are people who at one time were potential suicide victims themselves.

One volunteer, an assistant to the director of the CVV, told the *Brazil Herald* that those who are selected receive a short training course, but he stressed that in such a course there isn't much to be learned: "Either the volunteers have it in them to love their neighbor or else they are not the kind of people to donate time to the CVV." In the course they learn how to handle emergencies such as drug overdoses and suicide attempts.

Main Function

Their main function is to befriend. The Samaritans, the London-based suicide prevention organization with which the CVV is associated, defines "befriend" in the following terms:

1. Listen. Let the person talk as much as he likes without interrupting.

2. Respect. Respect the potential suicide as a fellow human being.

3. Accept. Accept him as he is, not as we wish he were. Treat him with sincere and genuine compassion, solidarity, and understanding.

4. Empathy. Understand him and give him supportive responses.

5. Don't Judge. The volunteer must not let his own personal value system interfere with his work. Avoid prejudice. Don't moralize. Try to understand.

6. The Person Himself, Above Everything Else. Don't linger on the problems of the potential suicide, but concentrate on the individual himself, on his feelings and emotions.

7. Never give advice. Although almost all the individuals who come to or call the CVV are in search of advise, the volunteer should delicately avoid the problem presented, concentrating instead on the emotional content of the story.

Two-thirds of the solicitations are made in person, and the interviews between volunteer and potential suicide are made in small, comfortable, cozy rooms over a cup of coffee. The relationship between the two can grow into a sincere friendship between equals. Approximately 20 percent of the people looking for help call on one of the phone numbers. The rest, a small minority, get in contact with the CVV by letter. Later, they usually come by in person. "In almost 20 years of existence," said one staffer, "we have had only ten suicides. Our success rate is 99.9999 percent."

Many of the people who call or come by begin doing so regularly. Some call every day just to have a chat with their new friend. One location, the headquarters on Rua Abolição, receives more than 500 phone calls in any given 24-hour period.

The Samaritans organization was founded in 1953 in England by Rev. Chad Varah. Having just graduated that year from a seminary college, Varah was designated to officiate at funerals. His first funeral was that of a 14-year-old girl who had committed

The day after the newspaper letter was published, he received a visit from a potential suicide victim who wanted to open up to someone who would listen.

Since then, Rev. Varah has not stopped. He has visited Brazil twice and says he will return again this year.

The CVV here was founded in 1965, when a group of 14 laypersons who had already been working in suicide prevention for three years signed a contract with Rev. Varah. The CVV has expanded since then and directors are trying to spread the idea to other Latin American countries but have encountered some difficulty.

According to a CVV staffer, the major problem that confronts the association is — obviously enough — funding. Much funding comes from the volunteers themselves, who donate both their time and money. The CVV is a non-profit organization and all donations are tax-deductible.

Aside from running the suicide prevention centers, the Samaritans also sponsor three facilities in São José dos Campos: a psychiatric hospital, an orphanage, and a school for retarded children. All three are partially subsidized by the state. The psychiatric hospital is for men only, and of those who are hospitalized, there are men who have been found on the streets without home or money, in need of intensive psychiatric care. The school for retarded children houses 38 children. The orphans are housed in Swiss-style chalets.

association is, however, running a monthly deficit of about Cr$600,000 and depends a great deal on donations.

Some 56 percent of the people who contact the CVV looking for help or friendship are women according to staffers. Of all the people who come, some 20 percent have attempted suicide at least once.

The worst time of year for suicides according to CVV staffers, seems to be December, when sense of isolation and loneliness can become exaggerated because of holiday celebrations.

The greatest number of solicitations is not, as one might expect, after midnight but in the period from 6 to 10 p.m. That's

Englishman Scores Highest On Brazil College Entry Exam

RIO DE JANEIRO (Brazil Herald) — An English citizen, Christopher James Tribe, was the highest scoring candidate in this year's college entrance examinations in Rio.

Tribe, 31, has been in Brazil for a total of a little more than four years. He is married to a Brazilian and they have one child.

University of Liverpool with a major in Hispanic studies in 1971. He came to Brazil at that time under contract with Cultura Inglesa to teach English.

While in Brazil between 1972 and 1976 he married a Brazilian and fathered a daughter. From 1976 to 1980 he, his wife Tânia and their daughter Maria

Zschech and Doub[...] Doc Says No Docto[...]

DURING A WEDDING RECEPTION IN BRASILIA days ago, attended by many prominent guests, Foreign Minister Saraiva Guerreiro fainted twice. This indisposition, reportedly the consequence of a radical slimming diet observed by him lately, understandably caused uproar and commotion. One of those manifesting their excitement was

Artigo escrito sobre o CVV por Elizabeth Herrington no Brazil Herald

Havia uma grande inquietação no setor cultural, sobretudo na área artística que, como sempre, antecipam as transformações, estimuladas pelos pensadores insatisfeitos com os modelos dominantes.

Uma intensa revolução de costumes ocorreria na década na qual o CVV nasceu e tornou-se uma instituição de prevenção do suicídio, o qual na sociedade contemporânea seria um grave problema de saúde pública. O existencialismo da década anterior, com suas temáticas do silêncio, do tédio e da solidão humana teria forte repercussão na mentalidade ocidental.

Nos Estados Unidos, estava no auge o modo de vida dos *beatniks*, hedonistas os quais perambulavam livremente pelas estradas (*on the road*) numa fuga de si e ao mesmo tempo na busca do nada. Para eles, morrer não era tão perigoso quanto viver. Esse comportamento despojado de compromissos marcaria profundamente a geração sucessora nos meados da década de 1960. Foram os hippies, difusores de atitudes consideradas como alternativa essencial para sobreviver na podridão da sociedade de consumo: o sexo livre, a alteração da consciência por meio das drogas e o rock-and-roll como música de contestação e protesto.

No Brasil, a Bossa Nova, a Jovem Guarda, o Cinema Novo, o Teatro do Oprimido, a Tropicália e finalmente a explosão da música pop internacional foram os exemplos mais conhecidos dessa busca de renovação. Os famosos festivais de música realizados em São Paulo por iniciativa da TV Record e logo reproduzidos por outras emissoras tornaram-se uma verdadeira febre cultural, ponto lucrativos para os negócios e ao mesmo tempo veículos de expressão de artistas e jovens que se sentiam reprimidos pela ditadura. Mesmo com as restrições e o clima de medo, havia no ar a certeza de que as coisas poderiam sofrer mudanças repentinas. A utopia dos hippies e a estética psicodélica foram também vivenciadas pelos nossos jovens, os quais se comportavam e se vestiam de forma extravagante e provocativa.

A revista Realidade, do grupo Abril, publicou no ano de 1971 um artigo sobre O CVV, a respeito da solidão e do suicídio, assuntos até então incomuns na imprensa e que, como tantos outros, deram um grande prestígio a essa publicação entre os leitores. Esta era a proposta da revista, considerada uma revolução para os padrões brasileiros ao abordar, naquela época, não somente temas curiosos, sobretudo polêmicos. Em 1967 a revista foi recolhida das bancas por ordem judicial, pois trazia uma edição especial sobre a revolução feminina. Nessa edição, hoje considerada um marco do jornalismo, foram discutidos temas dogmáticos como casamento, família, sexualidade, bem como o mercado de trabalho para as mulheres. Uma pesquisa de opinião também destacava a mentalidade dos brasileiros sobre tais assuntos, registrando-se um alto grau de conservadorismo: para 68% dos entrevistados a mulher não deveria trabalhar fora de casa, mesmo por necessidade; 50% não acreditava na igualdade entre homens e mulheres; 67% consideravam a homossexualidade como uma doença e somente para 23% o Brasil poderia ser melhor se fosse governado por uma mulher.

Em 2010, por encomenda de uma edição especial de revista Veja, sobre o avanço social feminino, a opinião dos brasileiros favoráveis à mulher no mercado de trabalho subiu para 84%; o homossexualismo visto como doença caiu para 13%; e a melhoria do Brasil com um governo feminino aumentou para 56%. A igualdade de direitos entre os sexos, que trinta anos antes dividia meio a meio os brasileiros, hoje é um assunto considerado culturalmente obsoleto.

Para alguns leitores mais acostumados com a historiografia tradicional, enfatizando acontecimentos políticos, seria praticamente impossível negar que os voluntários do CVV estivessem alienados e indiferentes aos acontecimentos que marcaram a vida do País nos últimos 50 anos, sobretudo no período do regime militar. Como todos os cidadãos, os voluntários também possuíam ideologias; pelo que conhecemos daqueles mais atuantes na entidade, esse comportamento não se limitava aos plantões de quatro horas e meia. Não concordavam com nada daquilo que representava o contrário da filosofia cultivada pelo grupo. Portanto, é bem possível que durante os períodos mais obscuros dessa história, os nossos voluntários tenham, sim, dado o seu apoio às vítimas destas circunstâncias: seja as que perderam seus entes queridos, seja as que se sentiam oprimidas ou ameaçadas ou então as que se sentiam culpadas por não terem cumprido com as determinações das suas consciências. Enfim, todas as pessoas que de alguma forma sofriam e não tinham a quem recorrer ou comunicar o seu sofrimento, não importando sua ideologia ou de que lado estivessem.

É possível que, naquela época, o voluntário com sua ética do sigilo muitas vezes tenha se comportado como fez Dom Helder Câmara com sua postura sacerdotal ao ser visitado por oficias militares em busca de um foragido político. Questionado se não havia escondido tal pessoa em sua casa, o sacerdote respondeu, colocando em cheque àquele o qual não respeitava a sua neutralidade humanitária:

" Olha meu amigo, preste bem atenção, a vida é uma roda. Hoje o senhor está por cima , mas amanhã poderá estar por baixo e não se esqueça que se fosse o senhor que estivesse precisando de acolhimento e abrigo, certamente em minha casa não o faltaria, independente das suas crenças ou convicções".

A o relatar esse fato em um programa de TV , Dom Helder contou que o oficial, muito a contra-gosto, desistiu da idéia de revistar a casa e saiu dali sem dizer uma única palavra.

CAPÍTULO III

É MAIS FÁCIL VIVER QUANDO SE TEM UM AMIGO

Terceiro Princípio/ Terceira Prática

– A pessoa que faz contato com um Posto do CVV terá respeitado o seu direito à liberdade de tomar suas próprias decisões, inclusive a de suicídio, a de romper o contato a qualquer momento e a de permanecer no anonimato.

– Quando a pessoa que procura o CVV encontra-se propensa ou determinada a praticar o suicídio, ela obtém integral disponibilidade dos voluntários, durante o tempo que for necessário.

COMO SURGIU O CVV

No último Conselho Nacional, realizado em abril de 2011, percebemos que o CVV não é mais uma escola e sim uma universidade, não no sentido institucional e acadêmico, mas no sentido espiritual de busca, desenvolvimento e transformação do conhecimento.

As escolas que cultivam o espírito da universidade, isto é , a sintonia e a compreensão de todas coisas que compõem o universo, sempre partem de uma célula-mãe, essencialmente divisível e multiplicadora. Isso não é mera coincidência quando se trata do CVV, pois, ao analisar a sua história mais remota encontramos uma grande célula espiritual a qual lhe deu origem e características de uma genética, se assim podemos dizer, metafísica.

Os jovens fundadores das bases daquilo as quais seriam hoje o CVV Universidade, ou seja, uma diversidade de elementos humanos, dentro de uma unidade de visão de mundo e sintonia ética, surgiram de uma pequena turma da Escola de Aprendizes do Evangelho, uma proposta escolar iniciática simples de auto-conhecimento, criada na Federação Espírita do Estado de São Paulo (FEESP) em 1950. Tal escola teve como base um processo dinâmico de transposição de princípios ali ensinados durante as aulas para a vida prática e externa. Os criadores dessa escola de caráter espírita, mas de formação plural espiritualista, denominavam esse processo de "vivência" ou exemplificação da sua visão de mundo; na verdade uma proposta de vida. Cada turma passaria por graus de amadurecimento espiritual (e não somente intelectual), como um processo verdadeiramente natural e não por meio desses recursos artificiais e superficiais de avaliação e promoção que se dão nas escolas comuns. Esse era o sentido iniciático, a passagem do mundo externo para o mundo interno por meio de experiências da descoberta de si e do convívio com os semelhantes. Em seguida, dava-se a aplicação desse conhecimento no meio social.

Nesse primeiro processo de busca, é revelada uma faceta muito interessante da experiência e da mudança de comportamento dos seres humanos. Nós, criaturas humanas, não temos inicialmente condições de acesso ao nosso mundo interior, por uma questão de imaturidade natural. Não temos essa chave. Esse acesso só é possível ao fazermos percursos muito sofríveis ou então ao descobrirmos que os nossos semelhantes têm a capacidade de enxergar dentro de nós. Enxergamos eles e eles a nós, mas ambos não conseguem enxergar a si mesmos. Isso é uma lei da natureza humana, desvendada pela psicologia e pela educação há milênios. Todos guardamos as chaves que não são as nossas.

Nessa escola, pela qual passaram os fundadores do CVV, o processo foi idêntico: qualquer descoberta mais prática de si passa pelo contato muito próximo com o seu semelhante. O outro caminho natural é o sofrimento das provas da vida. No meio desses estudos de mais ou menos três anos, o currículo exigia uma aplicação prática desses conhecimentos, cujo conteúdos eram as tradições históricas judaico-cristãs e que se universalizaram para todas as culturas ocidentais em diferentes formatos e expressões.

Mas como seria essa prática?

Tudo muito simples, sem complicações teológicas e intelectuais. Amar o próximo bem próximo, conhecendo diferentes realidades e necessidades humanas.

Uma cidade já cosmopolita como São Paulo nos anos 1960 oferecia inúmeros cenários da diversidade humana, sobretudo aqueles desprovidos das mínimas condições de sobrevivência. Assim sendo, aqueles alunos, a maioria jovens, partiam em ritmo de caravana para os bairros periféricos para conhecer esse lado distante, em duplo sentido, da realidade em que viviam. Não fariam pregações ou proselitismo, mas apenas conversariam, procurariam saber como as pessoas estavam , como se sentiam, como viviam suas experiências mais comuns, principalmente suas dificuldades. Não seria pesquisa , nem entrevista; ao contrário, fariam puro contato humano, no qual pediam licença para entrar nos lares ou travar uma conversa na calçada, na varanda, na cerca, onde fosse possível. Nos lares mais carentes, eles tomavam a liberdade de levar um café com leite, um bolo, para quebrar o gelo inicial da conversa e poder sentir melhor o que se passava naqueles corações. Tudo isso foi chamado de Conversa Fraterna ou Caravana Fraterna, sem nenhuma preocupação institucional ou pedagógica.

Nesse vai e vem de idas e vindas, surgem aqueles que se revelam os mais ousados e que influenciam seus companheiros, logo eleitos naturalmente como líderes desses grupos. Nessa turma o escolhido foi um jovem de 17 anos que, apesar da idade, revelava um pendor para condução e motivação daquele grupo desde as primeiras aulas. O dirigente da turma foi Dr. Milton Batista Jardim, médico que havia se formado alguns anos antes sob a direção de Edgard Armond, coronel aposentado da polícia militar e que havia criado essa escola iniciática na Federação. Armond era iniciado na escola humanista maçônica. Numa determinada altura do curso, o Dr. Milton abordou o jovem líder da turma e lhe entregou um envelope pardo com alguns recortes da revista Mundo Ilustrado. Dentro continha uma reportagem sobre um serviço de prevenção do suicídio, realizado por voluntários em Londres. Os voluntários eram os Samaritans, liderados pelo sacerdote anglicano Chad Varah. Dentro do envelope também havia um pequeno bilhete anotado por Edgard Armond com os seguintes dizeres: **"Para quem deseja servir, aqui está uma boa oportunidade."**

Mas, o famoso bilhete, entregue pelo dirigente poderia ter sido uma simples sugestão do Comandante Armond. No entanto, veio com alvo previamente escolhido e na visão daquele jovem, prestes a ingressar no serviço militar, repercutiu como um ordem dada por um comandante ao seu imediato e que o mesmo deveria fazer cumpri-la por meio de um soldado promovido a cabo, o qual conduziria o pelotão com segurança e determinação na execução de uma delicada missão. O jovem percebeu que não se tratava apenas uma simples sugestão, mas de um assunto de alta gravidade e não um modismo estrangeiro, tão comum no Brasil daquela época.

Eram pessoas que trabalhavam em prol de suicidas, um tabu para os cristãos tradicionais e que para as escolas espiritualistas modernas possuía uma dimensão ética ainda mais grave, de responsabilidades e possibilidades diferenciadas das demais concepções religiosas. Como uma turma inexperiente como aquela, poderia lidar com um assunto tão grave? Com quais elementos e ferramentas poderia ser executada uma missão como essa, completamente desconhecida por eles? Um bom amigo e alguns companheiros poderiam ajudar.

Conhecíamos esse relato, com diferentes versões e até mesmo já o relatamos em outras publicações. Todavia, em um dos seminários o qual assistimos na Reunião do Conselho Nacional, realizado em Guarulhos em abril de 2011, ouvimos uma versão narrada por uma voluntária da região de Ribeirão Preto e que chamou a nossa atenção. Ela respeitou a cronologia sequencial dos fatos, entretanto deu a eles uma interpretação típica dos historiadores românticos, às vezes fingindo satirizar os acontecimentos, outras vezes realçando pontos os quais mexiam com seus valores pessoais e também dando às vezes um ar de relato científico, de precisão documental ou testemunhal. A voluntária chamava o jovem Jacques de "menino", um desses garotos espertos os quais sabem aproveitar as oportunidades que a vida lhes dá. Dizia ao justificar sua interpretação apaixonada, que não conseguia esconder com os disfarces narrativos: "CVV é coisa de gente jovem, de espíritos jovens, de meninos". Ela mesma de cabelos brancos afirmava que se recusava a envelhecer e fazia isso para manter-se na instituição, um grupo que a faz sentir-se cada mais jovem e ousada.

Ao ouvir essa história numa versão oral, 49 anos depois dos fatos, imaginamos que tipo de situação ou circunstância a transformou numa voluntária; enquanto falava tentava imaginar sua época de juventude, seus sonhos, seus projetos, muitas vezes refletidos veladamente nas suas expressões de caráter libertário e contestador. Todos na sala, como eu, estavam incomodados com o relato, porque, em determinados pontos, nossas memórias era atingidas por dardos provocadores e que nos remetiam ao nosso passado. Queríamos dizer para ela que todos nós somos livros vivos e que, como ela, tínhamos muito para falar do CVV, como parte importante das nossas histórias. Entretanto, não havia tempo suficiente para todos, nem para ela.

A expositora afirmou várias vezes que o Universo conspirou a favor daquele jovem e de seus companheiros de ideal para fundar o CVV, no entanto ela mesma sofria uma conspiração desse mesmo universo para que se contivesse emocionalmente na condução do seu relato. Como a narradora fazia pausas demoradas, em tom dramático, e também demonstrava uma extrema preocupação de não deixar dúvidas, várias vezes o Universo fez com que o aparelho data-show fosse desligado ou então que o computador se aquecesse a ponto de interromper a apresentação. Ela não se abalava, muito menos sua companheira assistente. Surgiam os desvios do percurso didático, os improvisos e comentários, aliás muito mais interessantes do que os slides programados para a apresentação. A palestrante se preparou para mostrar uma história elaborada por artifícios eletrônicos e se esqueceu que ela mesma era o livro o qual todos queriam ler e entender aquela história maravilhosa. O Universo conspirava, não contra ela, mas a favor dos expectadores.

De volta dessa grande evento, fomos imediatamente consultar os relatos escritos e publicados anteriormente, em outros momentos comemorativos. Estavam lá, gravados naquelas páginas brancas, intactos, à espera de novas narrativas e interpretações. As mesmas datas, os mesmos nomes, os mesmos acontecimentos, apenas com uma visão e fala diferentes, de quem escreveu naquela circunstância anterior. Poucos perceberam, no entanto todos daquela sala eram provenientes de uma mesma escola conceitual, membros de turmas diferentes, de diferentes momentos, porém frutos do mesmo percurso curricular, identificados como seres semelhantes e buscadores dos mesmos propósitos de vida. Ali era uma sala de aula e a lição ministrada exigia de todos uma constante transposição do que ouvíamos para as nossas realidades íntimas e externas. Por isso, todos estavam inquietos, inclusive a voluntária expositora. Naqueles instantes, rememoramos todo o processo iniciático pelo qual passaram os fundadores do CVV. Em apenas duas horas de exposição e conspiração nos transformamos, como se diz nas escolas iniciáticas, de Água em Barro, deste para a Lama e dessa para a Luz, tentando entender nossas purezas e impurezas de pensamentos, sentimentos e atitudes.

Quantas turmas como essas se formaram e se reproduziram desde a primeira turma a qual se desgarrou da sua célula-mãe na FEESP em 1961?

Quantos alunos se transformaram em voluntários e quantos voluntários transformaram outros voluntários em pessoas iguais a si, em busca de si mesmos e de um mundo melhor, como os jovens da turma de Jacques e Flávio?

Os números não importam. Como nos alertou o Milton , um antigo e muito caro companheiro de CVV, quando o questionamos a respeito dos temas destas páginas: "O que importa é a nossa origem espiritual e não a religiosa, somos uma escola espiritual que saiu de outra escola espiritual e que vai permanecer porque continuaremos sendo uma escola espiritual gerando outras escolas, e assim sucessivamente."

A CRIANÇA QUE APRENDEU A LUTAR PELA VIDA

Tudo isso nos faz lembrar que houve um, ou vários momentos, em que ocorreu a transposição de conhecimentos de uma escola para outra e, além disso, só quem pode realizar esse processo, como bem nos alertou Milton, são aqueles que passaram e compreenderam a essência espiritual ou iniciática desse evento. Isso nos faz refletir também sobre a grande responsabilidade daqueles os quais conduzem um Programa de Seleção de Voluntários no CVV ou daqueles que estudam constantemente o processo com a intenção de aperfeiçoá-lo. São educadores natos cuja principal capacidade de percepção é avaliar os diferentes ritmos e graus em que se encontram os seus iniciados. Como rezam as tradições clássicas da transmissão de conhecimento, estes instrutores não são seres perfeitos nem pessoas de grande destaque na sociedade, todavia são autorizados pela própria natureza do que fazem ao representar a Perfeição e a Verdade, adquirindo com o tempo o talento para marcar simbolicamente com fogo os seus tutelados. Recentemente, conversamos com Mário Pinese, antigo voluntário do CVV, hoje residente em Santos, e ele nos falava exatamente como uma escola iniciática pode transformar o destinos das pessoas. Ele fez parte do grupo histórico que realizou os primeiros plantões do CVV, tarefa para a qual não se julgava preparado, pois achava que tinha muitas limitações pessoais e poucas habilidades. Na época, era um jovem interiorano vindo de uma fazenda de Araçatuba para tentar a sorte em São Paulo. Trabalhava como motorista de ônibus e, nos fins de semana, como milhares de habitantes, se sentia isolado, solitário, pouco adaptado ao ritmo veloz e desumano da cidade. Mário chegou ao grupo por indicação de outro motorista, entretanto lembra que esperou por seis meses para ser matriculado como aluno da escola de aprendizes dirigida por Miltom Jardim. Segundo ele, foi a mais longa e terrível espera da sua sua vida, pois, na sua condição de pessoa simples e sem estudos, frequentar uma escola ao lado de personalidades socialmente distintas era motivo de preocupação e ansiedade. Pinesi lembra que seu sonho sempre foi estudar, mas tinha receio de recuar e fracassar. Entretanto, a experiência logo revelou que a diversidade social e cultural da turma seria um dos fatores mais imporantes para a consolidação do trabalho que eles realizariam. A formação intelectual ajudava a entender melhor os conceitos e definir os papéis a serem exercidos, porém o temperamento e a disposição de enfrentar situações desafiadoras é que seria o diferencial no aproveitamento das aulas.

Como em todas as turmas, existem os que ficam e os que partem. Há ainda aqueles que chegam e mostram a que vieram e por que vieram, mesmo quando o barco já está navegando há muito tempo. Foi o caso de companheiros ingressantes no CVV, pela mesma via escolar espiritual, original ou do próprio CVV. Tais pessoas imprimiram um formato mais atualizado e adequado aos novos contextos nos quais o CVV teve que posicionar diante das constantes mudanças do mundo e das pessoas, os quais surgiam como novos atendidos e novos voluntários.

Quem passa pela escola do CVV jamais será o mesmo, afirmam quase todos os voluntários, e jamais serão ovelhas desgarradas do rebanho. Isso acontece, por exemplo, com os rebeldes, os quais não aceitam essa condição humilde de nos comparamos às ovelhas, prudentes com a razão e obedientes de coração. Acontece também com aqueles que, por qualquer outro impedimento, se desligam formalmente da instituição, porém permanecem espiritualmente ligados a ela.

Esta foi também a impressão que tivemos ao conversar com a primeira voluntária do CVV, Misayo Ishioka.

Ao conhecermos os primeiros relatos sobre a fundação do CVV, sentimos enorme curiosidade de saber o que se passou com ela no primeiro plantão, daquela quarta-feira, 28 de março de 1962.

Depois de muitas buscas a encontramos numa pequena cidade do interior paulista. A conversa ocorreu na tarde do dia 28 de junho de 2011, em apenas alguns minutos de um telefonema, o qual nos pareceu muito longo. Ficamos com receio de assustá-la com uma ligação até então estranha; no entanto, ao abordarmos o assunto, percebemos uma rápida mudança no tom de voz. Depois achou engraçado como foi localizada e logo falou sobre as coisas as quais tínhamos curiosidade sobre ela.

Misayo nasceu no Japão e veio para o Brasil antes da Guerra, com apenas sete anos de idade. A família se instalou em uma fazenda de proprietários italianos em Guatapará, pequeno município da região de Ribeirão Preto; somente depois da Guerra, aos 19 anos, foi para São Paulo onde, apesar de muitas dificuldades, conseguiu realizar seus estudos, pois não falava quase nada de português. Formou-se em enfermagem apenas aos 30 anos, ingressando alguns anos depois como funcionária pública do Hospital das Clínicas. Ali se aposentou no cargo de enfermeiro chefe.

Budista de formação, passou por vários grupos religiosos quando, em 1959, foi convidada por uma amiga do HC para frequentar a escola da Federação Espírita do Estado de São Paulo, cuja turma seria a base dos primeiros voluntários do Centro de Valorização da Vida. Hoje, aos 84 anos ela relembra que, apesar de ter permanecido pouco tempo como voluntária, aprendeu muito sobre si mesma e isso foi muito importante para compreender e respeitar as pessoas, sobretudo as que sofrem. Lembra com muita alegria e naturalidade o fato de ter sido a primeira plantonista do CVV – não lembra se foi escolhida por sorteio ou se a colocaram numa escala semanal – mas que recebeu a notícia como um compromisso muito importante e no qual não poderia faltar. Para ela, isso era algo natural. Era respeito pela vida. Das recordações daquela época e dos anos anteriores à sua vinda para a Capital, Misayo relembra as diferenças e dificuldades de adaptação, sobretudo para uma criança. A vinda da família do Japão para o Brasil não foi motivada apenas pelas dificuldades econômicas, mas talvez por uma dessas intrigantes questões do destino. Misayo passou sua primeira infância provavelmente na cidade mais famosa do Japão, não por suas belas paisagens, mas por seu triste lugar na história contemporânea. Nasceu e viveu seus primeiros anos em Hiroshima, a cidade onde 140 mil pessoas seriam sacrificadas pela explosão da bomba atômica, em 6 de agosto de 1945.

A MUSA INSPIRADORA

Em um dos corredores da Pinacoteca de São Paulo repousa junto à parede uma enorme estátua branca denominada Musa Impassível, de 2,80 de altura e 3 toneladas. Foi esculpida em mármore de Carrara pelo célebre Victor Brecheret, mestre do modernismo e autor do famoso monumento das Bandeiras, instalado no Ibirapuera. A estátua é uma representação da poetisa Francisca Júlia, morta em circunstâncias trágicas no inesquecível ano de 1920. A estátua esteve no mausoléu da poetisa no Cemitério do Araçá por 80 anos, sendo objeto de culto memorial por todos os tipos de segmentos culturais da cidade. Quando cursávamos história na PUC, na década de 1980, fomos levados diversas vezes pelo nosso professor de História da Arte para conhecer as famosas obras fúnebres de Brecheret expostas a céu aberto.

Pouca gente sabe é que a morte de Francisca Júlia está estreitamente ligada ao CVV e aos seus fundadores. O espírito da sua tragédia liga-se profundamente ao coração dos criadores e fundadores dessa instituição, os quais acreditavam que o gesto da poetiza foi ao mesmo tempo um desatino pessoal e um efeito cultural da época em que ela vivia. Sua morte permanece viva na memória dos paulistanos, das centenas de cultivadores da sua poesia e também daqueles que não conseguem esquecer seu suicídio, um gesto perturbador o qual sobrevive ao tempo e sempre serve de alerta para as novas tragédias as quais continuam a compor as mais tristes histórias da grande Capital.

Musa impassível, por Victor Brecheret, 1925

Recentemente, o cronista José de Souza Martins registrou nas páginas do jornal O Estado de São Paulo (14 de fevereiro de 2011) as impressões que tal história ainda causa no imaginário paulistano.

Ao recontar a tragédia, ele denominou Francisca Júlia de "A mulher do telegrafista":

Em 1909, Francisca Júlia da Silva, com 38 anos, nascida em Xiririca, hoje Eldorado Paulista, casou-se na capela do Lajeado com Filadelfo Edmundo Munster, telegrafista da Estrada de Ferro Central do Brasil.

Lajeado era o que veio a ser Guaianases, um lugarejo que devia o nome à imensa pedreira de onde era retirada a brita para forrar os dormentes da ferrovia. Francisca Júlia fora para o Lajeado quando sua mãe, professora primária, em outubro de 1908, recebeu transferência de Cabreúva para lá. Foi padrinho da noiva o poeta

Vicente de Carvalho. Noiva que em Cabreúva fora professora de piano e tivera como aluno Erotides de Campos, então com 10 anos de idade. Ele viria a ser o prodigioso autor de composições como a lindíssima Ave Maria.

Da desilusão de um frustrado noivado em Cabreúva, Francisca Júlia carregou até quase o fim da vida o alcoolismo.

Pouco tempo antes do casamento com o telegrafista, Francisca Júlia fora convidada a ingressar na Academia Paulista de Letras (APL), que se formava. Recusou. Alguns anos depois, seria homenageada com um busto na Academia Brasileira de Letras.

Quem era, afinal, a mulher do telegrafista do Lajeado?

Francisca Júlia era a maior poetisa do parnasianismo brasileiro, reconhecida e aplaudida por escritores como Olavo Bilac. Publicara seus primeiros poemas em jornais de São Paulo.

Em diferentes momentos, recolheu-se à vida doméstica, coisa que fez também depois do casamento. Era uma mulher bonita, de viso triste, reflexiva. Sua poesia é densa de competência linguística. Trabalhava com maestria a língua portuguesa. Em seus versos é claro o empenho em fazer de nossa língua instrumento de elaborada criação estética.

Com a descoberta, em 1916, de que o marido estava tuberculoso, tornou-se depressiva e mística. Filadelfo morreu em 31 de outubro de 1920. Após o enterro, Francisca Júlia tomou uma overdose de narcóticos e morreu na manhã do dia seguinte. Seria sepultada no Cemitério do Araçá, no dia de Finados. Ao seu funeral compareceu a fina flor da intelectualidade, incluindo Guilherme de Almeida, Paulo Setúbal, Mário de Andrade (que criticara sua poesia), Oswald de Andrade, Di Cavalcanti...

São os intelectuais de São Paulo que decidem propor ao governo do Estado a feitura do túmulo da poetisa, o que tramita no Legislativo por iniciativa do senador estadual Freitas Vale, da famosa Vila Kyrial, na Rua Domingos de Morais, lugar de encontro de artistas e escritores. Victor Brecheret esculpe para o túmulo, de mármore de Carrara, a bela Musa impassível, título de um poema de Francisca Júlia. A obra está hoje na Pinacoteca do Estado, restaurada. Uma réplica de bronze a substitui no túmulo do Araçá, como a murmurar: "Em teus olhos não quero a lágrima; não quero em tua boca o suave e idílico descante.

Francisca Júlia na maturidade

Em "Musa Impassível", a historiadora Márcia Camargos reproduz em farta documentação da época todos os acontecimentos os quais antecederam e deram posteriormente à morte da famosa poetisa paulista:

"Levando uma vida tranquila de mulher casada, Francisca Júlia não abdicou de todo da literatura, mas em meados de 1914 caiu doente e nunca mais recuperou totalmente a saúde. Quando concedeu uma entrevista ao jornalista Correa Júnior, de A época, publicada em 16 de dezembro de 1916, ela contou que sofria bastante com a enfermidade que causava alucinações, decerto provenientes da intoxicação do ácido úrico.

"Há ocasiões que de repente saio da vida real e entro no sonho. Vejo pessoas e seres desconhecidos. A princípio cuidei que me estava tornando médium. Mas não, isto é o princípio do fim. Sinto-me feliz ao observar, dia a dia, que esse fim se aproxima". Afirmando então que sua vida encurtava-se hora a hora, confessou que seria muito bom morrer.

"Tenho ambições,oh! Muitas ambições, mas que são de outra natureza", ela acrescentou, levantando as mão para o alto.

Essa familiaridade com a morte, sinal de um quadro clínico de aguda depressão, se tornaria recorrente nos poemas como "Natureza". Nele, ao lado de uma melancolia quase mórbida, similar `do simbolista mineiro Alphonsus de Guimaraens, ela expressava o desejo de se converter em árvores par refrescar o próprio túmulo.

(...) Quando meu pobre corpo estiver sepultado,

Mãe! Transforma-o também num chão recurvado

Para dar sombra fresca à minha própria cova(...)

(...) Embora com a saúde abalada a poetisa cuidou da saúde do marido que contraíra. Após um prolongado tratamento, Filadelfo Munster acabaria vitimado pelo bacilo de Koch, falecendo em 31 de outubro de 1920. Para Francisca Júlia, a vida perdera o sentido. Avisou que jamais poria o véu de viúva e morreu na manhã do enterro do companheiro, sendo sepultada no mesmo túmulo do cemitério do Araçá.

As versões para a causa mortis são nebulosas.

(...) De um jeito ou de outro, com tiro de revólver ou nesta modalidade menos violenta e mais assimilável no meio conservador e católico de então, o fato é que Francisca Júlia surpreendeu que dela esperava uma reação passiva e conformada diante da tragédia. Sua atitude radical de tomar o destino nas próprias mãos, agindo como sujeito ao dispor da própria vida como se não temesse críticas dos amigos e familiares nem a condenação divina , aponta para um comportamento que não se encaixava nos padrões vigentes do exercício da feminilidade esperada (...)

Lembrar a poetisa é corrigir uma parte do seu desatino e ao mesmo cultivar uma vida que se perdeu de forma banal, ainda que se lhe dê um sinistro significado poético. É o que provavelmente pensava o autor do bilhete desencadeador da fundação do CVV em São Paulo, 36 anos depois da tragédia. Este, como todos os paulistanos, também carregava no coração essa culpa coletiva pela morte de Francisca Júlia. Ao ler em uma revista a reportagem sobre os Samaritanos de Londres, provavelmente lembrou que, se houvesse em São Paulo um grupo como esse talvez Francisca Júlia ainda estivesse viva, encantando a todos com a sua poesia. Estaria até mesmo atuando como voluntária, amparando pessoas que, como ela, haviam desistido de viver. Ele via, como qualquer um de nós poderia ver, a cena da poetisa caminhando pelas ruas da Capital (como Cáritas caminhando nos arredores de Paris, no relato do Evangelho espírita), pelas calçadas, em torno das igrejas, nas ruas da periferia, nos cortiços da área central, sempre em busca de pessoas tristes e angustiadas.

Assim como o autor do bilhete, certa vez estando em plantão noturno, no mais antigo posto do CVV paulistano, também imaginamos e realmente assistimos a uma cena muito semelhante. Tarde da noite, a poetisa abre o portão de uma casa no bairro do Bexiga, cujo endereço lembra o gesto histórico da Princesa Isabel pela libertação dos escravos. Uma pequena luz da varanda a conduz pelo corredor lateral até a sala principal . Ela observa que apenas dois cômodos estão com as luzes acesas, quando escuta alguns sussurros de uma conversa amistosa. São expressões silenciosas, pausadas por expressões as quais revelam carinho e compreensão. Ela vai até um desse cômodos, parando diante da porta e, sem ser vista, sorri para o voluntário que está ao telefone. Sua alegria, rara de se ver, se transforma numa intensa luz azul a qual se direciona ao coração do atendente e que depois, através dele mesmo, invade todo o recinto. O voluntário respira profundamente e pensa consigo "Graças a Deus por eu estar aqui neste instante". A poetisa, então, se dirige ao outro cômodo e repete serenamente o gesto. Ela também foi aos fundos da casa, um amplo quintal, onde há muito tempo se ouviam vozes de pessoas chorando e pedindo ajuda. Francisca Júlia se ajoelha e pede por elas em prece sentida, como se fosse para si mesma em outros tempos.

MORRER E VIVER DE AMOR

O CVV nasceu espírita e, por motivos práticos e coerência filosófica, se desfez institucionalmente dessa característica, tornando-se com o tempo um programa areligioso. Seus dirigentes e voluntários mais antigos até hoje ficam claramente divididos entre o orgulho de sua origem e o constrangimento de admitir a ruptura doutrinária, em termos ideológicos, para dar continuidade ao trabalho, o qual passou a ser procurado por pessoas de outras crenças ou sem nenhuma delas. Restou a eles adotar uma filosofia humanista como ponto comum entre essas diferenças, porém nunca foi fácil se desprender das raízes mais antigas.

O jovem fundador nos conta que, ainda muito impressionado com a tarefa que lhe foi encomendada por Edgard Armond, ele e seus companheiros ainda permaneceram algum tempo tentando digerir a verdadeira natureza desse trabalho: se religiosa, filosófica, científica ou uma combinação de todas essas vertentes. Nos momentos mais difíceis dessa incerteza, como todos os espíritas faziam na época, buscou ajuda espiritual em Uberaba, na pessoa de Chico Xavier, o qual simplesmente lhe disse, conforme sua orientação religiosa e filosófica, que toda a sua preocupação se resumia na presença de uma entidade, a qual afirmava ser uma poetisa parnasiana e profundamente envolvida nesse movimento de prevenção de suicídio, atividade a qual já existia no mundo espiritual e agora se organizava através deles na dimensão física. Ela se identificou como Francisca Júlia da Silva. Essa informação causou uma forte impressão entre todos, porém ficaram mais preocupados ainda com a responsabilidade descortinada: não estavam "sozinhos" nessa empreitada social.

Outra revelação feita naquela ocasião não foi menos impressionante. Francisca Júlia não atuava sozinha como inspiradora e tinha estreitos laços de afinidade como poeta e jornalista Manuel Batista Cepelos, pivô de uma das mais comoventes tragédias da vida paulistana no início do século. Nascido em Cotia, Cepelos tivera educação e carreira proporcionada por Francisco de Assis Peixoto Gomide, homem poderoso e passional, personalidade típica das oligarquias paulistas. Ingressou na antiga força pública e quando esta foi extinta foi admitido como tenente do Exército, participando da campanha do Contestado e, já promovido a capitão, na campanha de Canudos. Em 1902 formou-se em Direito e passou a dedicar-se a carreira jurídica conseguindo o cargo de promotor público.

A referida tragédia envolvendo o senador Peixoto Gomide, uma de suas filhas e o poeta simbolista também foi registrada recentemente nas páginas do jornal o Estado de São Paulo, pela ótica do cronista José de Souza Martins. Nela podemos compreender os laços de Cepelos com Francisca Júlia:

Gomide fora um político influente na nova era republicana paulista e foi por muitos anos membro do Senado estadual de São Paulo. Era seu protegido, cujos estudos apoiara, o poeta parnasiano Manuel Batista Cepelos (1872-1915), mulato, nascido em Cotia, promotor público, que fora também capitão da Força Pública de São Paulo.

Ele e uma das filhas de Gomide, Sofia, tornaram-se muito amigos e muito ligados um ao outro. Gomide não se opôs à amizade dos dois, uma vez que Cepelos frequentava sua casa como se fosse um membro da família. Até um dia de 1906 em que os dois lhe anunciaram a intenção de noivar e casar. O pai da moça se opôs com veemência, oposição que ela recusou. Gomide se trancou com a filha num cômodo da casa e a matou com um tiro no peito, matando-se em seguida com um tiro na cabeça. O poeta Batista Cepelos era também seu filho, de relação que tivera aos 23 anos de idade. Desesperou-se ante a iminência do incesto de um casamento entre irmãos, pelo qual se tornaria responsável.

Batista Cepelos mudou-se para o Rio de Janeiro, tendo sido, ao fim de alguns anos de crise pessoal, nomeado promotor público de Cantagalo. Antes que tomasse posse, foi encontrado morto de uma queda em penhasco no bairro do Catete, não se sabendo se foi assassinato ou suicídio. Aos poucos sua poesia foi sumindo no tempo, vitimada pelos esquecimentos que aprisionam as vidas trágicas: "E, pousando a cabeça em teu seio, que estua,/ sinto um sono ligeiro, um sussurro de brisa,/ que me suspende ao céu e pelo céu flutua...

O poeta simbolista Manuel Batista Cepelos

Humberto de Campos, grande admirador do poeta paulista, registrou em seu Diário secreto que a causa do desatino de Peixoto Gomide foi a constatação de que Sofia e Cepelos já haviam tido intimidades sexuais e que o incesto entre irmãos poderia ter resultado numa gravidez inaceitável, somado ao escândalo de que o senador tinha um filho antes do casamento. (Ver Anexo 7)

Seguindo os passos de Antero de Quental, por meio de Chico, Batista Cepelos já havia publicado em 1932 um poema no conhecido livro Parnaso Além-Túmulo, confessando o suicídio: "Eu fui pedir à Natureza, um dia/ Que me desse um consolo a tantas dores; Desalentado e triste, pressenti-a/ Cansada e triste como os sofredores. Encaminhei-me à porta da Agonia/ Corroído por chagas interiores/Buscando a morte que me aparecia /Como o termo anelado aos dissabores". O mesmo havia acontecido com Francisca Júlia em 1955, quando ditou a Chico Xavier o poema Ante a Vida, no qual alerta os leitores: "A aflição sem revolta é paz que recupera mais rápido. Nunca busques a fuga para morte que é um salto para as trevas".

Os jovens fundadores não pararam por aí. Quando o CVV completou dez anos, em 1972, reunidos no posto o qual funcionava num apartamento na rua Francisca Miquelina, ainda bastante influenciados por suas crenças, telefonaram para a escritora Yvonne do Amaral Pereira, autora do livro Memórias de um Suicida, de quem, através de um aparelho de ampliação de voz especialmente preparado por Arnaldo Coutinho, receberam revelações e orientações espirituais ainda mais comprometedoras, não só do ponto de vista ideológico, mas também das consequências futuras dessas informações. O livro escrito por Yvone em parceria mediúnica com o suicida Camilo Castelo Branco em 1926 permanecera engavetado por 25 anos e só veio a público quando o mentor de Yvone considerou propícia a sua divulgação. A escritora confirmou a informação dada por Francisca Júlia por meio de Chico Xavier e alertou que a partir dali se travaria a luta intensa contra uma epidemia moral a qual tomaria conta da sociedade em tempos cada vez mais difíceis. Não era uma tarefa destinada somente aos espíritas e anglicanos. Era uma questão social mais ampla, de humanidade. Não foi somente a entidade brasileira que decidiu existir e seguir os passos dos Samaritanos. Na mesma época, surgiu na França o SOS L'Ámitié (que também completa 50 anos em 2012), o Telefono Amico, na Itália; e o Telefono da La Esperanza, na Espanha, ambos com mais de 40 anos de atividades. Nos Estados Unidos, no mesmo período, a prevenção do suicídio adquiriu um caráter mais científico e profissional, como foi caso do SPC – Suicide Prevention Center, de Los Angeles; e no Canadá seguiu-se o modelo voluntário europeu. Na visita do fundador do CVV ao Samarintans, Chad ficou impressionado com os inúmeros pontos de identificação entre as duas entidades, incluindo formulários de registro, sem que tivesse trocadas tais experiências. Ele atribuiria a Deus essa semelhança.

Em 1979, numa entrevista dada a Mauro e Elisabeth Operti e a Altivo Carismi Pamphiro, sete anos depois daquele primeiro contato, Yvonne Pereira fez uma observação muito interessante sobre o trabalho do CVV. Ainda era reflexo daquela formação ideológica inicial do grupo, todavia explica porque os voluntários foram deixando de lado a preocupação salvacionista para adotar uma postura mais compreensiva, ficando mais próximos do suicida:

Eles fazem plantão noite e dia... São verdadeiros abnegados... Jacques Conchon disse que a situação mais difícil de recuperar um candidato a suicídio é o caso de amor, porque aí eles não podem fazer nada. Se o problema é doença, eles tratam, põem em hospital; se é financeiro, alugam casa, compram mobília, arranjam emprego. Tudo isso é causa de suicídio. Já os casos de amor são mais difíceis. Em 15 anos eles perderam dez casos. Eu creio que a proporção é grande. Eram todos casos de amor... Isso talvez se dê porque não se pode controlar o coração de uma pessoa. Se alguém é abandonado pelo outro a quem ama, o que fazer? O remédio para uma pessoa apaixonada que é desprezada é a conformidade com a situação, é voltar-se para Deus ou, então, seguir o conselho do Léon Tolstoi: arranjar um outro amor. Léon Tolstoi dá esse conselho. No livro Sublimação ele fala: "Não vale a pena se matar nem se desesperar; arranja outro amor. Porque o nosso coração não pode viver sem amar e ser amado.

O IDEALIZADOR

Como se sabe, a herança filosófica a qual deu origem ao CVV e suas obras assistenciais teve uma raiz e uma viga-mestra chamada Edgard Pereira Armond, oficial da Força Pública de São Paulo. Nascido no final do século XIX na região do Vale do Paraíba, Armond radicou-se na capital paulista nas primeiras décadas do século XX. Sua formação moral e intelectual está vinculada a três tendências disciplinares as quais teriam profunda influência nas suas atividades e também naqueles a quem influenciou: a educação militar, educação política e intelectual humanista e a educação iniciática. Em cada uma dessas escolas formativas, vamos encontrar as raízes do Centro de Valorização da Vida.

A educação iniciática de Armond é proveniente da literatura espiritualista, da qual era profundo conhecedor e das suas atividades na maçonaria, na qual atingiu o grau de mestre. Em São Paulo existe uma loja maçônica com seu nome, homenagem concedida a pessoas de alta significância moral e espiritual nessa irmandade. Cremos que somente grandes educadores formam outros grandes educadores. O convívio de Edgard Armond com Cândido Mariano Rondon pode ter sido o fator desencadeador da sua vocação educacional. Outras personalidades marcantes da vida nacional, como Darcy Ribeiro e os irmãos Villas Boas, também tiveram uma reviravolta em suas vidas quando penetraram no poderoso e influente círculo iniciático do velho marechal mato-grossense. Militares, engenheiros, sociólogos e antropólogos, todos que experimentavam acompanhar as andanças de Rondon pelos sertões tão distantes despertavam para o ofício de mudar os caminhos alheios.

Foi dessa vertente espiritualista, somada a suas vivências militares e a disciplina intelectual, que Armond criou a Escola de Aprendizes do Evangelho, instituição educativa revolucionária, segundo ele adaptada do método iniciático da fraternidade dos essênios (iniciados hebreus da linhagem mosaica de Essen, formadores dos mestres e profetas dessa cultura da Antiguidade). Seus membros eram preparados, por meio da auto-análise e das práticas humanitárias, para enfrentar as piores adversidades e ao mesmo tempo estar sempre disponíveis para ajudar seus semelhantes. Sempre discretos e anônimos, os essênios ficaram conhecidos também pela astúcia ao enfrentar os perigos de lutar silenciosamente contra a injustiça e os sistemas de privilégios sociais. Não é difícil imaginar por que o personagem central da Parábola do Bom Samaritano, bem como muitas personalidades marcantes do Novo Testamento, possuíam todas as características iniciáticas dos essênios. Esse foi o espírito educativo sistematizado por Edgard Armond o qual formou os fundadores do CVV.

Armond foi um desses soldados da escola militar clássica, que se tornam mais conhecidos pelas suas ações preventivas do que pelas ostensivas para combate de vida e morte. Ao lermos sua biografia escrita por Edelso da Silva Júnior, confirmamos uma antiga impressão sobre suas mais antigas referências de conduta.

Assim como muitos outros militares da sua geração, Armond provavelmente se espelhou em Rondon (durante as Revoltas de 1924) e no seu conceito radical de respeito à vida, aplicado no trato com os povos indígenas: “Morrer se preciso for, matar nunca”.

Como era possível conviver tão próximo da morte, em situações de alto risco, sem perder a serenidade ou violar a ética profissional?

Essa aparente contradição refletia suas convicções sobre a imortalidade e a crença nas transformações nas experiências humanas. Foi testemunha ativa dos principais movimentos revolucionários os quais marcaram a vida política brasileira na década de 1920 e início de 1930, sem ferir, sem matar, o mesmo ocorrendo com seus comandados. Em uma dessas ações, as quais não são para os indecisos nem para os insensatos, recebeu a missão de caçar um pelotão considerado de alta periculosidade e que representava um alvo estratégico para desarticular as rebeliões tenentistas, ameaçadoras da unidade política e territorial do País. Apesar de estarem na posição oposta, esses comandantes escolhidos para aquelas tarefas se comportavam mais como agentes pacificadores e conciliadores, observando sempre a possibilidade de resgatar os que estavam do outro lado. Viam os adversários como irmãos de uma grande confraria ou ovelhas desgarradas do rebanho. Seus líderes precisavam ser tratados com reverência. As armas principais utilizadas na abordagem seriam sempre a inteligência, a diplomacia e o respeito. Os tiros e os bombardeios serviam mais de alerta e convite para o diálogo justo e honroso, do que intimidação e ameaça. "Atirava-se muito para o alto e rezava-se para que as balas não atingissem ninguém", recordou Jacques Conchon ao compartilhar com o biógrafo essa confissão pessoal que lhe fez o Comandante.

Jacques Conchon e Edgard Armond em 1975 durante a inauguração do Lar Esperança em São José dos Campos.

Armond sempre esteve envolvido em projetos desafiadores e que acompanharam passo a passo sua carreira profissional e voluntária na seara humanista. Um deles foi a construção de uma estrada ligando a vasta região do Vale do Paraíba ao litoral norte do estado de São Paulo, iniciativa dele mesmo ao retornar de férias de São Sebastião e constatar o isolamento e as dificuldades dos moradores daquele povoado. Depois de um longo estudo, Armond havia apresentado um relatório ao general Miguel Costa, comandante da Força Pública, solicitando um efetivo de 102 homens (dois oficiais e 100 praças). A empreitada foi iniciada no mesmo ano, com a instalação do grupo no alto da Serra do Mar de Caraguatatuba, a trinta quilômetros de Paraibuna. Dos 102 efetivos, solicitados inicialmente para compor a Companhia de Sapadores, Armond ficou com apenas 15 homens e uma magra verba de 50 contos de réis, para contratar no máximo 30 auxiliares civis.

A partir desse fato, nem é preciso dizer que tudo trabalhava contra o projeto: as mudanças políticas, as trocas de comando, a redução dos recursos financeiros e a própria Revolução de 1932, a qual forçou a paralisação das obras. Armond solicitou o emprego de 200 presidiários com penas primárias para auxiliar no serviço; com isso percebeu a oportunidade de reconduzi-los para a sociedade por meio da disciplina e renovação de valores de convívio e realização. Infelizmente isso não ocorreu. A construção da estrada só seria retomada em outubro de 1933. Ao descrever seus auxiliares na empreitada, projeto original da Rodovia dos Tamoios, o Comandante faz uma interessante analogia entre o soldado e o trabalhador, metáfora dos graus iniciáticos da escola espiritual, guardada em sua mente planejadora:

O temperamento do nosso soldado é dócil e, por isso mesmo, amoldável a todas as situações que se lhe venha criar. Aceita com passividade todos os misteres. Alegre e folgazão, manje a foice, a picareta ou o machado com a mesma proficiência com que utiliza o seu fuzil. Joga a pá de terra com a mesma agilidade e vigor que emprega no arremesso de uma granada.

Já em idade bem avançada, escreveu uma pequena auto-biografia, a pedido de amigos e colaboradores espíritas. Nela o Comandante relembrou que a guinada para o mundo dos servidores simples e humildes, como seus antigos soldados, seria desencadeada por um acidente automobilístico o qual o deixara praticamente inválido para o serviço militar. O fato ocorreu em 1938, quando seu carro colidiu com um caminhão-pipa da prefeitura; naquele instante o acompanhava o filho, ainda menino, Ismael Armond. Este nos informa em uma biografia que escreveu sobre o pai que Armond fora avisado, meses antes desse acidente por um desconhecido. O Comandante não deu muita importância ao que lhe foi dito, mesmo porque sofrera pequenos acidentes naquele mesmo ano e sem maiores consequências. Como relatam seus biógrafos, esse acontecimento o aproximaria definitivamente do cenário da Federação Espírita do Estado de São Paulo, seu novo campo de combate e batalhas contra o sofrimento humano.

Sobre algumas curiosidades da vida desse grande idealizador do CVV, não poderíamos deixar de lembrar a sua enorme identificação com um dos personagens mais significativos da história brasileira. Como todo maçom que escolhe seus modelos de luta existencial e principalmente de consciência, Armond cultivava internamente a personalidade de Joaquim José da Silva Xavier, o Tiradentes, a quem procurava reviver em si a humildade e ao mesmo tempo a forte disposição de tomar atitudes que modificassem para melhor a vida das pessoas. Cursou odontologia e farmácia e só usava essas atividades para atender a corporação, em ocasiões de emergência, e principalmente os civis os quais não tinham condições financeiras para custear esses tratamentos. Estudioso de história e geografia, ocupou a função de professor e secretário da Escola de Formação de Oficias da Força Pública. Tiradentes é até hoje o patrono oficial dessa instituição, reconhecimento histórico influenciador provável dos estudos e das sugestões de Armond, segundo o qual o antigo alferes fosse adotado como referência simbólica e cívica da corporação. Manuel Batista Cepelos, a quem o Comandante conhecia como um dos inspiradores do trabalho de prevenção, havia sido capitão da Força Pública de São Paulo.

Não podemos esquecer que a Força Pública teria um reencontro com o seu dedicado soldado e querido oficial quando, no final da década de 1990 (dezesseis anos depois da morte de Armond), uma grave crise moral volta a atingir a Polícia Militar de São Paulo. Uma onda de suicídios vinha se propagando assustadoramente nos quartéis, principalmente entre os soldados de baixa patente. Para solucionar essa situação triste, o comando acionou todos os recursos possíveis para reerguer a auto-estima da tropa. A notícia publicada na Folha de São Paulo em 5 de julho de 2001, esclarece melhor essa constatação.

Edgard Armond em 1943

"A incidência de suicídio na Polícia Militar de São Paulo é sete vezes maior do que no restante da população do Estado, em razão do estresse intenso e do fato de haver sempre uma arma de fogo com esse tipo de profissional. Por causa desse cenário, a corporação lançou ontem uma campanha de prevenção: um comercial em que uma menina, filha de um PM suicida, narra a saudade que ela e a mãe sentem do pai. É a quinta medida tomada contra esse tipo de morte, em menos de dois anos, para tentar reverter um cenário de 32 casos em 98, 31 em 99 e 24 no ano passado. Este ano, nos primeiros seis meses, o número de mortos por suicídio caiu para cinco -metade dos dez casos contabilizados pela corporação no mesmo período do ano passado no Estado. O estresse do trabalho, aliado a problemas afetivos e ao alcoolismo, são os principais fatores das mortes, segundo o coronel Rui César Melo, comandante-geral da Polícia Militar de São Paulo. Entre 1998 e 2001, houve 28,6 suicídios de PMs para cada 100 mil policiais. No Estado, em 99, por exemplo, foram 4,3 casos para cada 100 mil habitantes. Segundo números da própria corporação, dos 84 mil PMs do Estado em atividade, 2.278 estão recebendo algum tipo de acompanhamento psicológico.

Medidas

No início do ano passado, a PM começou a reestruturar seu atendimento, contratando psicólogos para fazer o acompanhamento dos policiais com problemas. Esse serviço funciona hoje no Centro de Atendimento de Assistência Social e Jurídica da PM, na capital. No interior, existem parcerias com universidades. O passo seguinte foi divulgar pela tropa um vídeo de treinamento, com informações sobre segurança e dicas de controle do estresse, segundo o tenente-coronel Renato Penteado Perrenoud, chefe do setor de assuntos civis. Antes de ir para a rua, o PM vê o vídeo, que trabalha a motivação. Além disso, cartazes com o número do telefone de atendimento do CVV (Centro de Valorização da Vida), entidade que presta apoio emocional, foram espalhados pelos quartéis. "Até banheiro da tropa tem o número do CVV. Conseguimos até que alguns policiais se tornassem voluntários deles", afirmou Perrenoud. Perto de 21 mil policiais já assistiram a peça teatral "Um Novo Amanhecer", criada por um grupo de São Paulo e exibida para retratar à tropa o problema do estresse e do suicídio. Agora, a PM se prepara para realizar exames periódicos de saúde mental em seus homens, principalmente os que estão nas ruas portando armas.

OS FUNDADORES

O CVV teve muitos voluntários famosos que, graças à natureza discreta dessa atividade, conseguiram permanecer anônimos. Artistas, publicitários, escritores, jornalistas, empresários, enfim, pessoas as quais durante os plantões do CVV desfrutavam do conforto da privacidade, porém não se livravam do assédio dos fãs que também eram voluntários, durante as reuniões obrigatórias para treinamento e confraternização. Afinal, quem oferece amizade ao telefone tem que exercitar sempre e muito. Entretanto, nem todos esses famosos voluntários conseguiram superar a curiosidade do admiradores quanto os fundadores do CVV.

Quanto mais buscavam o anonimato para se protegerem, mais se tornavam alvo dessas investidas. Nunca vimos nenhum deles dar um autógrafo, mas se quisessem, não faltariam candidatos. Exageros à parte, certa vez ouvimos de um aluno, de uma escola espiritualista, realizada numa determinada instituição do bairro da Bela Vista a seguinte explicação sobre seu interesse pelo curso de três anos, aos sábados e muito rigoroso na frequência, funcionamento e nos horários: "É que eu queria muito conhecer os fundadores do CVV. Não conseguia entender como alguém pôde criar algo tão legal, tão simples e tão importante a partir de uma escola como essa". E você já os conheceu? perguntei, agora também bastante curioso. "Ainda não, mas quem sabe alguns deles vêm nos dar uma aula", respondeu. Procurei me conter dizendo que conhecia algumas dessas pessoas, pois estaria transformando a curiosidade pura e cheia de admiração desinteressada em um mito personalista a qual nunca passou pela cabeça de uma desses fundadores.

Todos eles sempre cuidaram muito para que nada nesse sentido descaracterizasse o significado simples e anônimo de como eram quando pisaram pela primeira vez em uma reunião de voluntários ou em um plantão de atendimento. Até nisso o CVV os ajudou, na medida que, evoluindo a filosofia do trabalho, evoluiu também as formas de relação entre seus membros.

Uma entidade a qual prima pela igualdade entre o voluntário e o atendido, o qual passou a ser chamado de "a outra pessoa", no sentido de semelhante, não poderia ter um sistema politico personalista e vertical. As práticas de liderança centrada no grupo ajudaram fundadores e diretores do CVV a diluirem suas pessoas pseudo-importantes e misturá-los saudavelmente entre seus pares, independente das funções que exerciam. O fundador carrega nas costas o maior peso da perda do anonimato, por ter sido o escolhido por um "bilhete" para desencadear o trabalho e liderar seus companheiros; este não se cansa de contar sua história e a de todos os outros 16 amigos que o ajudaram nessa trama do destino. É por isso que não abrimos mão do relato cronológico feito por ele, de punho próprio, sobre como se transformou, a partir de 1961, no anônimo mais conhecido do CVV. Além de altamente curioso, esse registro feito no livro "Nos Caminhos da Amizade" (ver anexo 2) é a nossa melhor síntese histórica, como referência documental, para entendermos as nossas origens.

Hoje sabemos que o CVV foi idealizado no ambiente escolar da FEESP, entretanto foi sendo planejado como estratrégia de ação em algumas reuniões realizadas na rua das Carmelitas, sede da União das Mocidades Espíritas de São Paulo. A UMESP sempre foi um celeiro de jovens dinâmicos que, desde a década de 1940, servia de apoio a várias obras assistenciais recém criadas, por meio de campanhas e promoções para arrecadação de fundos. O grupo teve como colaboradores diversos jovens que se tornariam lideranças de importantes instituições na grande São Paulo como, por exemplo, Nancy Puhlmman, fundadora da instuição Nosso Lar e das Casas André Luiz.

Jacques Conchon e alguns outros fundadores do CVV são frutos desse ambiente de juventude e idealismo humanitário. Em pequeno artigo de despedida de um desses antigos companheiros de ideal, publicado no jornal o Trevo em 1994, encontramos uma pequena mostra de como era esse idealismo:

1962, sábado à tarde. O CVV, ainda em fase embrionária, reclamava o recrutamentoi de voluntários. Ao final de uma breve explanação que fizemos numa turma da Escola de Aprendizes, no velho prédio da Federação, várias mãos se ergueram em sinal de adesão e, curioso, duas pessoas, ao fundo do salão, em em resposta, levantaram-se demonstrando incontido entusiasmo. Eram elas: Renato Tonon e Alberto Lino (ambos residentes em Santo André).

1963. Sábado à tarde. Reunidos à rua das Carmelitas, nº 86, estudávamos o documento de constituição do futuro CVV quando um telefonema fez com o Flávio saísse em dasabalada carreira. Minutos passados , foi a vez do Renato. Naquele dia vieram ao mundo duas cianças de nome Paulo: o Focássio e o Tonon.

Mas, afinal, quem eram essas pessoas que compuseram o primeiro quadro de voluntários do CVV? Quem eram esses companheiros da primeira hora, aqueles que, em 1962, ergueram as mãos para atenderem ao chamado e logo se prontificaram a realizar a tarefa inaugural dos plantões de atendimento?

Aqui estão seus nomes e também de outros que logo se juntaram ao ágape fraternal da esperança, não como homenagem, pois certamente não concordariam com esse gesto, mas a expressão de um sentimento natural de admiração e respeito, transformado em exemplo para os que viriam mais tarde e muitos que ainda virão. São eles: Flávio Focássio, Mario Seki, Nelson de Oliveira, Mário Pinesi, Nicolau Rizzo, Jacques Conchon, Alice Monteiro, Renato Tonon, Elizabeth Alves de Melo, Misayo Ishioca, Alcebíades Olivieri, Marius Vieira Gonçalves, Lino Antonio, Lourival Bahia, Suely Conchon e Marinalva Garcia Lima.

Os Voluntários pioneiros durante a solenidade dos 25 anos do CVV

Quando esses jovens tomaram a decisão de realizar abertamente um trabalho de prevenção do suicídio, contaram com o incentivo e o apoio de muitos que enxergavam a importância de abrir uma porta para que esse assunto pudesse ser encarado com menos receio e mais seriedade. Algumas dessas pessoas que os incentivaram eram profissionais especialistas e, ao contrário do discurso corporativista e do temor infundado de que a iniciativa poderia até estimular o suicídio, perceberam que essa ação poderia ser o grande diferencial que não existia com tanta intensidade nos segmentos profissionais. Wilson Ferreira de Melo, médico psiquiatra de grande prestígio na capital, logo percebeu que esse era exatamente o ponto que poderia mudar as coisas: o fator humanitário da atividade voluntária. Mesmo não sabendo claramente quais seriam as conseqüências daquela atitude ousada, ofereceu ajuda imediata ao grupo como conselheiro e suporte profissional. Ele sabia que os especialistas pesquisam, conhecem cientificamente o assunto, criam mecanismos de controle e tratamento, mas possuem limites de envolvimento pessoal nos atendimentos. Ary Lex, médico e professor da USP e da Universidade Mackenzie, muito preocupado com os obstáculos já citados, recomendou severamente aos jovens fundadores do CVV que não iniciassem as atividades sem antes conhecer todas as informações que pudessem ser úteis no exercício da prevenção. Para tanto, também ofereceu ajuda indicando caminhos e pessoas especializadas que poderiam tornar a nova atividade mais segura e eficiente. Pedro Martins, jovem médico que presidiu o CVV por mais de 20 anos, não somente emprestou seu nome para o grupo, mas também contribuiu para que a entidade evoluísse do caráter experimental para a existência e crescimento institucional.

A PRIMEIRA OBRA SOCIAL

A primeira obra social do CVV foi um desdobramento natural dos primeiros anos de funcionamento dos postos de atendimento que funcionaram respectivamente nas ruas Maria Paula, Riachuelo, Francisca Miquelina e Abolição. A relação intrínseca entre suicídio e transtornos mentais sempre foi clara para o grupo e, mais cedo ou mais tarde, apareceria como decorrência da busca de soluções nesse sentido. Surgiu nessa fase, como aconteceu antes com relação às pessoas que tentam suicídio, o sonho e o compromisso de oferecer um atendimento mais humanizado aos pacientes psiquiátricos. Já na década de 1950 existia uma preocupação social com a precariedade do funcionamento dos conhecidos manicômios, verdadeiros depósitos de doentes, sem nenhuma perspectiva de cura e que simbolizavam um total desrespeito à condição humana. Em 1962, o livro "Um Estranho no Ninho", de Ken Kesey, com mais de cinco milhões de exemplares vendidos, causou um forte impacto na sociedade norte-americana, efeito que se ampliou para o mundo ocidental quando foi transformado em roteiro e levado ao cinema em 1975 pelo diretor Milos Forman.

No Brasil, os trabalhos de terapia ocupacional da Dra. Nise da Silveira tinham alcançado prestígio internacional e já apontavam para as mudanças que iriam ocorrer nesse setor nos anos seguintes.

No universo dessas instituições comuns, tomadas pela crise funcional e pelo abandono dos pacientes, destacavam-se os hospitais psiquiátricos espíritas, verdadeiros oásis nesse setor, cuja visão da doença mental era diametralmente oposta ao que era aplicado na maioria dos estabelecimentos. Além dos métodos tradicionais, esses hospitais utilizam, como parte do atendimento, a reeducação moral dos pacientes, por meio do conceito da reformulação de valores e dos sentimentos, primeiro passo para a melhoria do paciente; e também o magnetismo, tradição cristã-espiritualista de cura por meio da imposição de mãos, não dispensando o procedimento medicinal exercido por profissionais. Geralmente era um trabalho feito por voluntários apenas como postura de aproximação, confiança e respeito humanitário pelos doentes. Nessa concepção, a relação doença-doente não depende somente da intervenção externa, pois esta funciona mais como um suporte de um lento e gradual processo de restauração da auto-estima dessas pessoas. A doença mental também não é um fato biológico consumado e sim uma condição psicológica que pode, em muitos casos, ser alterada pelo próprio doente quando este aprende a aceitar a sua condição e romper os seus próprios limites. Essa prática também se estende aos que estão em completa alienação, mesmo que, aparentemente, não manifestem nenhum sinal de melhoria e progresso na percepção de si mesmos e da realidade que os cerca.

Assim, o objetivo principal de quem trabalha com tal conceito humanitário não é a cura em si , já que esta ainda é desconhecida também pela ciência e sim a busca da melhoria gradual, mínima que seja, passo a passo e cotidiana. Daí a importância do convívio harmonioso entre doentes, familiares e terapeutas. Essa visão, por mais simples e utópica que pareça, fez da psiquiatria humanitária e dos ambientes hospitalares afins uma experiência motivadora recolocando o doente mental no centro das atenções. Todos os processos e métodos passaram a ser meios e não fins da rotina hospitalar. Essa foi a intenção dos fundadores da Francisca Júlia ao criar uma instituição que tivesse como referência os hospitais que atuassem nessa linha diferenciada, existentes em vários países e que no Brasil foi identificada não só, mas principalmente nos hospitais espíritas.

Entretanto, nem tudo são flores nessa delicada área da saúde, mesmo quando uma concepção humanitária tenha sido adotada abertamente pelas instituições. A mudança da cultura operacional e da mentalidade nos ambientes hospitalares psiquiátricos não aconteceu de forma brusca e revolucionária. Por força do desconhecimento das novas formas de atendimento e da enorme resistência das formas antigas de abordagem, ela ocorreu também de maneira lenta e gradual, como acontece com a própria condição pessoal dos atendidos. Além das dificuldades financeiras permanentes, pois os resultados são milimétricos na escala quilométricas dos custos, na gestão de estabelecimentos psiquiátricos sempre pesou muito o item dos recursos humanos. Encontrar e formar pessoas que tenham afinidade com propostas inovadoras de atendimento e convívio é um desafio constante. O mais comum nessas situações é a presença das tensões, do conflito de relacionamentos, da atração de pessoas sem afinidade com o trabalho sócio-educativo e que facilitam o surgimento dos conhecidos casos de violência e descaso com os pacientes.

Jovens Voluntários do CVV da Baixada Santista visitam o Lar Esperança em 1982

A ideia inicial de fundar um trabalho assistencial, por influência de uma visita a instituições na cidade de Franca, também havia permanecido na memória do grupo de fundadores do CVV. Tal pensamento se materializou em 1965, quando receberam como doação um terreno na cidade de Americanopolis. Foi sugerida a criação de um hospital psiquiátrico, nos moldes da tradição espírita, e o nome Francisca Júlia foi escolhido para marcar a imagem da nova instituição.

O plano inicial não deu certo, pois o terreno era ilegal. Para compensar esse transtorno, o próprio doador, Waldemar Nunes, também voluntário do posto, propôs que o grupo aceitasse uma gleba na cidade de São José dos Campos, onde seria construída definitivamente a Comunidade Terapêutica Francisca Júlia, a primeira obra assistencial do CVV. Esse empreendimento havia sido motivado pelas constantes solicitações de encaminhamento de pessoas com transtornos mentais que apareciam no posto. Aos poucos, o grupo percebeu seu envolvimento em um processo amplo, desenvolvido ao longo de três décadas de realizações em diversos aspectos.

As ligações tinham um sentido de conexões complexas e não simplesmente de causa e efeito dos acontecimentos. Na gleba onde havia sido instalada a Clínica de Repouso Francisca Júlia, seriam implantados posteriormente outros trabalhos assistenciais – o Lar Esperança e a Casa da Criança Jésus Gonçalves - profundamente ligados à filosofia samaritana, marca principal do CVV.

Waldemar Nunes, doador da área onde foram construídas as obras do CVV

O voluntário Arnaldo Coutinho que, como todos os outros, não por acaso teve intensa participação nesses acontecimentos, fez em 1992 um relato no qual demonstrava vivamente como a Clínica Francisca Júlia estava gravada na mente e no destino de todas as pessoas as quais contribuíram direta ou indiretamente para tornar realidade esse projeto:

"Um grupo de três pessoas da diretoria do CVV e mais o nosso saudoso Waldemar Nunes, proprietário do terreno, que já nos havia doado parte da área. Era uma manhã de sol, e nós, apoiados sobre algumas "casas de cupim", seguíamos com os olhos a mão do Waldemar que nos indicava os limites do terreno. E, em dado momento, Waldemar pára e pensa em voz alta:

- "É, mas acho que, apesar de grande essa gleba tem pouca área aproveitável para vocês construírem a Clínica."

E com grande entusiasmo, sua característica, disse-nos de espontâneo:

- "Vamos fazer o seguinte: já que estamos aqui, vocês podem ficar também com mais esta faixa". E, nos apontava a nova área que acabava de transferir ao CVV. Não é necessário dizer da alegria que todos nós sentíamos, já que, no íntimo, sabíamos que realmente a área inicial apresentava pouco terreno aproveitável: mais de 80% da gleba ficava "pendurada" em barrancos e no fundo do vale.

Dessa decisão à formalização legal foi um passo. E quando faleceu, meses depois, o nosso Waldemar Nunes deixou a área do Torrão de Ouro de líquida e certa propriedade do CVV.

(...) O projeto, no papel, teve início. Noites sem dormir à beira das pranchetas, um grupo de voluntários (Já que no CVV todos o são): engenheiros, desenhistas, médicos, cada qual dando sua colaboração, sua experiência. Visitas a inúmeros sanatórios para doentes mentais existentes no Estado de São Paulo: Araras, Marília, Itapira, Ribeirão Preto, Bauru, etc. Aproveitando os bons resultados dessas experiências e procurando não repetir os erros. Um trabalho sempre feito nas horas de lazer, à noite e nos fins de semana. E, muito rapidamente, temos a planta geral, o projeto final. Todos entusiasmados, levamos aqueles papéis às autoridades estaduais que deveriam dar a última palavra: Serviço de Medicina Social e o próprio Secretário da Saúde. Alguns reparos feitos, entra a planta para aprovação na Prefeitura de São José dos Campos, que deu parecer favorável em tempo recorde. Lembramo-nos com que alegria, quando soubemos da aprovação da planta pela Prefeitura de São José, fomos até o terreno e já fincamos a placa: OBRAS DA CLÍNICA DE REPOUSO FRANCISCA JÚLIA. *Era noite e chovia, torrencialmente. Deixamos acesos os*

faróis do carro para que pudéssemos fincar a placa no solo. Saímos encharcados e enlameados, mas isto não nos incomodava. Ao nos afastarmos com o carro, os faróis iluminaram a placa: Clínica de Repouso Francisca Júlia. E todos os pavilhões, em pleno funcionamento, se nos apresentaram à mente como se de fato já estivessem abrigando os 400 doentes.

Vem-nos à mente a cerimônia de lançamento da pedra fundamental. Especialmente convidados por nós, achavam-se presentes D. Geny e Dr. Roberto Mercatelli, o abnegado casal que fundou e construiu o Sanatório Sayão, de Araras. Recordamo-nos também das cenas lindas que quase todas as tardes, após deixarmos nosso trabalho em São Paulo, podíamos registrar na área: o trator fazendo a terraplanagem, deixando atrás de si um terreno plano, pronto para receber os alicerces." (Boletim do CVV, agosto de 1992, Vinte anos de lutas e vitórias)

O autor Dionízio Azevedo visitando as obras da Francisca Júlia no início da década de 1970

Pela Francisca Júlia não passaram somente pacientes com doença mental. Houve um tempo em que convivia na mesma área, embora em espaços diferentes, três tipos de carências humanas, geralmente ignoradas ou desprezadas pela sociedade: as crianças órfãs, as crianças com paralisia cerebral e os doentes mentais. Os órfãos passaram pelas suas experiências naturais e puderam realizar suas etapas de vida e, com o acolhimento e o "empurrãozinho" da instituição, tomaram seus próprios rumos. As crianças com paralisia cerebral foram "repartidas" entre outras instituições em São Paulo, para viabilizar a continuidade do atendimento, pois as despesas eram muito altas e consumiam rapidamente os poucos recursos disponíveis. Ficaram então os doentes mentais, a maioria gente abandonada pelos familiares, muitos deles os "sem destino", andarilhos da rodovia Presidente Dutra e que constantemente batem em nossa porta - sozinhas ou trazidas por terceiros - em busca de pouso e descanso para suas tormentas íntimas. Quem poderia dar valor a essas vidas senão pessoas que amam e confiam no sentido maior da natureza e da existência humana?

Um detalhe importante dessa experiência de quatro décadas é que a história da Francisca Júlia não foi feita apenas pelos seus fundadores, diretores e doadores, mas também pelos seus funcionários, principalmente aqueles que ultrapassaram os limites das suas funções profissionais e mergulharam, por dever de consciência, na esfera da doação de si mesmos aos seus semelhantes. Todas as pessoas com quem conversamos sobres esses companheiros não escondem a admiração pela coragem e ousadia que eles tiveram combinando suas razões pessoais com o respeito que tinham pelo trabalho do CVV.

Aqui lembramos três deles, não como exemplos únicos e sim como marcas das transformações importantes que ali ocorreram. Três destinos e três histórias em diferentes épocas na vida da Francisca Júlia.

O primeiro foi Rosalvo dos Santos, plantonista do CVV em São Paulo, o qual foi para São José em 1968, para acompanhar de perto a construção e instalação do hospital. Nascido na Bahia, Rosalvo era uma daqueles típicos migrantes nordestinos da Capital, trabalhador da construção civil e que, com o tempo, tornou-se mestre das muitas obras que transformaram intensamente a vida paulistana nos anos 60 e 70. À convite de Jacques Conchon, esse primeiro operário em posto avançado do CVV no Vale do Paraíba se mudou com a família para São José dos Campos e assumiu essa função até que as obras da clínica fossem concluídas em 1972.

O segundo foi José Benedito Filho, enfermeiro o qual deu uma enorme contribuição para solucionar os primeiros obstáculos do funcionamento do hospital. O mais difícil deles era a então complexa relação entre funcionários e pacientes, ainda marcada naquela época pelo desconhecimento e também pela intensidade dos conflitos íntimos que surgiam como decorrência dessa imaturidade. Mineiro radicado em Jacareí, José Benedito trabalhava no turno da noite na fábrica da Alpargatas. Na época, a diretoria procurava uma pessoa mais experiente para chefiar os funcionários e colocou um anúncio no jornal de São José. Ele foi o único a responder o tal anúncio e mesmo assim demorou muito para ser contratado. Arnaldo Coutinho lembra que foi à casa dele em Jacareí e colocou um bilhete por baixo da porta convidando-o para uma entrevista com os diretores do CVV. Porém, o bilhete ficou escondido acidentalmente embaixo do tapete por algum tempo sem que ele soubesse o que havia acontecido. Sorte nossa é que ele mesmo tomou a iniciativa de saber por que não tinham respondido à sua proposta. Novamente Coutinho o procurou conseguindo localizá-lo no local de trabalho. Marcaram um encontro, agora na própria Alpargatas, em pleno turno da madrugada, exatamente à 1 hora da manhã. O esforço e a confusão valeram a pena porque a trajetória do José Bendito foi longa e de bons resultados na Francisca Júlia, encerrando-se com a sua aposentadoria em 1996.

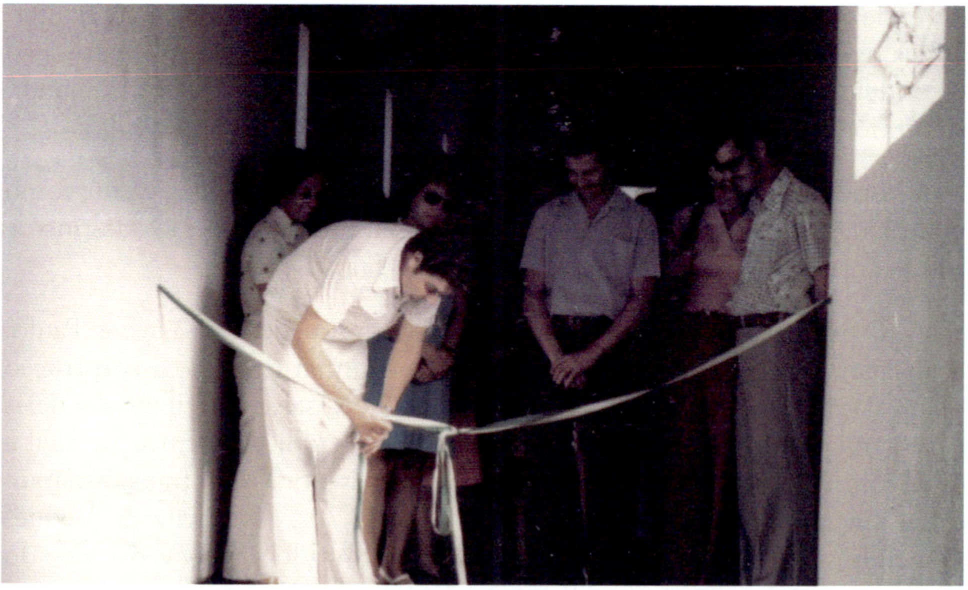

O enfermeiro José Benedito Filho na inauguração dos blocos 4 e 5 da Francisca Júlia em 1975

O último deles, Luiz Peagno, o Luizinho, com quem convivemos de forma mais próxima e que experimentou, até agora, como herança de valores e vivência de atividades, praticamente todas as fases históricas do CVV.

No final de semana de 16 de outubro de 2011, em que se reuniu o Grupo Executivo Nacional, tivemos a oportunidade de ficar alguns minutos no seu escritório em busca de fotografias e informações sobre as coisas que aconteceram nos últimos 40 anos na Francisca Júlia. Dessa rápida experiência, ocorrida entre reuniões e debates e enquanto observávamos o movimento das visitas dos familiares de pacientes, tivemos a ideia de conhecer mais a fundo as razões que levaram o Luizinho a morar e trabalhar no Torrão de Ouro.

Quem é Luiz Peagno?

- Tenho 58 anos a serem completados em 24 de novembro, casado, tenho três filhos e dois netos , mais os filhos adotivos do Lar Esperança e netos dos filhos adotivos.

Onde e quando você nasceu ?

- Nasci em 24 de novembro de 1952, em São Paulo, no bairro da Lapa. Sou Paulistano, minha infância e juventude aconteceu no bairro Freguesia do Ó.

Como era sua vida em São Paulo?

Morei em São Paulo até 1980 e tinha uma vida bastante movimentada. Trabalhava em uma firma importadora de produtos dentários, na avenida Paulista, no Conjunto Nacional. Nesta época freqüentava a Escola de Aprendizes do Evangelho e dava plantão no CVV, na Rua Abolição nº411. No entanto, conheci o CVV na Rua Francisca Miquelina.

Quando e como você chegou ao CVV?

- Chequei ao CVV em 1975. Na realidade chequei ao CVV através da FEESP, na época freqüentava a Federação Espírita de São Paulo, na rua Maria Paula - e lá , em determinado dia de aula, um grupo do CVV da época foi fazer divulgação para arregimentação de voluntários. Na ocasião minha esposa foi para o CVV, aceitando o convite. Eu fui um pouco mais tarde.

Porque você veio morar em São José dos Campos, especificamente na Francisca Júlia?

- Na realidade mudei para São José dos Campos em 1980, precisamente no dia 25 de janeiro, para cuidar do então Lar Esperança, mantido pelo Centro de Valorização da Vida. E em 1996 - quando as crianças já estavam na adolescência e algumas já tomando rumo na vida, fui conduzido para a direção da então Comunidade Terapêutica Francisca Julia.

Como foi trocar a vida agitada de São Paulo por essa nova experiência?

- Foi um grande desafio. Estava deixando a família, pai mãe, irmãos, minha vida profissional, para me dedicar exclusivamente ao Lar Esperança. Muitas vezes me sentia diferente das pessoas, mas enfim é o caminho que havia escolhido. Educar crianças foi uma experiência totalmente nova e desafiadora, pois estava recém-casado - com um filho que tinha dois anos e meio - sem saber por onde começar, apenas com vontade de ser útil ao próximo (naquele momento as crianças). Isso só foi possível primeiro por causa do apoio da minha esposa que também topou a mudança. Me lembro que chequei em casa de madrugada, após uma reunião do CVV/Aliança, onde recebi o convite para ir trabalhar em São José dos Campos, precisamente no Lar Esperança, comuniquei a Dalva - que entendeu e aceitou a mudança. São coisas que acontecem na vida da gente e naquele momento não sabia a dimensão nem a proporção que isso tudo iria tomar. Era uma vontade de ser útil e os ensinamentos da Escola de Aprendizes estavam aflorados, bem presentes em minha vida. Acho que isso me impulsionou para a mudança. Para mim e esposa e filhos foi extremamente enriquecedor. Foi uma vida de renúncia e de muito aprendizado.

Vir para a Francisca Júlia talvez tenha sido uma das grandes decisões da sua vida. Você fez a escolha certa?

- Sem duvida, uma das grandes decisões de minha vida, como já disse anteriormente um grande aprendizado. Aprendi muito e tenho ainda muito a aprender. Só espero esteja sendo útil ao meu próximo, que são os pacientes, que é a razão da existência da instituição. Tenho a certeza que fiz a escolha certa, não me arrependo. Acredito que quando estamos abertos para vida ela nos conduz e se estou aqui é porque me foi oferecida a oportunidade de dar a minha contribuição e também aprender. Estar na direção de um trabalho como este me faz aprender a exercitar a humildade, a ser perseverante, ser insistente, aprender a planejar, administrar e a sonhar. Sinto uma responsabilidade muito grande e não posso falhar.

Sua família, que estava começando, teve um novo recomeço. Como foi isso?

Sim, tivemos que nos adaptar. Era eu, Dalva e o Daniel e a nossa vida se modificou - tínhamos conosco para serem cuidados mais 17 crianças, praticamente na mesma idade do Daniel.

Vocês sentiam solidão? Como eram os momentos difíceis?

- Não sei se sentíamos solidão, o fato é que fomos nos adaptando e nos moldando à nova situação. Ás vezes me sentia diferente das pessoas, uma sensação estranha, meio distante do mundo. Mas sempre recebemos apoio das pessoas e muitos outros colaborares iam surgindo e ajudando o trabalho. Felizmente, com todas as limitações e a ajuda dessas pessoas conseguimos chegar até o ponto em que todos cresceram e construíram suas famílias.

O que aconteceu com os seus filhos?

- O Daniel, como disse, já tinha dois anos e meio quando mudamos para São José e os outros filhos nasceram aqui no Lar Esperança. Acredito que tenha sido mais fácil a adaptação. Os meus filhos conviveram normalmente com as crianças do Lar Esperança, as datas de aniversário, por exemplo, eram festejadas juntas; Natal, Ano Novo, era uma grande família. Meus filhos estudaram na mesma escola com eles. Enfim, foi um grande aprendizado para toda a família, foram todos criados juntos. Daí o vínculo com esse espaço que nos é muito grato, uma grande escola que Deus nos deu.

Luizinho e Dalva com os filhos no Lar Esperança na década de 1980

Porque vocês saíram do Torrão de Ouro e foram morar na cidade?

- Nós saímos do Torrão de Ouro para a cidade, em 1996, porque no local aonde era o Lar Esperança foi instalada a Casa de Transição para pacientes portadores de transtornos mentais, que estavam sendo preparados para um dia residir na cidade - no Serviço Residencial Terapêutico. E também na época o Hospital Francisca Julia tinha um déficit. Com a criação da Casa de Transição, com o novo projeto, teríamos um aumento nos recursos do hospital para sua sobrevivência.

Como e por que você assumiu a direção da Francisca Júlia?

- Bem, como disse anteriormente, o Sr. José estava em vias de aposentar-se e fui indicado para assumir a direção. Foi um grande desafio na época. Não tinha nenhum preparo, comecei do nada. Minha atividade até então resumia-se ao Lar Esperança e a Coordenação do posto do CVV em São José dos Campos, onde fui plantonista de 1980 até 2001 ou 2002 não me lembro. Durante praticamente um ano fui mais observador. Depois, começamos a reorganizar as equipes, espaços, implantar controles de gestão. O primeiro curso que fiz foi sobre departamento pessoal, no SENAC , para entender um pouco do setor e por ser o mais oneroso na prestação de serviço. Em seguida fui fazer um curso de administração hospitalar para entender um pouco assunto. Enfim, fui me preparando para exercer bem o trabalho que me fora confiado.

Que pessoas marcaram a vida de vocês durante esses anos na Francisca Júlia?

- Graças ao trabalho no Lar Esperança, conseguimos o apoio de muitas pessoas que marcaram as nossas vidas e muitos deles temos relacionamento até hoje: Dona Tereza, Dona Milza, o Sr. Valdemar de Moraes, que nos dava sempre apoio e, quando ia ao Lar Esperança com seus filhos era motivo de alegria para todos. Era muito brincalhão. O Barbosa e o Marcos, que eram funcionários da Embraer e com eles vieram um grupo muito grande de pessoas que nos ajudaram no Lar Esperança. Sem dúvida alguma, todas as crianças do Lar Esperança deixaram marcas em nossas vidas, por tudo que passamos juntos, tivemos que aprender muitas, mas muitas coisas mesmo para poder educá-las, também com apoio de profissionais de psicologia. Ainda sobre as pessoas que marcaram as nossa vidas, foram a Dona Édina e a Dona Cecília, que foram diretoras da Escola Estadual Ângelo de Siqueira Afonso, onde estudaram as crianças do Lar Esperança e que muito nos ajudaram no sentido de vencer os preconceitos. Tudo que sempre procuramos passar as crianças tinham inspiração no Evangelho de Jesus, apreendido na Escola de Aprendizes.

No CVV você sempre manteve os dois tipos de atuação: a profissional e a voluntária. *Como você organizou e equilibrou isso?*

- A maior parte do tempo que estive no CVV foi quando estava no Lar Esperança. Para que eu pudesse fazer os plantões, viagens para os encontros regionais e CN, a Dalva sempre me deu apoio sendo a retaguarda no Lar Esperança. A década de 80 e 90 foi um momento extremamente intenso, pois as crianças estavam crescendo e a adolescência chegando.

O que se passa na sua cabeça quando você pensa no futuro do CVV e da Francisca Júlia?

- O futuro do CVV é continuar seguindo o caminho que vem trilhando, se adaptando ao mundo que passa por profundas mudanças. Enquanto tivermos uma sociedade de "surdos" como é a nossa, onde predomina o materialismo desenfreado, com tantas pessoas desesperadas, com idéias de suicídio, o CVV terá um papel importante. Nessa sociedade desequilibrada devemos ser o ombro amigo e ou ouvidos abertos para ouvir e sentir com o outro. Isso dá uma sensação de acolhimento um alívio real para as pessoas. Valorizar a Vida é um bem inestimável que Deus nos deu. Quanto a Francisca Julia, nem pode ser diferente. Também passamos por transformações. Os atendimentos na área da psiquiatria também se transformam. Hoje não está centrado só no hospital. Tentando visualizar o futuro é que começamos em 2005 as nossas mudanças com a implantação do Serviço Residencial Terapêutico, oferecendo as pessoas com longo tempo de internação psiquiátrica uma reintegração social. Atualmente são 64 pessoas que antes estavam internadas e hoje estão reintegradas ou integradas no convívio social. Mais recentemente, em 2008 , foram implantados dois ambulatórios de saúde mental, um para adulto e outro para crianças e adolescentes, cujo o objetivo principal é a prevenção, evitando as internações em psiquiátricas. Os resultados são positivos e muitas pessoas que eram internadas com freqüência não precisam mais desse recurso. Todos os trabalhos mencionados são desenvolvidos com a Secretaria de Saúde de São José dos Campos, uma importante experiência de parceria social e administrativa. Também implantamos as Oficinas Terapêuticas, que vem oferecendo às pessoas portadoras de transtornos mentais a oportunidade de aprendizado profissional em panificação e confeitaria e que vem devolvendo nessas pessoas a dignidade e a auto-estima. Estavam adormecidas e se descobriram, além de formarem novas amizades. As oficinas tem sido uma terapia diferenciada, cuja dinâmica previne as reinternações.

Quais são os planos mais recentes?

-Estamos em franco processo de transformações. Hoje projetamos novas ações para prestar atendimento a internações particulares e convênios, cuja renda nos ajuda muito na oferta de atendimento gratuito aos doentes sem recursos financeiros. Sonhamos ter o Hospital Dia, também na área urbana, para facilitar o acesso as pessoas. Sempre estamos abertos para novas experiências. Pensamos nas pessoas, na natureza, em ecologia e também em sustentabilidade. A doença mental e a diminuição do sofrimento das pessoas nessa condição tem tudo a ver com esses conceitos. Também pensamos no desenvolvimento da espiritualidade para nossos pacientes, independente das convicções religiosas. Brevemente estaremos implantando um curso para a preparação de voluntários para atuar no Francisca Julia junto aos pacientes nessa questão que, ao nosso ver, é muito importante no tratamento, convívio e reequilíbrio mental. Trata-se de um complemento natural de grande valor e logo iniciaremos um Posto Francisca Julia para prestar atendimento a pacientes e familiares. Sonhamos em ser um Centro de referência no Vale do Paraíba na psiquiatria. Que Deus nos ajude.

Que marcas o CVV e a Francisca Júlia deixaram em você e na sua família?

- O CVV me ajudou a ser pessoa e isso consegui passar para a minha família.

Você gostaria de acrescentar algo mais sobre essa sua experiência?

-Sim, fiquei muito emocionado ao responder essas perguntas. Vieram à minha mente muitas lembranças de momentos difíceis que foram superados e enxergo claramente os frutos do Lar Esperança. A maioria das crianças hoje são adultos e com suas próprias famílias. Antes estavam abandonados e hoje têm seus lares. Estão plenamente integrados, educando seus filhos. São cidadãos e respeitados.

Luizinho, à direita com antigos companheiros do CVV: "Aprendemos a ser pessoas"

As crianças do Lar Esperança, como todas as outras e também pelas suas origens e condições em que foram trazidas para o Torrão de Ouro, tiveram, cada uma delas, que cumprir suas etapas de vida e enfrentar as provas do próprio destino. Tinham ligações com situações complicadas e afinidade com pessoas que certamente cruzariam seus caminhos para influenciar decisões e escolhas. Depois de muitos anos vivendo longe da chácara, eles voltam para rever a família que os acolheu, contar suas experiências e principalmente reconhecer as raízes ali plantadas, desenvolvidas e que servem de referência, principalmente nos momentos difíceis da existência.

Como na parábola do filho pródigo, alguns dias depois dessa entrevista Luizinho recebeu a visita de um desses filhos. Era um dos que mais o preocupava, por ter uma inteligência aguçada, temperamento rebelde e mais vulnerável às tentações do mundo. A preocupação tinha sua razão de ser: o filho havia entrado para o mundo do crime e esteve na prisão. Foi um período que causou muita apreensão e angústia na família que, como qualquer outra, se perguntava onde havia errado ou se faltou algo de importante para que tudo isso pudesse ter sido evitado. O filho voltou agora para dizer que está bem. Tem profissão, trabalha honestamente e não quer mais saber dos caminhos tortuosos. O pai lembra que, apesar das suas fraquezas, o filho adquiriu, dentro dos seus limites, uma base moral que lhe permitiu rever seu comportamento e reordenar suas escolhas. Luiz está visivelmente alegre e aliviado.

CAPÍTULO IV

ENTENDER PARA COMPREENDER

Quarto Princípio/ Quarta Prática

– O fato de uma pessoa ter procurado o apoio oferecido pelo CVV, bem como tudo o que tenha dito e possa identificá-la, é completamente confidencial e sigiloso, permanecendo restrito ao próprio voluntário e, excepcionalmente, à coordenação do Posto, quando estiverem em risco os princípios e a segurança do trabalho ou de qualquer pessoa.

– O apoio às pessoas nas demais situações é oferecido com idêntica disponibilidade, apenas sofrendo restrições se houver comprometimento do objetivo primordial do CVV, a critério da coordenação do Posto.

SEMELHANÇAS QUE SE ATRAEM...

"A tendência do homem não é a violência. A tendência do homem é a dignidade" - Plínio Marcos

Todos os anos se reúne em São Paulo o Conselho Curador do Centro de Valorização da Vida, evento que geralmente ocorre nos dois endereços mais comuns desses encontros para tratar de assuntos administrativos da entidade: na rua Abolição, 411; ou na rua Genebra, 168. Em dezembro de 2011 a reunião foi realizada no imóvel da rua Abolição, no bairro da Bela Vista, região central da cidade.

Pouco antes da hora marcada,começam a surgir as pessoas que vão participar desse encontro que é, ao mesmo tempo, o passado, o presente e o futuro do CVV. Entre eles também estão alguns membros do Conselho Diretor, que são os anfitriões desse momento significativo.

Quem são essas pessoas?

Na verdade são cidadãos comuns e de boa vontade, que ali simbolizam a essência humana dos dois mil voluntários do CVV espalhados pelo país. São homens e mulheres que nesse dia representam as entidades curadoras ou zeladoras do nosso patrimônio material e moral, mas que, curiosamente, revelam, além do ideal comum, a diversidade étnica do Brasil e também cultural da capital paulistana desde o período da fundação do CVV: descendentes de portugueses, espanhóis, índios, africanos, japoneses, italianos, eslavos, árabes e israelitas.

A maioria deles passa muito tempo sem se ver, pois as reuniões nem sempre têm os mesmos participantes, embora venham das mesmas instituições.

A expressão mais comum na troca de cumprimentos entre os presentes é o conhecido "Há quanto tempo!", entretanto, rapidamente vão se reconhecendo depois da troca de olhares, logo complementada por sorrisos, apertos de mãos e abraços.

Mesmo depois de formarem um grande círculo, para discutir a pauta do dia, eles permanecem olhando uns para outros e, no silêncio das suas individualidades, se remetem à memória, para compreender melhor o significado daquele encontro anual. Alguns cochicham entre si, como se buscassem a confirmação do esforço dispensado para lembrar onde e como se viram pela primeira vez.

Um deles, de origem nipônica, dirigente de uma grande instituição federativa religiosa, logo depois de algumas palavras de reflexão na abertura, passa a conduzir a reunião lembrando a todos os principais itens da pauta, incluindo os eventos comemorativos dos 50 anos da entidade. Ele também recorda que, apesar da orientação areligiosa e apartidária do CVV, seus membros fundadores e curadores possuem uma origem espiritual comum, que é um ideal fraterno de amparar os seres humanos os quais sofrem nos momentos mais difíceis de suas existências.

Todas as instituições ali representadas fazem, de certa forma, esse trabalho de amparo e que, por isso mesmo, reconhecem no CVV uma síntese das suas respectivas filosofias e uma parte essencial delas mesmas. O encontro não serve apenas para reforçar os compromissos originais, mas também um momento para recompor energias, fazer auto-crítica, rever estratégias e fazer novos planos. Tudo pela qualidade de vida, pelo bom convívio entre as pessoas, pelo ser humano.

2011 não foi um ano comum e muitas coisas foram alteradas em função das mudanças tecnológicas e sociais, cada vez mais velozes e desafiadoras. As mudanças devem prosseguir nos próximos anos e a entidade já se prepara para enfrentar a complexidade do mundo, estimulando o desenvolvimento de novas e independentes células de atuação. É o gene ético do CVV que se multiplica para atender as novas características e necessidades dos voluntários e das pessoas que buscam sua ajuda.

Tarefa realizada, ideal revivido, compromisso em permanência, encerra-se a reunião e todos, depois das despedidas, voltam para as suas bases.

Mais um ano está findando e o outro está bem próximo, cheio de incertezas e esperanças.

Existe também uma grande e permanente expectativa nos corações ali reunidos, bem como nos 72 postos de atendimento, não só pelo aniversário de 50 anos, mas pela ansiedade natural de poder estar disponível e sempre ao lado de quem estiver sofrendo. "*Similia similibus curantur*"

Esse é o nosso espírito.

BUSCANDO A NOSSA IDENTIDADE

O CVV salva vidas e educa pessoas. Estas duas características dos programas do Centro de Valorização da Vida geralmente são vistas pelos fundadores e voluntários mais antigos como pretensão e elogios exagerados, provocado pela admiração ou sentimento de gratidão dos que foram beneficiados direta ou indiretamente pela entidade. No entanto, observadores externos, e mesmo a opinião pública, têm uma impressão divergente dessa que é certamente uma postura de cautela e autocrítica dominante na instituição.

Quem observa a trajetória do CVV em uma linha do tempo logo percebe que a realidade não condiz com a opinião dos seus membros mais antigos e confirma a ideia da transformação ocorrida graças às influências externas; assim sendo, essas naturalmente refletiram no comportamento dos voluntários, principalmente nas suas ações pessoais e institucionais; portanto, realmente não se trata de uma pretensão ou exagero dos admiradores e sim uma constatação histórica: existe uma escola, um projeto educacional e um processo de ensino-aprendizagem em função de inúmeras necessidades do CVV e principalmente dos seus voluntários.

Essa experiência a qual se define como informal, porém apropriadamente de escola, aliada a uma sólida e bem definida visão de mundo, foi sendo construída ao longo de cinco décadas de atividades.

Quem lida com o ser humano acaba, cedo ou tarde, se envolvendo num processo de sucessivas crises pessoais, de si mesmo ou daqueles que estão na esfera dos seus interesses e preocupações. Isso é essencialmente a base dos processos educativos e do estabelecimento das relações sociais escolares. Lidar com seres humanos os quais correm o risco de tirar suas próprias vidas é por si mesmo uma situação incomum numa sociedade cujo olhar sobre os suicidas é severo e condenatório. Essa experiência conduz naturalmente seus praticantes a refletirem se realmente agem da maneira mais correta e confiável possível. Querem saber se suas ações são eficientes e se transmitem aos atendidos uma sensação de respeito e confiança.

Ao trocar experiências e impressões entre si, os voluntários comparam todos esses elementos e desenvolvem um senso comum sobre o que pensam, como se comportam e como agem diante das situações em que atuam como ponto de ajuda aos seus semelhantes.

Jacques Conchon em reunião de estudos com voluntários de Belém da década de 1980

Tudo é muito simples e espontâneo, sem nenhuma teoria científica ou técnica especializada, todavia, com o tempo, passa a ser caracterizado como um modelo, uma tendência, um estilo; ou, na perspectiva funcional, um rumo, um caminho, enfim , um currículo e uma prática com as quais se ensina e se aprende como ser alguém sempre melhor e mais próximo possível do semelhante.

Chad Varah, o fundador dos Samaritanos, de Londres, ao relatar as origens desse trabalho, sempre narrava a famosa história da menina de 14 anos que se suicidou por não saber lidar com o próprio corpo e um tabu sexual. Em seus relatos sobre o início dos trabalhos de prevenção do suicídio, nem sempre falava das repercussões desse caso trágico e dos problemas que enfrentou ao envolver-se num caso considerado estranho e esquisito pela sociedade preconceituosa nos anos 1930. Havia um tabu com relação aos suicidas. Seus corpos não podiam ser sepultados nos cemitérios comuns e sim em lugares longe do convívio comunitário e "sagrado". Ele mesmo, um sacerdote anglicano, teve que fazer esse sepultamento maldito e proscrito das tradições religiosas do seu país. Isso definitivamente não era um gesto aceitável , muito menos cristão para o Reverendo Chad Varah. Enterrar a menina em local distante da cidade não foi algo difícil; difícil mesmo foi suportar a distância do tratamento pelos membros preconceituosos de sua paróquia e seus estranhos conceitos sobre o suicídio. Ali havia algo profundamente equivocado sobre a vida e a morte de seres humanos e que precisava ser revisto, repensado e principalmente reconsiderado.

Nascia uma nova necessidade educativa: mudar o pensamento, os sentimento e depois as atitudes daquelas pessoas. É possível também que tenha sido a partir daquele fato que Chad desenvolveu uma nova leitura da parábola do Bom Samaritano. Uma nova leitura contida na própria parábola há séculos, à espera de alguém que lhe desse um novo significado e sentido.

Na interpretação de Chad, o bom samaritano não foi tão bonzinho como se pensa. Foi uma pessoa comum que, ao ver a outra pessoa caída, agiu como todos nós agimos, fingindo não vê-lo e até passando por cima da vítima, sem o menor constrangimento. Como não consegue ignorar, atacar a situação, acusando as autoridades políticas e religiosas, que ali passaram e não fizeram nada. Finalmente, quando percebe que seu discurso é somente uma fuga e repleto de incoerências, ainda bastante contrariado, se volta para o necessitado e toma todas as providências possíveis e impossíveis. Uma questão de consciência.

No caso da menina, e de muitos outros que lhe cruzariam o caminho, amparar suicidas já seria uma anomalia social. Educar pessoas para compreender os suicidas seria , no mínimo, um gesto de subversão. Afinal, para o senso comum, o suicídio é a anti-vida e, portanto, deve ser sempre ignorado, desprezado, algo que não existe, simplesmente porque não deveria existir.

Como mudar esse preconceito? Como transformar essa ideia confusa e alienada numa concepção mais clara e consciente? Como modificá-la para uma nova atitude?

Assim tem sido o CVV- escola, onde os processos cognitivos são mais voltados para a emoção do que para a razão. Suas disciplinas, se assim podem ser chamados os temas de estudos, são formadas por conteúdos ainda desconhecidos no universo objetivo e lógico dos problemas humanos (o pensamento, a produção, a sobrevivência, as doenças, os conflitos etc.). O que se estuda no CVV - desde as primeiras noções transmitidas nos programas de seleção de voluntários até as temáticas mais complexas de um simpósio - são as habilidades compreensivas e não somente intelectivas.

"Entender para compreender". Essa frase encontramos na introdução de uma antiga apostila para aperfeiçoamento de voluntários do CVV, datada de 1983. Todos os conteúdos dessa publicação são conhecimentos emprestados da psicologia e da psiquiatria, sobre a natureza e as características das pessoas e das relações humanas. Tudo resumido e organizado didaticamente com a intenção de poder sondar melhor os sentimentos e as emoções dos que sofrem e não com a pretensão de solucionar problemas ou curar suas feridas físicas.

Na ética e nos princípios do CVV está embutido um conceito que, mesmo sendo o voluntário um especialista, este não deve agir como tal quando estiver dentro do posto. Nem pode se valer da condição de voluntário para agir como especialista. A recíproca também é verdadeira. O voluntário não pode agir como especialista para supervalorizar sua condição de leigo e se desviar do gesto que melhor caracteriza a sua condição de voluntário, que é doar amizade. Se ambos agirem de forma inversa estarão violando não só os princípios do CVV , como também suas consciências e, pior ainda, a confiança e a vulnerabilidade emocional dos atendidos. Muitos são os casos em que os voluntários leigos entram em complicadas relações de dependência com os atendidos, como se eles fossem seus "pacientes"; e também há situações em que voluntários especialistas se enveredam em situações semelhantes e até perigosas. Ambos, quando não abandonam os postos em virtudes dessas circunstâncias contraditórias, revêem suas posturas e, em algumas situações, até riem dos próprios erros.

De acordo com o manual do voluntário do CVV, nunca se deve envolver com o problema dos atendidos, pois cabe a eles resolvê-los com suas próprias forças. É um paradoxo. Entretanto, é também uma experiência construída ao longo dos anos e, por isso, muito difícil de ser compreendida pelos voluntários novos e inexperientes.

Certa vez uma criança ligou para um determinado posto do CVV dizendo que seus pais queriam matar o seu pato de estimação e que o mesmo tinha que ser salvo, a qualquer preço. Comovidos com a situação da criança e também do pato, os dois voluntários cometeram uma verdadeira sucessão de erros e trapalhadas: abandonaram o plantão para encontrar com a criança; pegaram o pato, voltaram para o plantão e constataram que os seus horários já haviam vencido; desorientados, voltaram para a rua. Um deles, com o pato nas mãos, perguntou ao outro: " O que vamos fazer?". Depois de alguns minutos lembraram de ligar para o líder de grupo e este, por sua vez, ligou para o coordenador do posto. Logo veio a resposta. Não era preciso fazer nada de excepcional. Os dois já estavam naturalmente excluídos do quadro de voluntários. Isso não é uma anedota. Antes que se especule se foi fato real, folclórico ou mesmo exemplo didático, o certo é que o conceito no qual pessoas não se resumem em problemas e situações, fracassos e soluções, e sim em sentimentos e emoções - e que nisso se resume seus sofrimentos e angústias - é algo muito difícil de transmitir como conhecimento e experiência historicamente acumulada.

Fatos corriqueiros, como esse da criança, do pato e muitos outros, fizeram com que o CVV revisse seus conceitos formativos e criasse ao longo do tempo uma seleção estagiada na qual muitas situações típicas da inexperiência passaram a ser evitadas com o acompanhamento de monitores experientes.

Tudo isso fez com que fosse desenvolvido ao longo do tempo em seus quadros um conjunto de vivências e metodologias definidas como um projeto curricular educativo, o qual caracteriza os princípios (filosofia) e as práticas (vivências). São sete princípios e sete práticas sintetizados a partir de todas as coisas que o CVV vem, por um lado, ensinando aos voluntários nos últimos 50 anos e também, por outro, tudo aquilo que os voluntários ensinaram ao CVV nesse mesmo período; observando mais atentamente os princípios e práticas, é possível ainda resumir esses conceitos em sete atitudes. Para que isso ocorresse, a entidade mudou uma antiga concepção na qual os voluntários eram avaliados pelos seus próprios companheiros por meio da observação e valorização por mérito.

Na época acreditava-se que a pessoa, ao ingressar e percorrer um caminho institucional, deveria ser especialmente reconhecida e premiada pelo seu constante esforço de aperfeiçoamento e dedicação ao trabalho. Era uma premiação meritória a qual, por outro lado, significava, simbolicamente, o aumento gradual das responsabilidades, qualificando-o para assumir tarefas cada vez mais complexas no grupo. Foi também uma influência das escolas iniciáticas, nas quais os alunos mudavam de grau de acordo com o seu processo de amadurecimento e envolvimento com as atividades práticas.

No CVV, os voluntários promovidos eram agrupados em três graus de responsabilidade e assembleias próprias de funcionamento. Esse processo iniciava-se no estágio probatório de 120 dias depois do curso de seleção de plantonistas.

O primeiro grau denominava-se Plantonista Assistente; o segundo, com um ano de trabalho e promovido por um curso de aperfeiçoamento, Plantonista Socorrista. Este era considerado um especialista em atendimentos pessoais (cara a cara com o atendido), apto a preencher qualquer período de plantão e também liderar grupos de treinamento; e finalmente o terceiro grau, Plantonista Samaritano, com três anos de trabalho sem interrupção. O mesmo era considerado elemento experiente, especializado e geralmente designado para chefia de seção, coordenação e acompanhamento de casos especiais nos plantões.

Essa concepção ou ritual de passagem é vista hoje como uma prática até certo ponto oposta à filosofia não diretiva desenvolvida gradualmente pelo CVV, não só pelos voluntários mais novos, mas também pelos próprios fundadores. Estes, porém, não esquecem que esta era também uma cultura apropriada para a época e que funcionava mais como um suporte de coesão e fidelidade de grupo. Essa experiência seletiva foi sendo substituída à medida que os próprios voluntários tiveram que valorizar mais o auto-aperfeiçoando e confiar mais em si e nos outros como pessoas. A maturidade dos voluntários passou a ser mensurada por eles mesmos num processo de auto-avaliação permanente, somada à constância nas atividades de doação para o outro. A igualdade existe porque as diferenças são reconhecidas e respeitadas. Essa é a base dos princípios e das práticas e que, combinadas, tornam-se atitudes. Esta espécie de Carta Magna, que, por coincidência ou não, revela as dimensões de uma auto-educação pode ser considerada como os "pilares" da educação humanista desenvolvida pelo CVV.

Assim como a Unesco desenvolveu nas suas várias décadas de existência humanista a ideia dos seus quatro pilares para a educação no século 21 (aprender a Conhecer, Fazer, Conviver e Ser), o CVV também construiu muitos anos antes, com uma visão de mundo bem semelhante , não um quadrilátero, mas um triângulo de saberes (Pensar, Agir e Sentir) com a mesma repercussão informativa e formativa dos seus voluntários. Para a Unesco, existe um ciclo social humano, no qual está em jogo a vida cidadã, a pessoa civil , sua formação e destinação política. Para o CVV, o ciclo humano é existencial e o que está em jogo é a pessoa em si, sua individualidade mais profunda, o sentido e significado maior da sua vida.

Grupo de Samaritanos no CN de 1984

O FUMO E A GRAVATA

De todas essas possibilidades curriculares desenvolvidas ao longo de 50 anos, a que melhor identifica esse grupo é a auto-disciplina (auto-imposta e auto-refletida), construída e preservada para oferecer o melhor de si para o outro.

Fumar e andar mal vestido nunca foi considerado crime, nem motivo para romper uma amizade. Entretanto no CVV, desde a sua fundação, isso sempre foi proibido.

Nada contra tais pessoas. Tratava-se apenas de uma sutil estratégia de disciplina e cuidados com as pessoas que procuravam ajuda com os voluntários. Estes permaneciam (e ainda permanecem) na maioria das vezes sozinhos, principalmente nos plantões noturnos, os quais se estendiam pela madrugada. Ali nunca houve ninguém que os vigiasse ou orientasse diretamente suas atitudes. Aprovados nos cursos de seleção, ganhavam da entidade total confiança para oferecer sua amizade e deles somente eram exigidos carinho e respeito pelos atendidos. Prometiam trajar a roupa exigida e jamais fumar no posto.

Qual era utilidade da gravata e da abstinência tabagista num horário em que o atendimento seria apenas pelo telefone, questionavam alguns candidatos? "Um simples questão de respeito!", reforçavam os instrutores. "Aquele que fuma está satisfazendo uma necessidade muito individual que certamente o distrai e prejudica a compreensão dos sentimentos dos outros. Já a gravata auxilia muito na postura e na ideia de que o atendido será tratado com a melhor das intenções".

A doutrina disciplinar soava um tanto extravagante, porém, combinava de certa forma com a cultura paulistana da época da garoa, ainda muito forte nos anos 1960. Em dias quentes ou frios, secos ou úmidos, os voluntários estavam sempre muito bem vestidos, simples e respeitosos; os homens trajando a sobriedade e as mulheres algo sempre discreto, porém elegante.

O rigor com os trajes foi mudando com o tempo, como mudaram os costumes da cidade, todavia continuam primando pela sobriedade e discrição. Quanto ao fumo, continua fora de moda.

Apesar de lidarem com a tristeza, a solidão e a angústia humana, o bom humor sempre acompanhou os voluntários do CVV, principalmente nas reuniões tensas, quando eram tomadas as polêmicas decisões disciplinares. Em uma delas, em que se questionava o hábito tabagista, enquanto o Jacques se contorcia para explicar a importância e a seriedade da proibição para os representantes dos postos presentes, no fundo da sala ouviam-se alguns ruídos de gargalhadas contidas no volume, porém incontroláveis na intensidade. Incomodado com aquela pequena algazarra, Jacques quis saber o que ocorria. No mesmo instante, o Flávio levantou a voz para dizer que Valentim estava somente comentando com que o pessoal dos postos "caipiras", do interior, estavam muito preocupados com a proibição do fumo e perguntavam se seria permitido, pelo menos, mascar fumo durante o plantão...

Reação do Jacques: "Sem comentários..."

Mas, afinal de contas, qual é a linha, a doutrina, a escola , enfim, a cartilha na qual rezam os voluntários do CVV?

Essas dúvidas são eternas e a resposta continua a mesma, ou seja, a confiança em si mesmo e também no outro, na mesma proporção.

Nenhuma marca ou rótulo poderá definir melhor o conjunto de princípios e práticas que servem de relógio e bússola para os voluntários e também, se que quiserem, para os que buscam seu apoio.

Voluntários debatem durante o Conselho Nacional em S. Bernardo do Campo,1983.

QUEM SOMOS E COMO CONVIVEMOS

"Essas organizações do setor social atendem progressivamente a um segundo e igualmente importante objetivo. Elas criam cidadania. A sociedade e a política modernas tornaram-se tão amplas e complexas que não é mais possível exercer cidadania, isto é, a participação responsável. Tudo que podemos fazer como cidadãos é votar a cada poucos anos e pagar impostos o tempo todo. Como voluntário em uma instituição do setor social, o indivíduo pode, novamente, exercer um efeito importante sobre os fatos" – Peter Drucker

Estamos na Via Dutra, rodovia que liga São Paulo ao Rio de Janeiro, caminho que também liga a Capital a São José dos Campos, onde está instalada a Comunidade Terapêutica Francisca Júlia. Ali, mensalmente, se reúnem os membros do conselho diretor do CVV e também, ocasionalmente, alguns voluntários convidados. Em reuniões especiais de planejamento lá também comparecem os coordenadores regionais do Programa CVV para tratar das atividades anuais da instituição.

Antes de se deslocarem para São José, sempre aos sábados, o grupo do conselho diretor e convidados habitualmente se reúne um pouco antes das 8 horas numa padaria da Bela Vista, local de encontro que acontece há muitos anos e usado como ponto de partida para inúmeras incursões na Capital e excursões nas cidades vizinhas. Entre os membros estão pessoas que moram na Capital, na região do ABC, na Baixada Santista e também no interior.

Terminado café, eles fazem uma rápida contagem para ver se está faltando alguém e logo escolhem os carros que irão fazer a viagem e qual deles vai passar no Terminal do Tietê para pegar o voluntário que vem de Ribeirão Preto. Essa rotina só é quebrada pela ausência eventual de algum deles ou então quando um dos motoristas resolve sair na frente ou então fazer um caminho diferente para a Francisca Júlia.

O trajeto entre São Paulo e São José têm rodovias alternativas como a Carvalho Pinto e a Ayrton Senna. Numa dessas mudanças de rota, fomos no carro do Coutinho que, depois de consultar os companheiros, optou pela velha rodovia Presidente Dutra. Ele não esconde o seu entusiasmo ao lembrar que faz esse mesmo caminho há quarenta anos, numa época em que a Dutra tinha somente duas pistas e uma mata abundante nas margens. O percurso que hoje é feito em pouco mais de 50 minutos, segundo ele, era de quatro a cinco horas, se não tivesse alguma ocorrência de acidente nas pistas. Apesar de antiga e repleta de caminhões, Coutinho lembra que a Dutra tem um tráfego mais rápido do que as rodovias novas e prova disso é que chegamos ao nosso destino uns vinte minutos antes dos outros carros que foram pela Ayrton Senna.

Quando o assunto é estrada é impossível não lembrar dos acidentes, aliás assunto de péssimo gosto para uma viagem na própria Dutra, mas que naqueles instantes adquire um ar de nostalgia, bom humor e também algumas gargalhadas. Durante o percurso, lembramos das mortes de Juscelino Kubstchek, em 1976, e também do grande cantor Francisco Alves, nos anos 1950. Reconhecemos a velha pedreira do eterno presidente do E.C. Corinthians, Vicente Matheus, e dezenas de Ranchos da Pamonha. Recordamos também o poder de mudanças sociais desencadeado pela construção dessas grandes estradas e da incrível transformação da paisagem que ali ocorreu nos últimos 60 anos. A rodovia que se transformou historicamente no grande eixo São Paulo-Rio ou Rio-SãoPaulo foi inaugurada onze anos antes da fundação do CVV. Ela influiu no crescimento de várias regiões, na conurbação de cidades e também na criação de um importante polo de tecnologia no Vale do Paraíba. A Dutra também marcaria profundamente a trajetória da principal obra social do Centro de Valorização da Vida.

E, falando em acidentes e mudanças, o Coutinho também se recorda do dia em que ele e o Milton foram salvos milagrosamente após um capotamento bem próximo a São José. O carro em que viajavam era um VW Brasília - o que denuncia que o fato deve ter ocorrido em meados dos anos 70 - virou na estrada, rolou pelo barranco e ficou com as rodas para cima enquanto os dois tentavam sair do que sobrou da lataria. Um antigo e pesado projetor de filmes que estava no porta-malas foi lançado pela janela traseira e, se fosse do lado contrário, teria acertado os dois em cheio. Ambos saíram intactos, isto é, o Coutinho teve apenas alguns ligamentos rompidos, que deixaram suas pernas viradas, tendo que ser levado numa cadeira improvisada pelos braços de alguns motoristas que os socorreram e o levaram ao hospital. Ainda tomados pela curiosidade, perguntamos:

- Você ficou muito tempo internado?

- Não, algumas horas depois o Jacques veio me buscar...

- E o Milton?

- Saiu do carro sozinho, mas ficou agoniado por não conseguir me tirar, achando que o carro ia pegar fogo. Não aconteceu nada com ele. Daquela confusão toda só sobrou o apelido.

- Que apelido ?

- Capote. Milton Capote!

No caminho da Dutra: Inauguração do C.R. Francisca Júlia em S. José dos Campos

Essa pequena história, como muitas outras que ouvimos ou presenciamos, nos lembra que a grande maioria dos membros do CVV são pessoas que possuem uma rotina comum igual a todas as pessoas. Têm famílias, trabalham para sobreviver, possuem responsabilidades profissionais e muitos deles vêm de outras instituições voluntárias com as quais ainda mantêm vínculos espirituais e atividades práticas e, por isso mesmo, foram atraídas para o CVV sem romper com esses laços antigos de doação do seu tempo. Durante a semana se dedicam aos seus empregos e às suas famílias. Nos fins-de-semana, certamente contando com a paciência e compreensão dos familiares, quase sempre estão envolvidos nesses encontros de voluntários.

Ao ingressarem em nossos quadros, os voluntários demonstram estar impressionados não somente com a simplicidade humanitária do tipo de ajuda oferecida pelo CVV, mas também pela organização da sua estrutura, que definem como rica, complexa e subjetiva na sua dimensão humana, porém também muito simples e objetiva no seu funcionamento.

Aqueles que chegam já acostumados ao universo das grandes corporações tendem a ficar mais encantados ainda, pois descobrem no CVV não somente o trabalho de doação de si, mas um enorme campo e oportunidade para exercerem tudo aquilo que sempre sonharam em seu trabalho profissional: um ambiente onde há um grande esforço para que não haja submissão do ser humano à vontade alheia, desrespeito à liberdade de consciência e ação. Isso, segundo relatos, os educa permanentemente para a liberdade responsável, construída pacientemente, passo a passo. "Ao voltarmos para casa e para o trabalho voltamos transformados", dizem eles. "E não somos nós que dizemos isso, mas as pessoas que convivem conosco". Os voluntários percebem e sentem que mudam nas coisas que sempre sonharam, não como coisas palpáveis e materiais, mas como valores e crenças que já admiravam antes, mas que não tinham como exercê-las.

Essas impressões surgem à medida que as pessoas passam gradualmente pelas experiências educativas internas do CVV, isto é, pelo contato com o trabalho voluntário e seus constantes treinamentos, pelo convívio com os companheiros e pelo exercício das normas e princípios em todos seus desdobramentos administrativos.

E a questão do poder e da liderança?

Poderíamos dizer com toda tranquilidade que o animal político existente nos voluntários do CVV é o mesmo de todas as pessoas e é caracterizado pela mesma concepção definida por Aristóteles. Ele é insatisfeito consigo mesmo e com a sua condição na natureza e busca mudanças constantes. Reflete e atua de forma consciente, responde pelos seus atos e quer compreender porque sente a necessidade de estar sempre junto dos seus semelhantes, mesmo que esta proximidade e convívio seja muitas vezes conflituoso e desarmônico. Daí a necessidade de desenvolver normas que disciplinem esse convívio, já que estão longe da perfeição existencial.

A diferença é que no CVV descobrimos que essa insatisfação dever ser direcionada para mudar a nós mesmos e não aos outros. Ao mudar internamente, o externo muda de acordo com o nosso ponto de vista. Descobrimos que a ideia não era disciplinar os outros, mas a nós mesmos e, por isso, buscamos um conceito político de convívio o qual representasse a nossa filosofia com aqueles que buscam ajuda: atenção, respeito, confiança e não interferência nas suas escolhas e atitudes.

Confraternização de voluntários no Conselho Nacional de 1983

Os primeiros voluntários e fundadores do CVV vinham de uma cultura disciplinar na qual os líderes e os liderados pactuavam o compromisso de jamais romper regras por motivos passionais e a primeira regra racional para colocar isso em prática foi reconhecer os limites humanos. O pensamento definidor desse conceito advém de uma frase pronunciada constantemente por Edgard Armond, ao ser questionado sobre como melhor lidar com as diferenças e divergências nos grupos : "Quem administra desagrada!" Isso certamente não é uma justificativa para o autoritarismo, nem para a omissão. Trata-se de um conceito o qual questionamos imediatamente, ou assim que for possível, sobre os verdadeiros motivos da nossa insatisfação quando estamos divergindo ou dificultando as convergências.

Então a pergunta não é "Por que desagradamos, nem por que as pessoas nunca estão satisfeitas". A pergunta mais coerente num grupo no qual todos estão em pé de igualdade perante os princípios e a normas é "Por que nos sentimos contrariados quando constatamos que nem sempre as nossas ideias e vontades podem ser aceitas pelos que convivem conosco"?

Se mudamos de comportamento para melhor compreender os que pedem ajuda por que não podemos mudar para facilitar o convívio entre nós mesmos? Devemos perguntar ainda, como observaria Rogers, já na sétima fase do tornar-se pessoa: Qual é o ponto essencial dessa mudança?

Essa foi a causa da nossa opção pelas reflexões, escolhas, decisões e convívio centrado no grupo e não nos líderes.

Foi uma das decisões mais difíceis e corajosas que tomamos nos últimos 50 anos.

Escolhemos viver voluntaria e empaticamente com o outro (os que buscam nossa ajuda) e também percebemos que seria incoerente não agir da mesma forma entre nós mesmos.

É claro que deveria haver uma aplicação desse conceito para a rotina institucional e isso nós fomos fazendo no decorrer do tempo e na manifestação dos problemas cotidianos.

Dessa forma, o CVV foi organizado e estruturado como pessoa jurídica e principalmente como coletividade de pessoas físicas, individualidades de crenças comuns na concepção e na orientação positiva do ser humano. Isso talvez se reflita de alguma forma em nossos estatutos, no organograma institucional e nas muitas siglas criadas para identificar os nossos métodos e procedimentos operacionais. Tudo isso foi transposto e registrado em textos, como nos contratos sociais políticos, com a esperança que fossem lidos, interpretados, compreendidos e praticados tal qual sentimos em nossas reflexões e trocas de impressões com as pessoas que nos confiam suas emoções significativas e seus mais íntimos sentimentos.

OUVIR COM INTERESSE E AFETO

Para entendermos o nascimento do CVV e sua dinâmica de transformação em cinco décadas de existência, é necessário compreender sua evolução dentro do contexto da história do voluntariado no Brasil, reflexo também das tendências internacionais de crescimento e transformação do chamado Terceiro Setor.

Recentemente, o Instituto Voluntário do Brasil – empreendedor social do Programa Faça Parte – resumiu essa história em quatro momentos, relacionados às manifestações culturais e principalmente às tendências sócio-econômicas predominantes em cada época. Neles podemos, sem muito esforço, nas devidas proporções e características próprias, visualizar como o CVV se comportou no movimento social voluntário.

"No século XIX os problemas sociais eram entendidos como "desvios" da ordem dominante e atribuídos a indivíduos "em desgraça", que por não terem oportunidade de reintegrar-se à sociedade, necessitavam da caridade organizada. O "voluntariado de benemerência" era incipiente, moralizador, feminino e baseado em rígidos valores morais.

Na primeira metade século XX o Estado de Bem-Estar Social do pós-guerra pregou a solução total das questões sociais, visando atender a população carente. O atendimento aos necessitados virou política pública e o Estado assumiu a responsabilidade pelas condições de vida da população.

Na segunda metade do século surge o voluntariado combativo, muitas vezes distante de seus ideais básicos. Parecia um movimento desorientado, espontâneo, principalmente jovem e sem perspectivas de uma consolidação institucional que pudesse desenvolver sua identidade. A ação baseava-se no pressuposto de uma mudança de ordem social e situava-se muitas vezes no âmbito do protesto.

Na metade da década de 80, por efeito do neoliberalismo, os Estados ajustaram seus orçamentos e diminuíram lentamente os financiamentos da assistência social, transferidos para os empreendimentos privados ou para as mãos dos antigos beneficiados. A resposta foi o nascimento de um voluntariado que veio preencher os espaços deixados pelo Estado e que se esforçou para diminuir as necessidades daqueles que ficaram fora do sistema.

A década de 90 abre as portas para um novo voluntariado que supere o anterior e considere o voluntário como um cidadão, que motivado por valores de participação e solidariedade, doa seu tempo, trabalho e talento de maneira espontânea e não remunerada em prol de causas de interesse social e comunitário".

Na introdução do livro Nos Caminhos da Amizade encontramos uma síntese do nosso aprendizado entre 1961 e 1986. Trata-se de Uma História em Quatro Atos (ver anexo 6), um panorama de como fomos nos transformando à medida que o mundo mudava, juntamente com as pessoas as quais vivem nele e contavam conosco para suportar os embates daquelas mudanças. Coincidência ou não, o narrador da nossa história voluntária, 25 anos antes, também descreveu essa trajetória em quatro momentos ou fases.

VIGIAR O SPOT OU ESTAR COM O OUTRO?

Houve uma época em que os voluntários do CVV eram verdadeiros vigilantes de suicidas, muito parecidos com esses guarda-vidas que ficam nas praias observando os banhistas para que não se afoguem nas perigosas arrebentações das ondas; ou então bombeiros que se aproximam corajosamente daquelas pessoas que ameaçam se jogar de lugares altos.

Foi uma época em que eles acreditavam que não só podiam, mas também deviam convencer os suicidas a mudar de opinião e desistir da ideia tirar suas próprias vidas.

Ao iniciar o primeiro contato, eles preenchiam fichas de atendimento com muitos detalhes sobre a vida e o comportamento dos atendidos, em uma clara intenção de conhecer e interferir o máximo possível na experiência e conseguir atingir o objetivo primordial do salvamento.

O atendido era identificado com a sigla "Spot", que significava "suicida em potencial". A probabilidade desse indivíduo se matar era calculada por um método científico que misturava dados pessoais, características psicológicas, comportamentos divergentes, tudo quantificado matematicamente para chegar a um resultado que variava de 10 a 100. Isso indicava um fator de baixa, média ou alta potencialidade suicida.

Além de identificar tais potencialidades, os plantonistas eram escalados para acompanhar os casos sob os mais diversos aspectos, que poderia ser desde a assistência social básica como seguir secretamente os atendidos na sua rotina diária. Os primeiros voluntários lembram que essa era uma postura tão normal que eles se revezavam na vigília, chegando a acompanhar os spots nas situações mais difíceis e curiosas. Aqui pareciam detetives. Num dos casos, o atendido foi observado passo a passo até chegar em um grande estádio da capital, durante uma disputada partida de futebol.

A crença no ideal salvacionista era tão forte que todas essas atitudes diretivas e assistencialistas eram justificadas como meios perfeitamente aceitáveis.

O slogam do CVV, nessa época, refletia muito bem essa concepção: "Viver ainda é o melhor". Já logomarca era uma clara constatação dos objetivos finais da instituição e dos primeiros e bem intencionados voluntários: uma boia salva-vidas.

Nas décadas seguintes, essa postura seria radicalmente modificada pela simples constatação de que nos lugares onde esse tipo de atendimento já existia há mais tempo não havia mais esse conceito salvacionista e que os voluntários não interferiam nas decisões dos atendidos. Eles aprenderam com a experiência que as pessoas não buscavam especificamente um socorro contra o suicídio ou salvação existencial e sim um alívio das suas fortes emoções e que poderiam se transformar em gestos suicidas. Para mudar essa postura tiveram que desfazer dessas crenças as quais valorizavam mais a tragédia em si do que a própria condição pessoal do suicida.

Outra constatação importante foi que a religião dos voluntários poderia ser antes um fator negativo do que propriamente um suporte moral para auxiliar os suicidas. Para os religiosos dogmáticos, o suicídio é um erro imperdoável, impedindo que se tenha compaixão pelos suicidas. O dogma ou ideia de que o suicídio é pecaminoso geralmente bloqueia o sentimento fraterno de compreensão e amparo aos que possuem ideias autodestrutivas. Os Samaritanos, de origem anglicana, aprenderam a lidar com essa aparente contradição e passaram separar os dogmas religiosos da filosofia humanitária do cristianismo, exatamente como está descrita na parábola do Bom Samaritano. Nesta narrativa, o bloqueio ao sentimento de compaixão foi desarticulado pela eliminação do preconceito cultural e religioso. Essa fórmula racional, que ajudou os católicos ingleses também ajudaria os plantonistas do CVV, inicialmente todos de origem espírita. Ver os suicidas como alvo de compaixão e não como vítimas de penalidades e punições da vida futura foi um exercício muito difícil para todos aqueles plantonistas os quais estavam divididos entre suas crenças e as necessidades psicológicas mais profundas das pessoas que os procuravam. Muitos não conseguiram e se afastaram do CVV. Os que ficaram tiveram que aprender a segurar seus impulsos ideológicos e ver as dores alheias com os olhos essencialmente neutros e desinteressados do humanismo.

Para efetivar essa decisão de mudança, foram buscar ajuda em escolas da psicologia as quais pudessem ensinar filosófica e tecnicamente a nova postura do não julgamento e da não interferência. Leituras e treinamentos constantes foram aos poucos alterando os antigos hábitos moralistas e fortalecendo um novo conceito que se estabeleceu no grupo como visão de mundo e conquista de uma proposta de vida.

Foi dessa forma que o Spot passou a ser tratado como o Outro, deixou de ser um paciente ou doente para tornar-se pessoa, semelhante a qualquer um de nós e que precisa de amizade e compreensão dos seus sentimentos.

Desapareceram, juntamente com o Spot, as fichas, os acompanhamentos, as vigílias, enfim as interferências que talvez caibam aos profissionais da psicologia, da medicina ou da assistência social.

Os estudos feitos pelos voluntários tornaram-se contínuos, não como suporte científico prático, mas como reflexão para auxiliar a escuta compreensiva.

A disponibilidade de estar com o outro nos momentos mais difíceis substituíram a intenção, a postura e ações de salvamento, cultivando-se a confiança de que o outro vai encontrar um rumo, escolhendo o melhor para si segundo suas próprias convicções e necessidades.

AS EXPERIÊNCIAS DE CHAD E ROGERS

Quando afirmamos que seres humanos possuem reciprocamente o poder de reduzir o sofrimento dos seus semelhantes pelo simples gesto da aproximação e do acolhimento, não estamos afirmando nenhum absurdo ou algo sobrenatural. Pelo contrário, é um fenômeno da natureza animal o qual se manifesta na esfera humana com uma intensidade e profundidade proporcional à complexidade dos nossos problemas e sentimentos. Semelhantes se atraem e se curam, diz a tradição sábia e popular. Isso também vale, e como vale, para as questões de sofrimento emocional.

Seguem duas experiências históricas que, ao mesmo tempo se identificaram e influenciaram o comportamento dos voluntários na relação de ajuda estabelecida espontaneamente com as pessoas as quais buscam seu apoio. A primeira é a dos Samaritanos, constatada e relatada pelo seu fundador:

"Chad Varah nos conta uma história bastante interessante e que caracteriza a "doação de amizade (befriending). Uma das primeiras pessoas que procurou a sede dos Samaritanos foi uma senhora visivelmente nervosa. Chad, ainda como profissional fazia aconselhamento, e os voluntários ficavam e outra sala, recebendo as pessoas para aguardarem momento do diálogo. Aquela senhora contou uma história para Chad que ele não entendeu; era tão confusa! E, vendo a quantidade de pessoas que estava à sua espera, pediu que ela aguardasse na sala ao lado tomasse um café e voltasse depois de uns 30 minutos E mandou entrar o seguinte.

Algumas horas depois, lembrou-se da senhora. Foi até a sala de espera e soube que ela havia ido embora. Ficou preocupado, pois era um "caso" muito grave, parecia tão difícil! "Ela foi embora", disse a secretária "e, quando saiu, estava muito satisfeita - converso com aquele voluntário que é motorista de ônibus". Chad foi até ele e perguntou como fora a conversa. Foi informado de que ele nada dissera a não ser "hum?", "é mesmo?", "ah!", "Realmente", disse o voluntário, "da primeira que vez ela me fez o relato de sua vida e de seus problemas, eu não entendi absolutamente nada. Interessante que, se na primeira era uma massa ininteligível, na segunda já apareciam alguns pontos objetivos como nomes próprios, locais e datas. Quando ela me contou a história pela terceira vez, pude notar que os nomes próprios, os locais e as datas estavam ordenados logicamente. Contou-me mais uma vez, a quarta, e o que distinguiu esta da terceira foi que, nas entrelinhas, foram surgindo as soluções para os seus problemas".

A partir da constatação de que ouvir com interesse, acolher com afeto e compartilhar sem interferir era um "método" eficiente de auxiliar pessoas, Chad estruturou o trabalho dos Samaritanos e, posteriormente, do Befrienders international.

E a segunda, do psicólogo Carl Rogers, descrita e citada em várias obras suas:

Carl Rogers, no seu livro Tornar-se Pessoa, relata uma experiência semelhante que, dentre tantas outras, levou-o a estruturar a base de sua postura profissional humanista e revolucionária, sistematizada academicamente como Teoria Psicológica ou Abordagem Centrada na Pessoa.

"O terceiro incidente ocorreu alguns anos mais tarde. Tinha aprendido a ser mais delicado e paciente na interpretação dada a um paciente sobre o seu comportamento, aguardando uma oportunidade em que a pudesse aceitar sem perturbação. Falava com uma mãe extremamente inteligente, cujo filho era um verdadeiro 'diabo', O problema era, evidentemente, a sua rejeição ao rapaz, desde cedo. Mas, apesar de muitas entrevistas, não conseguia fazê-la ver isso. Fiz com que ela falasse; procurei, delicadamente, salientar os dados evidentes que me tinha fornecido, tentando ajudá-la a ver a situação. O resultado fui nulo. Acabei por desistir Disse-lhe que havíamos feito o melhor que podíamos, mas que tínhamos falhado e que, assim, os nossos contatos deviam terminar Ela concordou. Acabamos, assim, a entrevista, apertamos as mãos e ela dirigia-se já para a porta do meu gabinete quando se voltou para mim e perguntou. "Também aconselha adultos aqui?". Tendo-lhe respondido afirmativamente, disse-me: "Pois bem, gostaria que me ajudasse". Voltou para a cadeira donde havia se levantado e começou a dar largas ao seu desespero sobre o matrimônio, sobre as suas relações perturbadas com o marido, o seu sentimento de fracasso e de confusão. Tudo isso muito diferente da estéril "história de um caso" que antes tinha-me fornecido, iniciou-se então uma real terapia que acabou por ser bem-sucedida."

"Este incidente foi um daqueles que me fizeram sentir o fato, de que só mais tarde me apercebi completamente, de que é o próprio paciente que sabe aquilo de que sofre, em que direção deve ir quais os problemas que são cruciais, que experiências foram profundamente recalcadas. Comecei a compreender que, para fazer algo mais do que demonstrar a minha própria clarividência e a minha sabedoria, o melhor era deixar ao paciente a direção do movimento no processo terapêutico."

CVV, a Linha da Vida -Manual do Voluntário

O QUE APRENDEMOS SOBRE OS QUE SOFREM

O voluntário a quem recorremos para falar das experiências acumuladas pelo CVV nesse meio século de existência não é um especialista. É um voluntário que, como todos os outros que aprenderam a cultivar o espírito da doação de si, se interessam mais pelo aspecto essencial do que intelectual da relação de ajuda.

Esses voluntários não se interessam em dar explicações sobre aquilo que sabem e principalmente sobre o que não sabem. O que interessa a eles é poder exercer de fato esse verbo "compreender" da única maneira que é possível: se colocar no lugar do outro.

Pode parecer um gesto simples, mas não é algo que se aprende da noite para o dia e nem uma etapa vencida e acabada. É um exercício que deve feito constantemente com todos aqueles que nos cercam e não somente com as pessoas que procuram o CVV.

Não há como separar uma atitude voluntária de outra não voluntária, como fazem os profissionais especialistas. É o exercício de sermos pessoas autênticas e espontâneas. Se fôssemos especialistas essa seria a nossa única especialidade: compreender.

Para falar sobre a capacidade de aprender e ensinar a compreensão (se é que é possível essa última postura), recorremos ao companheiro Milton, o mesmo que nos mostrou o CVV como uma escola de caráter espiritual, isto é, de permanente de auto-avaliação e reavaliação das coisas que aprendemos e fazemos no dia a dia da doação de amizade.

Ao longo desses 50 anos pode se dizer que podemos ensinar o que aprendemos?

É importante antes de tudo abordar o título desse tema. Referir-se aos outros como ser humano nos leva a pensar que fazemos apenas parte dos organismos vivos, primatas, mamíferos ou Reino animal, isto é uma visão biológica. A proposta não é abordar o ser de maneira impessoal, um objeto de estudo, como espécime e sim como pessoa. Esta é a tônica da visão que se tem do trabalho. Essa vivência nos possibilitou a compreensão que o processo de aprendizado é inacabado, e que não podemos "falar de cátedra", sempre falta algo a ser acrescentado e ainda que o processo se desenvolva juntamente com a prática e não apenas no campo do estudo teórico, é mais correto e confortável dizer que estamos abordando ou falando sobre aspectos do trabalho voluntário e da pessoa, que observamos nesse serviço.

Podemos entender este tema como sendo: "CVV 50 anos, alguns aspectos úteis, sobre voluntariado e a pessoa, de que podemos falar".

É possível então citar alguns pontos sobre que podemos falar?

Sim. Do ponto de vista voluntariado, notamos que seu exercício e vivência desenvolvem mais nossa capacidade de nos dispor. Todas as pessoas que vem até o trabalho e permanecem, o fazem por esta razão e tem esta postura nelas mesmas, é importante para elas se doarem, mesmo antes de ingressar ao serviço. Com o tempo, percebemos que nossa disponibilidade está voltada para o outro em primeiro lugar, para a Vida e também para si mesmo através do esforço da busca de se conhecer.

O que se pode dizer sobre o sigilo?

Na atividade voluntaria, o sigilo é o fundamento do respeito e da maneira correta de trabalhar. Tudo que é intimo e verdadeiro exige o anonimato, a invisibilidade e desinteresse pessoal. O personalismo é o grande empecilho na relação e desenvolvimento desse serviço, e de muitos outros.

É importante que um trabalho voluntário seja realizado com outras pessoas?

Sim. Não pode ser realizado sem os outros. O serviço vai se tornando cada vez mais elaborado exigindo a participação de maior número de pessoas. Tudo que existe hoje é fruto do trabalho de todos, especialmente a dedicação de pessoas que vieram antes de nós, com quem às vezes nem tivemos um contato pessoal. Por isto é preciso ter um esquema de passar os conhecimentos adquiridos e reciclá-los sempre.

Como é trabalhar em grupo?

O trabalho em grupo é tão importante quanto sua própria meta. É necessário que exista uma constituição da estrutura da organização que precisa compreender e aprender a praticá-la. Todos são importantes e iguais como pessoas e perante os combinados da equipe e cada um de nós tem capacidades próprias. É necessário que paire no clima de trabalho uma confiança que cada um está dando o melhor de si

Percebe-se que para trabalhar em grupo precisa de outras coisas além da dedicação como voluntário.

Sim. Percebemos que a estabilidade do grupo depende da comunicação e respeito permanentes entre todos. Que não podem existir confrontos, sempre conciliações de idéias decorrentes dos sentimentos construtivos que todos temos. Que os melindres e comentários negativos minam com o trabalho e que para o trabalho acompanhar o momento de vida e estar atualizado com ela, é necessário contar com pessoas e grupos que conhecem mais, mesmo que sejam de fora.

Como é a relação com as pessoas que procuram o serviço?

Do ponto de vista "relação entre pessoas", podemos dizer que quando a pessoa fala sobre si, ela aborda três aspectos: ela mesma como indivíduo com suas aparências (1), as contingências da sua vida, seus problemas pessoais, importantes a ela no momento (2) e ainda o que ela mesma percebe e sente em relação aos dois primeiros (3). O voluntário distinguindo e respeitando todas elas, e conseguindo comunicar sua compreensão como percebe quais são suas percepções e sentimentos, possibilita uma relação de confiança. Com o tempo esta atitude vai se fixando no voluntário e se estendendo para fora dos limites do plantão para o cotidiano no dia a dia.

Precisa então mudar a forma de ver e abordar as pessoas?

Sim. Temos muitos pensamentos e atitudes próprias que dificultam esta abordagem. Esta postura necessita da nossa atenção e consideração total à pessoa, pois criam condições para que desabrochem posturas de aceitação e a compreensão em nosso íntimo e quando estas estão presentes na relação, o processo alcança o outro e possibilita sua própria compreensão, um "dar se conta de si ".

Aceitação e compreensão não é a mesma coisa?

A aceitação é um estado interior que permite ver as coisas como elas são e não de acordo com nossos estereótipos tão arraigados em nossa personalidade. A aceitação é um estado de não ter preconceitos; um estado de abertura ao o que é. Um reconhecimento decorrente do respeito pela pessoa ou pela coisa em si.

A compreensão é uma percepção decorrente de se deixar sentir colocando-se no lugar do outro ou dentro de uma situação. A comunicação desta compreensão acontece pelo estado de abertura e pela necessidade de trocar com o outro. Quanto mais desinteresse, honestidade e autenticidade presentes na comunicação, mais possibilidades para o outro se perceber.

Podemos dizer que esse trabalho exige atitudes pessoais do voluntário?

Enfocando o aspecto do "voluntario com ele mesmo", podemos assegurar que: Sem esforços e dedicação não se realiza nada, que o que é combinado com si mesmo, tem que ser cumprido e não se deixa para amanhã o que se pode fazer hoje.

Na prática,"Voluntariado" , "relação pessoa a pessoa" e "voluntário com ele mesmo" estão intimamente ligados e não se pode fazer um sem usar as outros.

Finalizando, temos algo a acrescentar ou ensinar sobre a prevenção ao suicídio?

Falamos pouco sobre o suicídio em si. Sabemos que é importante conhecer o assunto, mas não somos pesquisadores dessa matéria. Sabemos também que é importante que esse trabalho exista. Quando fazemos plantão, buscamos sentir, dentro de nossas possibilidades, o estado e o sentir da pessoa que está passando pela crise. Nossas limitações, nem sempre permitem que enxerguemos seus sentimentos com toda profundidade e significado, pouco podemos falar ou concluir a respeito deles, mesmo quando ficamos muito próximos. O sigilo daquilo que se ouviu torna-se imperativo. Entretanto, acreditamos que o trabalho é útil. Todos nos plantonistas já tivemos um retorno de muitas pessoas que explicitaram como foi importante para elas estarmos juntos naquele momento.

1983: troca de experiências no Conselho Nacional do CVV sobre as características do trabalho voluntário

OS 50 ANOS MAIS TERRÍVEIS E PROMISSORES DA HUMANIDADE

"Cerca de 3.000 pessoas por dia cometem suicídio no mundo, o que significa que a cada 30 segundos uma pessoa se mata, divulgou nesta segunda-feira a Organização Mundial de Saúde (OMS). Segundo a OMS, a média de suicídios aumentou 60% nos últimos 50 anos, em particular nos países em desenvolvimento". UOL Ciência e Saúde , 10 de setembro de 2007.

A ERA DA INFORMAÇÃO 1988-2012

1988- O arcebispo Desmond Tutu é detido juntamente com uma centena de clérigos, na Cidade do Cabo, África do Sul, durante os protestos contra restrições impostas pelo governo às organizações anti-apartheid. Chico Mendes é assassinado em Xapuri. Falecem o cartunista Henfil e apresentador Abelardo Barbosa, o Chacrinha. O escritor Salman Rushdie é condenado à morte pelo aiatolá Khomeini por causa de seu livro "Versos Satânicos". A Igreja Católica admite que o Santo Sudário, após testes realizados por universidades, é falso e que foi produzido no século 14.

1989- Morre o poeta Paulo Lemisnki. Queda do Muro de Berlim, em 19 de novembro, marca o fim da Guerra Fria. O ministro da Fazenda, Maílson da Nóbrega, anuncia o Plano Verão. Preços são congelados, o Cruzado perde três zeros e passa a se chamar Cruzado Novo. Encontro das Nações Indígenas no Pará, com a presença de 600 líderes indígenas torna-se protesto contra a construção de seis hidrelétricas na Bacia do Xingu. Falece o pintor espanhol Salvador Dali. Falecem a cantora Nara Leão, o compositor Luiz Gonzaga e o ativista político Luís Carlos Prestes. Milhares de estudantes chineses protestam na Praça da Paz Celestial, em Pequim, por liberdade e democracia.

1990- Morre o escritor cubano-americano Reinaldo Arenas. Nelson Mandela é libertado, após 28 anos de prisão, em função do apartheid. Falece no Rio o escritor Rubem Braga. Ayrton Senna é bicampeão mundial de Fórmula 1. A inflação acumulada do ano de 1989 foi de 1.782,90%. O Plano Collor decreta o bloqueio de cadernetas de poupança e contas correntes por 18 meses.

Salários e preços são congelados. A moeda volta a se chamar Cruzeiro. Falece o escritor Caio Prado Júnior.

1991- Morrem o músico Per Yngve Ohlin e o desenhista Anton Furst. Ocorre no dia 3 de outubro a reunificação da Alemanha. Um Golpe de Estado tenta derrubar o presidente soviético Mikhail Gorbachev. O jogador de basquete Magic Johnson anuncia que é portador do vírus da Aids. Entra em vigor o Código de Defesa do Consumidor. Zélia Cardoso de Mello deixa o Ministério da Fazenda. Falece o escritor Paulo Mendes Campos. As tropas aliadas sob o comando dos EUA começam a guerra contra o Iraque. É o início da operação Tempestade no Deserto e do maior bombardeio aéreo da história.

1992- Realização da Rio-92, Conferência Mundial de Meio Ambiente. Chacina na Casa de Detenção do Carandiru, em São Paulo. Grandes comemorações do aniversário de 500 anos da Descoberta da América por Cristóvão Colombo. A inflação acumulada do ano de 1991 foi de 480,2%. Rachel de Queirós publica " Memorial de Maria Moura". Falece o escritor Isaac Asimov. A Câmara Federal aprova o afastamento do presidente Fernando Collor.

1993- Primeiro atentado terrorista contra as torres do World Trade Center, em Nova Iorque, EUA. Seis mortos e dezenas de feridos. Ocorre no Rio, as chacinas da Candelária, na qual oito moradores de rua (sete crianças) foram assassinados; e de Vigário Geral com 20 mortos. Falece o cineasta italiano Federico Fellini.

1994- Morre, aos 27 anos, o vocalista Kurt Cobain. Falece após um acidente em Imola, na Itália, o piloto Ayrton Senna. A seleção brasileira de futebol torna tetracampeã na Copa do Mundo nos Estados Unidos. Falecem o escritor Charles Bukowski e o compositor Tom Jobim.

1995- Morrem o filósofo francês Gilles Deleuze, Ingo Schwichtenberg, baterista do Helloween, e o guitarrista Billy Jones, do The Outlaws. Terremoto de Kobe no Japão, mata mais de 6 mil pessoas. Atentado terrorista em cinco diferentes estações de metrô de Tóquio, com o uso de gás sarin, mata 12 pessoas. No Ruanda, dois mil refugiados hutus são mortos por soldados no campo de Kibeho. Astrônomos japoneses e americanos anunciam a descoberta de um gigantesco buraco negro em uma galáxia de forma espiral. Falece o sociólogo Florestan Fernandes.

1996- Morrem o escritor Eugene Izzi e a atriz Margaux Hemingway. A ovelha Dolly foi o primeiro mamífero a ser clonado com sucesso a partir de uma célula adulta. Acidente mata todos os integrantes do grupo de rock Mamonas Assassinas. Falecem o compositor e cantor Renato Russo, líder do grupo de rock Legião Urbana. Cerca de 3 mil famílias do MST (Movimento dos Trabalhadores Rurais Sem Terra) tomam a Fazenda Macaxeira (PA), promovendo uma das maiores ocupações de terras no país. Falece o escritor e jornalista e dramaturgo gaúcho, Caio Fernando Abreu. Numa de suas crônicas, o escritor faz uma oração pelos desesperados, rogando, entre outros, pelos que ligam para o CVV.

1997- Funeral da Princesa Diana em Londres, acompanhado por mais de um bilhão de pessoas pelo mundo. Morre o vocalista Michael Hutchence. É assinado o Tratado da União Européia, na cidade holandesa de Maastricht.

1998- Morre Jim Shepard, guitarrista do Lorca's Grave e do V-3. Dezenove nações européias proíbem a clonagem humana. O supercomputador "Deep Blue" derrota o campeão mundial de xadrez Garry Kasparov, em uma disputa de seis partidas. Falecem o antopólogo e senador Darcy Ribeiro e o educador Paulo Freire. Cientistas britânicos anunciam o nascimento de Dolly, primeiro mamífero clonado a partir de célula não-reprodutiva de um adulto. Falecem o escritor, dramaturgo e jornalista, Antonio Callado; e o cantor e compositor Chico Science. Falece Madre Teresa de Calcutá.

1998- Morre o cineasta Akira Korosawa. O cantor e compositor brasileiro Milton Nascimento recebe o prêmio Grammy na categoria World Music. Falecem os cantores Tim Maia, Nelson Gonçalves e Frank Sinatra. O filme "Central do Brasil", de Walter Salles, ganha o Urso de Ouro de melhor filme no 48º Festival de Berlim, e Fernanda Montenegro recebe o Urso de Prata por sua atuação, além de prêmio especial no Festival da Eurásia.

1999- A OMS lança o SUPRE, uma iniciativa mundial para a prevenção do suicídio. Falecem o poeta João Cabral de Melo Neto; o dramaturgo Dias Gomes; o compositor Zé Ketti e o dramaturgo Plínio Marcos. Falecem o atleta João do Pulo e Pietro Maria Bardi, criador do MASP.

2.000- O químico Paul J. Crutzen, Nobel de Química de 1995, propõe o Antropoceno e a Revolução Industrial como marcos para suceder o Holeceno iniciado há 11.750 anos. O Papa João Paulo II pede perdão pelos erros cometidos pela Igreja Católica nos últimos dois mil anos, entre eles a Inquisição e as Cruzadas; o desrespeito às outras religiões e culturas na catequização e a hostilização ao povo judeu. Pesquisadores do Projeto Genoma Humano seqüenciam a quase totalidade do genoma humano.

2001- Ocorre em 11 de setembro os atentados terroristas ao World Trade Center em Nova Iorque e no Pentágono em Washington, EUA. A ONU promulga o Ano Internacional do Voluntariado.

2002- A senadora Ingrid Betancourt, candidata à presidência da Colômbia, é sequestrada pelas FARC. O ex-operário e sindicalista Luis Inácio Lula da Silva é eleito o 35º presidente do Brasil.

2003- Explosão no Centro de Lançamento de Alcântara mata 21 cientistas brasileiros. EUA iniciam Guerra contra Saddam Hussein. Falece numa ação terrorista no Oriente Médio o diplomata brasileiro Sérgio Vieira de Mello. Falecem o pintor Cícero Dias, o comediante Rogério Cardoso e o jornalista e empresário Roberto Marinho.

2004- Criado o Orkut, site de relacionamentos do Google. O robô Opportunity, da NASA, recolhe imagens de um sistema rochoso, em Marte, que indica a existência de água no planeta. Um terremoto no Oceano Índico, seguido de Tsunamis provoca a destruição nos países do Sudeste Asiático. Estimou-se o número de mortos em 398.000 pessoas.

2005- Início do Fórum Social Mundial realizado em Porto Alegre, Brasil. O brasileiro Jean Charles de Menezes é confundido com terroristas e morto por policiais no metrô de Londres.

2006- Morrem em 26 de julho os adolescentes brasileiros, Vinícius e Yoñlu. Vinícius foi estimulado ao suicídio e auxiliado por pessoas anônimas na internet. Marcos Pontes, torna-se o primeiro cosmonauta brasileiro a ir para o espaço. Ataques e rebeliões espalhadas pelos estados de São Paulo, Paraná e Mato Grosso do Sul, atribuídos ao PCC, deixam mais de cem mortos.

2007- Morre o lutador Chris Benoit. O YouTube, até então somente em inglês, passa a ter versões em outros idiomas, incluído o português. A Apple lança o iPhone nos EUA. Falece na Inglaterra Sir Edward Chad Varah, fundador de Os Samaritanos. Jack Kevorkian é libertado de uma prisão de Michigan depois de cumprir oito anos sob acusação de assassinato em segundo grau. Ele disse que assistiu ao menos 130 suicídios.

2008- Morrem a adolescente Hanna Bond e o escritor David Foster Wallace. Bill Gates se retira da Microsoft para se dedicar a fins filantrópicos. O governo colombiano anuncia a libertação de quinze reféns das FARC, entre os quais Íngrid Betancourt. O CVV completa 46 anos com uma média de 1 milhão de atendimentos por ano, realizados por seus 2.500 voluntários atuando em 44 postos espalhados pelo Brasil.

2009- Morrem o cantor Michael Jackson, a atriz brasileira Leila Lopes e a britânica Lucy Gordon. Barack Obama e Joe Biden tomam posse como presidente e vice-presidente dos Estados Unidos da América.

2010- Morrem o estilista Alexander McQueen e o cineasta Mario Monicelli. A economista Dilma Roussef é eleita como 36º presidente do Brasil, tornando-se a primeira mulher a exercer esse cargo na história do país. Terremoto provoca grande destruição no Haiti, matando 230 mil pessoas, entre elas a brasileira e médica pediatra Zilda Arns Neumann, fundadora da Pastoral da Criança. Falece o escritor português José Saramago, único lusófono ganhador do Nobel de Literatura. O WikiLeaks divulga pela internet um grande volume de informações sobre violações de direitos humanos consideradas de interesse de Estado por alguns países. A Dignitas anuncia que já acompanhou 1.138 casos de turismo suicida na Suíça, cujos preços, segundo o jornal Telegraph, saltaram nos últimos três anos de 1.800 para 7 mil euros.

2011- Morrem o apresentador Gilberto Scarpa, a escritora Cibele Dorsa e a estilista Ana Abdul. O Brasil é surpreendido com ataque e morte de 12 estudantes numa escola pública de Realengo, no Rio de Janeiro. O autor do atentado, um ex-aluno da escola, suicidou-se no local. Os EUA anuncia o fim da caçada e a morte de Osama Bin Laden, apontado como o mentor dos atentados de 11 de setembro. Falece, aos 83 anos, de trombose pulmonar, o defensor do direito ao suicídio assistido Jack Kevorkian. Falecem a atriz Elisabeth Taylor, o compositor Billy Blanco e o escritor Moacy Scliar. Morre a cantora Amy Winehouse. Fome na Somália mata 29 mil crianças em 90 dias. Falecem os atores Ítalo Rossi e Sérgio Brito. Em São Caetano, na Grande São Paulo, um aluno de dez anos atira numa professora e se mata com um disparo de revólver. Centenário do nascimento de Sir Edward Chad Varah, fundador dos Samaritanos. Falecem o jogador Sócrates, a cantora Cesária Évora e o carnavalesco Joãozinho Trinta

2012- Segundo dados da ONU, população mundial cresce em uma velocidade jamais vista e chegando hoje a 7 bilhões (marca atingida em 31 de outubro passado). Em 2050, esse número deve alcançar 9,3 bilhões. Realização da Rio+20 – Conferência das Nações Unidas sobre Desenvolvimento Sustentável. Comemoração dos 50 anos da fundação do CVV. Os voluntários continuam a postos, oferecendo amizade e a esperança de um mundo mais compreensivo, fraterno e solidário.

Fontes: Almanaque Abril, Almanaque Folha; Wikipedia

CAPÍTULO V

CVV, BOA NOITE!

Quinto princípio/ Quinta prática

– *Quando o apoio solicitado for além do que o CVV está disponível e preparado para oferecer, a pessoa será esclarecida sobre os objetivos do trabalho.*

– *Os voluntários não interferem na vida das pessoas que não pediram ajuda diretamente ao CVV. Contudo, oferecem também o seu apoio e esclarecem àqueles que estão preocupados com o bem estar delas.*

A ORAÇÃO DO CRONISTA

(...) Passeia teu olhar fatigado pela cidade suja, Deus, e pousa devagar tua mão na cabeça daquele que, na noite, liga para o CVV. Olha bem pelo rapaz que, absolutamente só, dez vezes repete Moon Over Bourbon Street, *na voz de Sting, e chora. Coloca um spot bem brilhante no caminho das garotas performáticas que para pagar o aluguel dão duro como garçonetes pelos bares. Olha também pela multidão sob a marquise do Mappin, enquanto cai a chuva de granizo, pelo motorista de táxi que confessa não ter mais esperança alguma. Cuida do pintor que queria pintar, mas gasta seu talento pelas redações, pelas agências publicitárias, e joga tua luz no caminho dos escritores que precisam vender barato seu texto – olha por todos aqueles que queriam ser outra coisa qualquer que não a que são, e viver outra vida que não a que vivem.*

Não esquece do rapaz viajando de ônibus com seus teclados para fazer show na Capital, deita teu perdão sobre os grupos de terapia e suas elaborações da vida, sobre as moças desempregadas em seus pequenos apartamentos na Bela Vista, sobre os homossexuais tontos de amor não dado, sobre as prostitutas seminuas, sobre os travestis da República do Líbano, sobre os porteiros de prédios comendo sua comida fria nas ruas dos Jardins. Sobre o descaramento, a sede e a humildade, sobre todos os que de alguma forma não deram certo (porque, nesse esquema, é sujo dar-certo), sobre todos que continuam tentando por razão nenhuma, sobre esses que sobrevivem a cada dia ao naufrágio de uma por uma das ilusões (...)

Caio Fernando de Abreu *in Zero grau de Libra. O Estado de S. Paulo, 24/09/1986.*

ESTÁ TUDO BEM, TUDO NORMAL.

É praticamente impossível compreender a saudação "CVV, boa noite..." sem ter em mente a imagem de alguém utilizando um telefone para se dirigir ao interlocutor.

Essa herança tecnológica e cultural vinda da Inglaterra logo seria incorporada ao imaginário da grande metrópole onde funcionou o primeiro posto de atendimento samaritano no Brasil. Ela se espalharia rapidamente pelo país pela força da publicidade, tendo sempre o telefone como elemento coadjuvante na relação entre dois seres humanos que trocam palavras de ajuda ou, como se diz entre os voluntários, escuta compreensiva.

Quando o CVV foi fundado em São Paulo, já não existia mais na Capital aquela figura emblemática e intermediária da telefonista, a qual se solicitava uma ligação citando para ela o número de identificação da linha desejada. Essa função tipicamente feminina exercida inicialmente nas companhias telefônicas ainda permaneceu por muitos anos nas pequenas cidades do interior até que, com o avanço eletrônico, desapareceu gradualmente, pois os contatos tornaram-se diretos e mais rápidos, no mesmo ritmo veloz da engrenagem urbana e também das necessidades individuais, agora perdidas na multidão.

Ao descrever a importância do telefone na cultura contemporânea e sua oferta como produto de consumo indispensável na vida moderna, Nicolau Sevicenko (*História da Vida Privada no Brasil, Vol. 3, pagina 585*) destaca esse aspecto que seria profundamente associado à comunicação humana e que hoje atinge sua plenitude antropológica no uso da telefonia móvel:

> *(...) as pessoas podem despender um longo tempo se comunicando por meio de um impulso eletromagnético, sem ver a outra criatura, perceber a sua circunstância, inserida num espaço, mas à primeira tentativa de alguém de carne e osso se aproximar, tapa-se imediatamente o bocal do aparelho e enxota-se o invasor indesejável. O sinal telefônico, frouxo e surdo, distante e imaterial, sem cor, cheiro, substância ou forma, se preenche,no entanto, das pulsões cruas que neles projetamos".*

A marca CVV nasceu sob o signo imagético do telefone, um objeto considerado essencial para a oferta do serviço de apoio emocional. Enquanto estiverem vivas as gerações das últimas três décadas, essa imagem se manterá por muito tempo, mesmo que as novidades tecnológicas causem, como vem acontecendo, algumas alterações de hábitos nessa atividade de contato e escuta. Não poderia ser de outra forma, uma vez que o telefone é bem mais do que uma extensão técnica da voz e dos ouvidos humanos; ele proporciona também o conforto da privacidade e principalmente a oportunidade de estarmos disponíveis para ouvir quem está distante, não importando o lugar, o dia ou a hora.

Numa dessas noites frias da capital paulista, na rua Abolição,411, o telefone toca. Imediatamente o voluntário se dirige serenamente a alguém que está na linha para pronunciar a saudação que qualquer um deles falaria naquele lugar e naquela circunstância:

- CVV, boa noite!

- É o Valentim. Está tudo bem?

- Sim, está tudo bem!

- Eu só liguei pra saber se está tudo em ordem.

-Tudo normal.

A noite avança, fria e silenciosa. Há uma grande expectativa no ar. Tudo havia sido planejado nos mínimos detalhes. Seria a confirmação daquilo que todos já sabiam. O telefone volta a tocar:

- CVV, boa noite!

-Aqui é o Jacques.

- Ô Jacques...

- Tudo bem aí?

- Tá tudo bem.

- Tá precisando de alguma coisa?

- Não, não, tá tudo normal.

- Então tá bom.

O voluntário coloca o telefone no gancho, respira fundo e volta para a sua rotina de espera e expectativa. A noite parece estar mais silenciosa ainda e ele parece nem ligar para o frio que está lá fora. Agora simplesmente aguarda que telefone toque a qualquer momento e, portanto, não se surpreende quando isso volta acontecer:

- CVV, boa noite!

- Oi, é o Flávio. Tá tudo bem com você?

- Sim , tudo bem.

- Teve muitas chamadas?

- Até agora foram três!

- Três? Ahn.. bom, muito bom!

- Eram apoios ou informações?

- As duas coisas...

- Então tá bom. Qualquer coisa, estou acordado. Que horas são?

- Meia noite e vinte, vinte e dois...

- Tá cedo ainda...

Esses três diálogos ocorreram numa das datas mais memoráveis da história do CVV. Essa noite inesquecível foi aquela em que ocorreu a inauguração do Corujão, plantão que acontece madrugada a dentro , ampliando assim a oferta do atendimento 24 horas. Foi a realização de um antigo sonho de estarmos disponíveis nas horas mais críticas, quando a solidão se torna muito incômoda, quase insuportável. A experiência aconteceu numa dessas "noites longas e frias de São Paulo", no início da década de 1970. Os diálogos revelam não só o cuidado que sempre tivemos com os outros, mas também a preocupação incessante que têm os voluntários dos CVV com os próprios companheiros. Isso também não dá para esquecer.

Algumas décadas depois, reencontramos o voluntário que fez esse plantão histórico e que semanas antes fizera esse relato que acabamos de reproduzir para explicar a dificuldade de classificar e quantificar precisamente os tipos de chamadas que o CVV recebe nos postos. Ao perceber a sua chegada para uma reunião do Conselho Diretor, sábado de manhã, na mesma casa da rua Abolição, o saudamos:

- Oi, Alan, tudo bem?

E ele responde firme e impassível, porém sorridente e sempre fraterno, como naquela noite memorável:

- Tá tudo bem. Tudo normal. E você, como anda?

O CVV NA MÍDIA E NO IMAGINÁRIO POPULAR

Quem conheceu o CVV nos primeiros tempos e acompanhava suas campanhas publicitárias pela TV e mídia impressa, logo aprendeu a associar a entidade ao velho telefone preto e à logomarca dos primeiros anos de atuação: um salva-vidas. Foi uma marca de forte impressão psicológica, desenhada em preto e branco, sugerindo um ar de gravidade e passando uma imagem de que o trabalho possuía conotação corporativa, paramédica ou paramilitar (como os bombeiros), realizando, dessa forma, missões perigosas e muitas vezes de êxito impossível.

No início desse trabalho, essa analogia foi vista até com naturalidade pelos voluntários, fazendo-os sentir mais importantes e mais seguros no cumprimento de seus plantões. Tudo indica que, à medida que tal imagem foi sendo socialmente divulgada, a opinião pública passou a fazer uma associação idêntica e contribuindo, nesse sentido, para construir um imaginário ousado e heróico sobre os chamados "plantonistas" do CVV. Embora a imagem não fosse ruim ou negativa, continha aspectos os quais poderiam comprometer a simplicidade e os objetivos verdadeiramente essenciais da instituição.

Na verdade toda essa narrativa de significação folclórica e imagética sobre o CVV serviria de fonte motivadora de muitas adesões e admiradores do heroísmo; mas afastaria grande parte dos atendidos os quais confiavam no respeito incondicional que a entidade e os voluntários conserva até hoje pelos suicidas.

Seria preciso abandonar essa imagem comprometedora e encontrar algo que traduzisse o espírito mais fraterno e confiável. A mudança foi sugerida e também conduzida pelo jornalista Valentim Lorenzetti, cuja percepção aguçada e cuidadosa rapidamente compreendeu a enorme dimensão social do trabalho de prevenção do suicídio. Voluntário como todos os demais , mas como dirigente de relações públicas da entidade, possuía obrigação de enxergar mais longe e com um olhar mais apurado essa ampla questão ética. Na época, muitos voluntários lamentaram essa mudança de marca e até hoje alguns lembram dela com um certo saudosismo.

Como vimos, depois que o CVV passou a ser uma instituição areligiosa, muitos militantes também se afastaram da entidade, certamente frustrados por não poderem mais fazer proselitismo doutrinário aos atendidos. A compaixão pelos suicidas que não aceitavam a ideologia falou mais alto.

A primeira logomarca do CVV : conotação salvacionista

Valentim sugeriu também que essa mudança fosse acompanhada pela troca da logomarca, adotando-se um coração em formato de telefone e o azul claro como cor dominante na comunicação visual do CVV. Questionado sobre isso, explicou que nenhum voluntário, muito menos uma instituição com tal responsabilidade poderia ter essa pretensão salvacionista. A simplicidade do gesto de ajuda e a proximidade do afeto humano não poderiam ser ofuscados por imagens não sinceras a respeito das intenções dos voluntários. Qualquer mudança de comportamento deveria partir sempre de quem está recebendo ajuda e nunca, em hipótese alguma, por quem está oferecendo ajuda. Muitos suicidas procuram o CVV porque sabem que os voluntários, embora discordando, respeitam profundamente seus sentimentos auto-destrutivos. Isso não é apenas uma postura doutrinária e sim uma realidade confirmada constantemente nos atendimentos, discretamente revelada nas reuniões de treinamento dos voluntários, obviamente preservando a identidade e privacidade dos atendidos.

Essa foi uma das mais significativas experiências que o CVV desenvolveu com relação à opinião pública e esse foi um dos motivos pelos quais os publicitários se apaixonaram pela sua causa humanitária.

Os redatores de agências de propaganda sempre ficam intrigados ao tentar criar uma campanha na qual um serviço de prevenção do suicídio tem uma postura aparentemente contraditória ao aceitar e acatar, sem alardes, a decisão de um atendido tirar a própria vida. Criar uma anúncio nessa perspectiva existencial é tão desafiador quanto interpretar a mente de um artista de vanguarda ou um paradigma revolucionário. Os primeiros que tentaram essa desafio acertaram em cheio e criaram peças que se tornaram verdadeiras obras-primas da criação publicitária, gerando uma cultura de referência para os que viriam depois.

Reconhecidamente, os criadores do salva-vidas foram extremante criativos ao captar a expectativa dos anunciantes naquele contexto e do público-alvo daquela época. Nesse sentido de desafio, a campanha criada voluntariamente pela CBB&A (ver anexo 8) foi algo indescritível e até hoje fascina os estudiosos da propaganda e impressiona os membros do CVV pela sua atualidade desafiadora. A imagem fixa do telefone nas mídias impressas ou da mão discando nos filmes para a TV, e ainda o ruido do disco telefônico para o spot de rádio, foi a espinha dorsal dos anúncios.

Já os textos impressos foram todos impecáveis e profundamente centrados na filosofia e na ética voluntária do CVV, prontamente tranformados em cartazes com letras fortes, com média de 15 a 20 palavras direcionadas aos atendidos. Quem passava os olhos naqueles cartazes grandes ou anúncios de página inteira nas revistas e jornais não resistia em ler o enunciado daquele número de telefone em destaque:

"Há quanto tempo você não desabafa?"

Ou então:

"Mesmo que você não dê muito valor à sua vida, nós damos".

Para arregimentar voluntários foram escolhidas 16 atividades profissionais mais comuns na sociedade e que poderiam ser mais facilmente sensibilizadas com os apelos altamente comovedores, com essa chamada direcionada aos próprios publicitários:

"Você que é publicitário, venha criar uma nova perspectiva de vida para alguém que não quer mais saber de promessas"

E justificava assim o título do cartaz:

"Você não imagina o que tem de gente triste, solitária e angustiada nesta cidade. Para que o CVV possa ajudar essas pessoas ele precisa de voluntários. Gente saiba ouvir um desabafo. Você não precisa ter nenhuma experiência. Nem precisa ter muito tempo disponível: quatro horas e meia por semana são mais do que suficientes. A única coisa que o CVV espera de você é compreensão, carinho e vontade de ajudar. Venha ser voluntário do CVV. Os tristes, solitários e angustiados antecipadamente agradecem".

O resultado foi mais do que um simples exercício de criatividade e talento: transformou-se num verdadeira máquina multiplicadora de números estatísticos e forte impacto de interesse social pelas atividade do CVV. A própria entidade descreve no seu Manual do Voluntário os resultados dessa memorável campanha histórica:

"O número de plantonistas quadruplicou e o atendimento no posto central (rua Abolição) teve um crescimento da ordem de mil por cento. De uma média de 40 telefonemas diários, passou para 400 nesse posto".

A criação da campanha foi da jovem redatora Christina Carvalho Pinto, publicitária que faria carreira brilhante no universo nacional e internacional da propaganda. Mesmo tendo trilhado os caminhos da gestão e do empreededorismo (foi executiva da Yung & Rubican e hoje preside o grupo Full Jazz), Christina não perdeu as raízes artísticas e humanitárias as quais marcaram sua trajetória iniciada em 1969. Sua última criação foi uma conhecida campanha anti-drogas na qual esclarece o vínculo entre o consumo aparentemente inofensivo e o complexo eixo da violência; recentemente criou o programa de TV Novos Tempos no qual expressa toda sua afinidade com os temas que vão dar o tom da sociedade do Terceiro Milênio: mídia ética e construtiva, sustentabilidade e demandas socio-ambientais, reconstrução da vida no planetária e da nossa capacidade de renascer, disseminação valores positivos e expansão sem limites da consciência.

Nâo foi à toa nem coincidência que do seu perfil humanitário tenha brotado as ideias materializadas nos melhores anúncios do CVV de todos os tempos e que serviram de inspiração para os demais. Ao recordarmos esse trabalho, homenageamos também todos os comunicadores que escolheram o CVV para expressar seus mais profundos sentimentos de amor e confiança na experiência humana. Como já dissemos, não existe peça publicitária de temática humanista na qual um anúncio sobre o CVV não seja lembrado como paradigma de criatividade. Devemos isso a Christina e a seus inquietos colegas de profissão.

Cristina Carvalho Pinto, criadora da campanha do CVV em 1978

VALENTIM LORENZETTI

A presença do CVV nos meios de comunicação de massa teve início no final da década de 1960 e foi uma prova de que a sua existência era questão de saúde pública e também uma resposta às necessidades de uma sociedade a qual dava os primeiros sinais de esgotamento emocional.

Em março de 1968, surge talvez o nosso primeiro material na imprensa: um artigo na revista Visão.

Entre agosto e setembro do mesmo ano, ocorreu um fato até então inédito no Brasil: uma onda de suicídios em São Paulo, desencadeada pela divulgação sensacionalista do primeiro caso (ver anexo 1).

Em 1969, depois dessa sucessão de cinco casos seguidos de suicídio intensamente noticiados nos jornais paulistanos, veio a melhor notícia recebida pela entidade desde a sua fundação. E inverte-se a situação: o jornal O Estado de São Paulo publicava uma página inteira com uma matéria sobre CVV.

No mês de maio foi a vez da revista Realidade, a qual publica um longo material de sete páginas falando de prevenção do suicídio e do CVV.

Nessa época já existia uma preocupação interna com a responsabilidade da divulgação de informações sobre o CVV, escolhendo pessoas e veículos sérios para realizar esse delicado trabalho.

Dois anos antes dessa onda de suicídios e excessos da imprensa, ingressou na entidade o voluntário que seria nos próximos 20 anos o nosso principal colaborador na área da comunicação e que mudaria totalmente a nossa forma de relacionamento com os produtores, os meios e os receptores das nossas mensagens. Como se disse, era o jornalista e relações públicas Valentim Lorenzetti, que havia feito carreira em empresas como Folha de São Paulo e J.W. Thompson. Foi nessa grande agência de propaganda e marketing que Valentim Lorenzetti provavelmente conheceu Renato Castelo Branco, fundador da CBB&A (Castelo Branco, Borges e Associados), patrocinadora da célebre campanha do CVV em 1978, criada por Christina Carvalho Pinto. Essa agência, formada essencialmente por ex-publicitários da JWT, tinha o bom hábito de criar campanhas gratuitas para entidades de pequeno porte e causas sociais. A CBB&A também criou, por exemplo, a campanha da AESP-Associação de Empregados Domésticos de São Paulo e do Projeto Rondon (Integrar para não entregar). Naquela época, a publicidade era tratada como arte e seus profissionais tinham estreitos vínculos com o mundo artistico. Renato Castelo Branco e outros profissionais de comunicação fizeram parte em 1951 da criação da Escola de Propaganda Marketing do MASP, do qual foi professor e conselheiro.

Valentim Lorenzetti (em pé ao centro) e Jacques Conchon na CBB&A no lançamento da campanha de 1978

A partir desse fato inesquecível, o CVV pôde crescer e responder à altura tudo aquilo que a sociedade e as pessoas em si esperavam de uma instituição de prevenção do suicídio. Valentim dialogava, preparava terrenos, abria portas, "apagava incêndios", atraía e travava amizades duradouras, tudo com muito profissionalismo e transbordando o espírito samaritano. Dessa forma, ingressamos confiantes e serenos na grande mídia impressa, no rádio, no cinema e finalmente na televisão, o maior fenômeno de comunicação do século XX.

Num artigo publicado na revista exame (v. 21, n. 19, p. 154, set. 1989), ele definiu o que era imagem, como se constrói e principalmente como se preserva aquilo que chamou de " o maior ativo da empresa":

"Por um bom produto não se podem até ignorar normas simples de convivência social, como por exemplo o respeito à comunidade e à natureza. Se todos concordamos que vivemos num mundo interdependente, não podemos, aqui no Brasil, ficar apenas achando graça do movimento ecológico da Inglaterra, que publica em livro a relação de lojas que fabricam móveis feitos com madeira de florestas tropicais que o mundo quer preservar. Lojas essas, de nome respeitável, que começam a sentir o boicote do consumidor".

Mais adiante exemplifica como levava a sério o assunto, ainda que tivesse de dizer palavras duras ao cliente, exatamente como tratou o assunto no CVV:

"Construção de imagem é trabalho permanente, coerente e planejado. Exige exercício contínuo do diálogo com todos os públicos, funcionamento incessante de pontes de duas mãos, trânsito livre de informações objetivas. "Quero que minha empresa apareça de forma positiva pelo menos uma vez por semana num grande jornal de São Paulo ou do Rio de Janeiro", dizia-me há tempos um grande empresário paulista. "Muito bem", eu lhe respondi. "Acontece que, enquanto esperava na recepção pelo senhor, que se atrasou meia hora no compromisso agendado, fiquei conversando com a recepcionista e ela não soube informar-me nada a respeito da empresa e dos produtos fabricados. Tive até a impressão de que aqui se fazem negócios escusos, meio secretos. Antes de o senhor aparecer na imprensa, não seria bom dar mais atenção ao seu público mais próximo, seu empregado?"

O CASO VERDADE

Entre 1982 e 1986, a Rede Globo reeditou um antigo programa criado por Walter Avancini em 1976, chamado Caso Verdade. A nova versão, criada para fazer frente ao Povo na TV (apresentado por de Hilton Santos na TVS), já dirigida por Paulo José, teve como roteiristas Walter Negrão e Eloi Santos, além de um apresentador e também narrador dos episódios. Foram apresentadas histórias reais, dramatizadas por um elenco variado e exibido em cinco episódios, de segunda a sexta-feira, às 17 horas. O Caso Verdade misturava jornalismo, documentário e dramatização, no qual os personagens reais apareciam numa entrevista incluída no episódio final.

Entre os casos relatados, a partir de cartas enviadas pelos telespectadores, surgiu **Disque CVV para viver**. O título escolhido pela direção certamente foi uma inversão proposital de Disque M para matar (*Dial M For Murder*), filme de Alfred Hitchcock de 1954, estrelado por Ray Milland, Grace Kelly, Robert Cummings, John Williams. O supense de Hichcock falava de um assassinato por encomenda da esposa de um tenista famoso. Já a nossa história era de uma mulher a qual passava por grave crise pessoal e que procura um posto CVV para obter ajuda. No episódio inicial, apareceu um voluntário ao telefone recebendo o chamado da personagem principal - em situação aflita e aparentando desespero - sendo acolhida para uma conversa de apoio. No final da trama, narrada em episódios de 25 minutos, a mulher aparece completamente transformada, com aparência alegre e quilibrada, agora como voluntária da própria entidade na qual recebera a ajuda que talvez tenha salvado sua vida.

Nem seria preciso confirmar a veracidade de tal abordagem jornalística e teledramática, uma vez que muitos dos voluntários os quais se dedicam direta ou indiretamente a contribuir com horas do trabalho nos postos de ajuda do CVV receberam para si ou para pessoas próximas o apoio oferecido pelos atuais companheiros de plantão. Mesmo aqueles que, por um motivo ou outro, se desligam formalmente da instituição, continuam contribuindo de alguma forma para manter viva a chama dessa atividade e principalmente os vínculos afetivos construídos nas preciosas e instrutivas atividades de plantão, reuniões de trabalho, encontros de estudos, festas de confraternização e promocionais, viagens de congressos, enfim, doces momentos de gratidão por estarem fazendo algo tão importante para si e para os outros, de auto-iluminação e também de aprendizagem.

O episódio do Caso Verdade sobre o CVV, levado ao ar de 7 a 11 de junho de 1982, foi dirigido por Walter Campos e com o roteiro de Walter

Walter Negrão, roterista de Disque CVV para Viver

Negrão, que antes manteve um longo contato com dirigentes e voluntários para conhecer tudo aquilo que seria transposto para a linguagem teledramática. Não era somente um trabalho técnico, mas principalmente uma abordagem artística de quem conhecia profundamente o sofrimento humano. O roteirista e autor de novelas que, quase sempre, revela as marcas urbanas das grandes cidades, sabia que o CVV , como muitas outras coisas, tinha um rosto essencialmente paulistano. Recentemente, numa carta de despedida, a atriz Leila Lopes deixou uma lista de agradecimentos para pessoas que provavelmente ofereceram seus ombros nos momentos mais difíceis, antes que se consumasse o seu suicídio. Walter Negrão e sua esposa estão nessa lista e isso não pode ser somente uma coincidência. Foi ele também quem promoveu o encontro histórico entre Elis Regina e Adoniram Barbosa, realizado numa padaria do Sumaré e que mais tarde seria encenado num botequim do bexiga regado à música e feijoada.

Lembramos de uma reunião feita em um sábado ou domigo pela manhã, bem cedo, na rua Genebra, 178, quando o Valentim nos contou sobre sua conversa com Walter Negrão, para tratar dos últimos detalhes e revisão do texto final que iria ser utilizado nos episódios. A trama, o elenco e sua atuação foram assim descritos na página Memória da Globo (globo.com):

"Narra a história de Maria (Maria Cristina Gatti), uma jovem sem recursos que é ajudada pelo CVV-Centro de Valorização da Vida. Maria era uma jovem insegura, que

sofria por não se achar bonita e por inúmeras desilusões amorosas. Com a morte de seu pai (Oswaldo Louzada), seus problemas aumentam e sua vida se transforma num tormento. Depois de tentar o suicídio por três vezes, Maria consegue mudar o rumo de sua vida, graças ao apoio de Ana (Ada Chasehov), uma atendente do CVV. A carta narrando a história de Maria foi enviada à Rede Globo por uma plantonista do centro. O episódio foi reapresentado em janeiro de 1983, num compacto de uma hora de duração".

Na mesma página, consta o nome dos artistas participantes do teledrama: a atriz veterana Ilva Nino e José de Abreu, representando o papel do Dr. Campos.

O apresentador escolhido para narrar os episódios foi o ator Paulo Figueiredo, antigo admirador do CVV, que aparecia em frente da casa número 411 da rua Abolição. Como sempre ocorre quando o CVV é alvo de divulgação nos grandes veículos de comunicação, a exibição teve enorme impacto na ampliação dos atendimentos nos postos de todo o Brasil e também no aumento do número de voluntários.

O POETA E O BEXIGA

O CVV nasceu em São Paulo, na região central da cidade, local onde se concentram as multidões para trabalhar durante o dia e também os mais pobres e rejeitados que não conseguem acompanhar o ritmo competitivo e dinâmico da metrópole.

Entre uma sala e outra, entre um lugar perto ou distante, o grupo sempre se instalava numa das ruas próximas ou então na própria Bela Vista ou Bexiga, antigo bairro dos boêmios de todos os cantos do País e que ali vieram tentar a difícil vida moderna da paulicéia.

No início século XIX essa região era selvagem, de matas fechadas e riachos, onde se praticava a caça e também se refugiavam escravos fugitivos. Entre esses o índice de suicídios era altíssimo, sobretudo no período final da escravidão, como atesta esses dados de uma historiadora paulistana:

Lilia Moritz Schwarcz (1987) apresentou estudo histórico-antropológico sobre as diversas imagens do negro veiculadas pelas notícias publicadas em três importantes jornais de São Paulo - Correio Paulistano, Província de São Paulo e Redempção - no final do século XIX. As imagens identificadas foram: o negro violento, o negro dependente, o negro feiticeiro, o negro degenerado (em especial, depois da década de 1880) e o negro suicida. Observa a autora que suicídios de escravos ocupavam com freqüência a seção de notícias dos citados periódicos, sobretudo no final da década de 1870, quando apareciam quase diariamente, sendo poucos os casos em que se indicavam dúvidas sobre sua veracidade. Outro aspecto apontado é a preocupação em negar a participação do senhor nessas ações. Com relação às motivações atribuídas aos suicídios dos escravos, Schwarcz analisa que, apesar de muitas vezes não se saber a causa do ato, buscava-se explicá-lo a partir das atitudes da vítima, de seus vícios e maus costumes (como embriaguez); o 'desespero' (por exemplo, quando um escravo em fuga se matava) e a loucura também aparecem como explicações (p.129-130).

SCHWARCZ, Lilia Moritz. Retrato em branco e negro: jornal, escravos e cidadãos em São Paulo no final do século XIX. São Paulo: Companhia das Letras. 1987. Citado por Saulo Veiga Oliveira e Ana Maria Galdini Raimundo Oda en "O suicídio de escravos em São Paulo nas últimas duas décadas da escravidão". Unicamp

No final do século, há registros de uma grande área territorial denominada Chácara do Bexiga, cujo nome suscita origens diferentes como o sobrenome do seu proprietário ou as bexigas causadas pela febre amarela do qual eram portadores muitos escravos e outros marginalizados que ali habitavam.

Nas primeiras décadas do século XX, o bairro adquire o sotaque dos imigrantes italianos, o que contribui muito para a sua rápida urbanização em todos os sentidos. Um recente estudo realizado pela Universidade de São Paulo-USP (com dados coletados entre 1996 e 2005) apontou os bairros centrais de São Paulo têm o dobro das taxas de suicídio dos bairros da periferia. Da lista de 18 regiões pesquisadas, a Bela Vista ocupa o terceiro lugar, ficando atrás apenas do Alto de Pinheiros e Barra Funda. As causas apontadas para esses números elevados são, segundo os pesquisadores, as mesmas tendências registradas em outros países: nas regiões mais ricas (o caso do Alto de Pinheiros) a taxa de suicídios é sempre maior; nas regiões centrais se concentram as pessoas mais solitárias (solteiros e separados). Além dessas características sócio-econômicas, pesa também outro fator de grande influência: a perda das características culturais, já que nesses bairros concentram-se também as comunidades estrangeiras e provenientes de outras regiões do país. O choque de culturas e a complexidade da vida nas metrópoles causam uma grande dificuldade de adaptação dessas pessoas. Nesse período estudado pelos pesquisadores ocorreram 4.275 mortes por suicídio

Cremos que não tenha sido uma coincidência que o CVV tenha escolhido para se estabelecer, por determinação social ou do destino, no

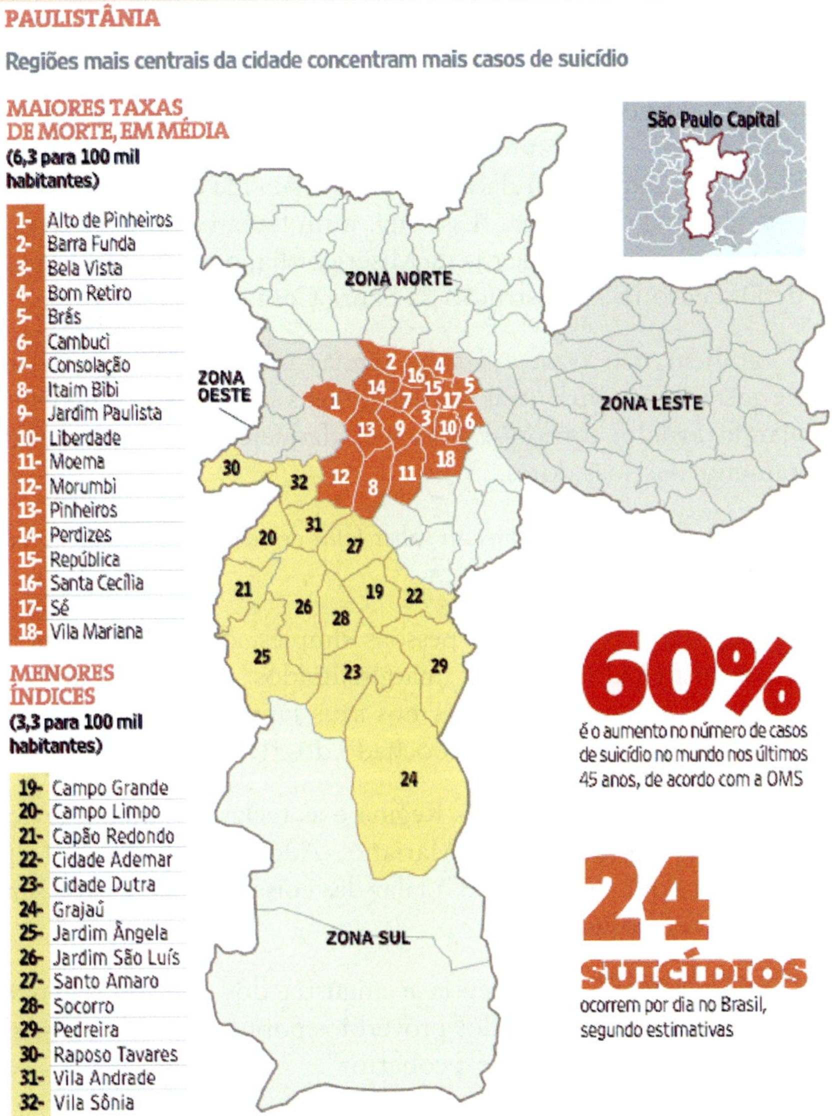

Infografico da Folha de São Paulo ilustrando a psquisa feita pela USP

mesmo bairro onde circulou e cantou Adoniram Barbosa, um dos mais autênticos e significativos poetas da cidade.

Alma simples e ao mesmo tempo maliciosa, do interior (seu nome verdadeiro era João Rubinato e era descendente de camponeses venezianos instalados em Valinhos), o poeta absorveu tudo aquilo que as multidões simplórias, migrantes e imigrantes, viviam nas ruas paulistanas nos anos que antecederam e sucederam a fundação do CVV e sua ida definitiva para a rua Abolição, no coração do Bexiga. Essa rua, num loteamento de terrenos de 1890, tinha o sugestivo nome de rua da Misericórdia, pois ali previa-se, desde o tempo de D. Pedro II, a construção da Santa Casa de São Paulo.

Esse também não pode ter sido apenas um encontro casual entre pessoas que gostariam ouvir outras falarem de seus sofrimentos e alguém que, mesmo falando errado, tornou-se porta-voz daqueles que não conseguem falar abertamente das suas dores.

"A pessoa, pra falar errado, precisa saber falar errado. Se não souber é melhor não falar errado".

Com essa frase, o poeta das pessoas simples, dos boêmios, tristes e brincalhões e principalmente dos marginalizados das ruas paulistanas, tentou explicar os erros de português nos seus famosos sambas, a maioria popularizados pelo jeito italiano e debochado dos Demônios da Garoa.

Entretanto, com a gaúcha Elis Regina e as teclas melancólicas do seu parceiro paulistano Cesar Camargo Mariano, Adoniram readquiriu alma e grandeza de artista que sabe e precisa falar das coisas que as pessoas sentem e não sabem como dizê-las.

Em Saudosa Maloca, ele revela a angústia dos eternos sem-teto da cidade e evoca o mais verdadeiro dos provérbios populares sobre a justiça e a felicidade: "Deus dá frio conforme o cobertor".

Em Iracema, ele desabafa a tristeza de alguém que perdeu sua amada num atropelamento das ruas perigosas e congestionadas da Capital: *"Chorei, eu chorei de dor porque, Iracema meu grande amor foi você..."*

Sobre esse samba, Adoniram reconheceu em Elis Regina a sua melhor intérprete declarando logo depois de ouvi-la na gravação de um programa de TV:

"Muito bem, muito bem! Não é porque o samba é meu, não, mas você canta como eu quero, canta gostoso, como eu quero... porque você leva as coisas a sério... não canta assim pra fazer gracinha, não. Não tem graça, o samba, tem? É um drama... um drama... Cê tá certa. Nota onze e meio!"

E, finalmente, em Trem das Onze, a solidão dos que moram longe ou em lugar nenhum, e talvez usem como desculpa a preocupação de uma mãe que já se foi ou que nunca tiveram: "Minha mãe não dorme enquanto eu não chegar. Sou filho único, tenho minha casa pra olhar".

A década de 1960, na qual o CVV surgiu em São Paulo, talvez tenha sido também os piores anos da vida de Adoniram Barbosa. A cidade muda a paisagem e também os seus costumes. A garoa vai desaparecendo lentamente para dar lugar ao calor do asfalto. A cidade cinzenta busca agora as cores da modernidade abstrata, geométrica ou psicodélica. O paletó, a gravata, o chapéu, a capa e o guarda-chuva vão sendo abandonados pelos cantos, juntamente com os velhos mancebos de madeira. Antigas profissões como sapateiros e alfaiates também vão desaparecendo e surgem grandes lojas de departamentos. As populações dos becos e cortiços do centro começam a ser expulsos para periferias cada vez mais distantes do coração da metrópole. O próprio Adoniram foi morar em Cidade Ademar, bairro recém loteado na zona sul da cidade.

No mundo das artes e da comunicação, as mudanças também seriam implacáveis. Foi o período da decadência dos programas tradicionais de

Adoniram Barbosa

rádio e do crescimento da televisão no Brasil. A difícil carreira de Adoniram, construída ao lado de Osvaldo Molles, parecia atingir o grave momento de prova, quando passa a viver sem função definida e com um pequeno ordenado da Rádio Record. Pobre e esquecido, o poeta viu essa década acabar bem cinzenta quando soube que o provedor artístico e velho amigo Molles, endividado e desiludido, cometera suicídio com um tiro na cabeça. Reynaldo C. Tavares (*Histórias que o Rádio Não Contou*) explicou assim a triste partida do jornalista :

"Shakespeare dizia que "há mais mistérios entre o céu e a Terra do que possa imaginar nossa vã filosofia"; é verdade. Por exemplo, atravesso bem aqui, diante do leitor, um desses mistérios. Oswaldo Molles, quando resolveu deixar este mundo, o fez por suas próprias mãos, e, por mais que busquemos, não encontramos uma razão que justifique seu ato".

O último trabalho que haviam feito juntos foi o sugestivo e profético samba Tiro ao Álvaro (*Teu olhar mata mais que bala de carabina, que veneno istricnina, que peixeira de baiano. Teu olhar mata mais que atropelamento de automóvel. Mata mais que bala de revólver...*).

Osvaldo Molles, nascido em Santos e criado com extrema dificuldade pela mãe no bairro paulistano do Pari, foi uma usina de ideias e textos, porém, como observou Paulo Vanzolini, era também pessoa muito comum e tinha uma queda pelas fortes paixões. Coincidência ou não, em 1968, talvez ainda influenciado pela tragédia do redator santista no ano anterior, Vanzolini compôs o Samba do Suicídio para concorrer na I Bienal do Samba, evento paulistano criado pela TV Record em parceria com famosos cronistas cariocas. Na mesma Bienal possuía outras composições com títulos não menos curiosos como o Samba da Vida (de Miguel Gustavo), defendido por Araci de Almeida; e Samba de Protesto (de Herivelto Martins), interpretado por Agnaldo Rayol. Entretanto, o longo e sarcástico samba de breque composto pelo célebre autor de Ronda foi cantado por Luiz Carlos Paraná e logo no início parecia relatar a própria história de Molles:

"Que eu andei mal não é segredo/Duro como um rochedo/E jogando sem sorte/Poeta de morte no esporte/E no amor sempre mau sucedido/Um dia abatido pegando jornal/Pra me servir de colchão/Ao estendê-lo no chão/ Li uma notícia que confirmou a minha opinião/Estava dura e nana 18 suicídios naquela semana..."

O destino de Oswaldo Molles foi vaticinado por um professor-padre, o qual repetia que nunca venceria na vida. Sobre essa previsão revidava com sarcasmo dizendo que não queria vencer mesmo, pois a vida não era corrida de cavalos para ser vencida. Dizem que o parceiro de Adoniram expressava essa afinidade com o fracasso por meio de uma teoria debochada e invertida da evolução espiritual e da reencarnação, afirmando que dávamos os primeiros passos como Homens, bem distantes de Deus, e somente depois atingíramos a perfeição, passando antes pelo reino animal até finalmente virarmos plantas. Adoniram o tinha como alguém muito especial a quem guardava um uma enorme gratidão:

> *"Conheci o Molles no Correio Paulistano, na Rua Libaro Badaró. Este foi meu grande amigo. Morreu, coitado. Este cara não existe outro igual, nunca vai haver outro igual a Oswaldo Molles. O cara era 100%. Criou tipos pra mim, ele via em mim uma coisa pra ele, entendeu? Era recíprocro. Então eu dizia uma coisa e ele achava graça..."*

Adoniram só seria reconhecido pela mídia depois redescoberto em meados da década de 1970, fato que pouco mudou sua rotina de homem conformado, cujo humor sarcástico seria uma forma de disfarçar sua desilusão com o mundo. Em 1973, talvez como uma provocação do destino, recebeu a incumbência de interpretar o papel de um pescador na primeira versão da novela Mulheres de Areia, de Ivani Ribeiro. Sobre uma homenagem que lhe fizeram num desfile de escola de samba declarou: "Eu não senti nada. Eu sofri tanto que estou calejado. Pra mim tá tudo bom. Não sofri, não senti nada. Pode me homenagear o quanto quiser que tudo bem. Não tenho emoção nenhuma".

Inúmeras vezes utilizamos essa genialidade melancólica de Adoniram para conversar com voluntários do CVV e seus convidados (amigos e familiares) sobre esses e muitos outros assuntos da vida. O pretexto foi oferecer um curso, mas a intenção de verdade era colocar em prática o hábito de falar de nós mesmos por meio de processos simples e despojados, como os personagens desse poeta popular. A música escolhida para quebrar o gelo foi Saudosa Maloca (na voz de Elis, é claro) e tudo saiu exatamente como todos gostariam que fosse. Nem lembramos que a cantora e o poeta já haviam partido desse mundo muitos anos antes daqueles momentos, ambos no ano de 1982. Para nós, ainda estavam vivos e bem próximos. Todos ali tinham cama, cobertor e comida, enfim, tudo aquilo que consideramos importante para viver. Mas chegamos a simples conclusão que não tínhamos o essencial, ninguém estava preparado para sair de casa, fechar a porta e não mais voltar, seja lá por qual motivo fosse. Então, todos nós choramos e sentimos a dor de quem não tem nada e nenhum lugar para ir. Isto aprendemos com Adoniram e Elis.

O DESABAFO DE SÉRGIO BRITTO

O CVV já se tornou parte do imaginário cultural dos brasileiros, sobretudo dos que estão nas grandes cidades e convivem diariamente com os problemas típicos dos centros urbanos e da sociedade de massas. Prova disso são as comparações que se faz entre ele e as coisas da vida cotidiana da população.

Não é incomum o comentário dito por alguém ao observar duas pessoas trocando confidências: "Estão de segredinhos ou estão fazendo um CVV?". Significa obviamente que estão tendo uma conversa sigilosa e um desabafo, situações que logo identificam os voluntários e o serviço oferecido nos postos do CVV. Isso quando não se usa a expressão "Liga para o CVV!" para caracterizar uma situação de dificuldade e desespero, seja em tom de brincadeira e ironia, seja como sugestão realmente necessária.

LP Sérgio Britto

A música do compositor Sérgio Britto, membro da banda Titãs, denominada "CVV, Boa Noite!", não indica diretamente nenhum tipo de atividade exercida pela entidade, pois a letra é uma sucessão de ideias aparentemente confusas e sem sentido lógico. Entretanto, o narrador não está apenas falando consigo mesmo, mas também se dirigindo a alguém que o está ouvindo com atenção e que já conhece as razões e principalmente os sentimentos que estão sendo comunicados nos versos repetidos e incômodos. Cada frase corresponde a uma emoção e um sentimento que pode ser compreendido e respondido prontamente por quem está ofertando essa atenção especial. Britto também é o autor e intérprete da canção "Epitáfio" na qual o narrador faz, em forma de desabafo, um triste comovente balanço existencial. Não é preciso ser analista literário para entender que o título revela uma despedida de alguém altamente desiludido, que já morreu, física ou existencialmente, lamentando coisas que deveriam ter sido feitas ou ditas num tempo que não tem mais volta. Situação sempre preocupante para todos que admiram esse artista e que já possuem laços afetivos com a sua obra, porque nunca se sabe se o poeta está falando de si mesmo ou de alguém próximo que também o faz sofrer. A verdade é que esse compositor, mesmo que nunca tenha ligado ou procurado o CVV para um desabafo, fala por todos os que fazem e já fizeram esse gesto corajoso de expor seus sentimentos e emoções. Uma conversa com pessoas estranhas e que se dispõem a ouvir, dar sentido e razão a coisas muito particulares e subjetivas que estão represadas nos corações das pessoas. Nas suas letras, Sérgio Britto ora se parece com um atendido, ora se assemelha a um voluntário do CVV.

Boa Noite, Sérgio!

O DESTINO DE FERNANDA VOGEL

Como vimos, seguindo o histórico exemplo da CBB&A, algumas das mais importantes agências de publicidade do Brasil adotaram o CVV como parceiro institucional por vários motivos, como empatia pessoal, reflexão existencial e gesto de afetividade dos funcionários, como responsabilidade social e também como desafio de criatividade, a área mais sensível e crítica das empresas de comunicação e marketing.

Um *case* do CVV no mundo publicitário é sempre motivo de curiosidade, exercício e teste da capacidade síntese e imaginação. Trata-se de um produto extremamente subjetivo e delicado, mas que possui uma mensagem que toca a parte essencial da natureza humana: a emoção e a ação de escolha.

Também é curioso lembrar que tanto as matérias jornalísticas sobre telefonia quanto os anúncios publicitários sobre empresas desse ramo tinham em suas ilustrações uma conotação existencial de pedido de socorro, talvez influenciado pelos anúncios do CVV ou do Samarintans. Ou era uma simples coincidência temática, já que os dois segmentos tinham em comum o uso institucional desse marcante objeto de comunicação pessoal. O mais famoso deles foi o anúncio da Telesp criado pela agência DPZ nos anos 1980, cujo filme mostra a morte de um orelhão na calçada de uma rua central de São Paulo. A multidão passa e observa atônita aquela cena do orelhão sendo coberto de jornais, enquanto surge uma mulher desesperada dizendo: "Alguém viu um orelhão? Eu preciso de um orelhão...

Na sociedade de consumo, na qual é possível criar e estimular necessidades através dos meios de comunicação, pela publicidade e pela propaganda, a escolha é a experiência mais importante e estratégica nas relações sociais de oferta e procura. Viver é tomar decisões e fazer escolhas, dizem todos os filósofos, mesmo aqueles que não acreditam no livre arbítrio e se guiam pelo determinismo. Não importa a filosofia de vida, o momento da decisão e da escolha sempre é mais importante porque pode mudar ou não o destino das pessoas.

No universo da propaganda, existe a crença dominante de que o comportamento humano pode ser mudado pela persuasão. Persuadir é construir um discurso capaz de convencer alguém de que nada é estático, fixo e imutável. Tudo pode ser mudado e transformado, como a própria natureza humana. Mas toda e qualquer mudança depende do fator decisão e escolha. A indecisão e a falta de coragem podem ser influenciadas por fatores externos ao ser humano e este pode mudar a orientação e o rumo da sua existência. Isso funciona tanto para as grandes questões existenciais como para as pequenas decisões, como tomar ou não um copo de água, comprar ou não um carro ou um apartamento. É nesse ponto que surge o grande interesse dos comunicadores pelo CVV.

A imagem mais forte do CVV está ligada ao mais grave gesto da experiência humana: a decisão e a escolha de morrer ou viver, resistir ou se entregar, fugir ou enfrentar, desistir ou se adaptar às situações críticas e contraditórias. Fazer anúncios para influir na escolha da melhor marca de água mineral ou do imóvel de melhor espaço interno e de localização é um esforço quase ridículo quando comparado com a criação de um anuncio sobre a escolha se alguém vai continuar vivendo ou não.

Nas últimas décadas, várias agências que criaram campnhas para o CVV souberam expressar o que estamos falando pois as mesmas passam por todas essas fases da sua crise existencial criativa e gerando as belas , intrigantes e premiadas peças publicitárias. É claro que tudo isso não é apenas uma coincidência e obra do acaso, nem um mero interesse comercial.

Empresas antes de tudo são fenômenos humanos em todos os aspectos do universo pessoal: são os proprietários, são os funcionários, os fornecedores e principalmente os clientes, todos seres humanos e suas respectivas necessidades e expectativas de vida. Dentro das agências de publicidade sempre existiu alguém que, por algum motivo especial, revelou um interesse e uma preocupação por essa dimensão delicada da existência humana, que pode levar alguém ao topo do sucesso e da fama, mas também pode conduzí-lo ao fundo do poço, como bem ilustrou uma dassas peças publicitárias criadas pela Leo Burnett especialmente para o CVV. Nela um fio de telefone desce ao abismo escuro e estende a quem está lá no fundo, perdido e sem completamente sem esperança, a possibilidade de voltar e recomeçar.

Foi assim também com o filme "Praia", produzido e veiculado em 2001 pela Leo Burnett, no qual a protagonista está sozinha numa praia ampla e deserta, encostada num emblemático barco de pesca, estático sobre a areia. O filme é interpretado pelo modelo Fernanda Vogel que naquele instante de incertezas e angústias, ocultadas pela sua extrema beleza e graça feminina, foge do barco e corre em direção mar, no qual penetra ansiosa para uma jornada dolorosa, porém libertadora, desaparecendo lentamente entre as ondas.

Tempos depois, Fernanda passa por uma experiência muito semelhante ao sofrer um acidente no litoral norte de São Paulo. Despediu-se da vida exatamente como havia interpretado no filme do CVV, cujo slogan final dizia: "A solidão pode dar um rumo inesperado para sua vida"

Fernanda Vogel em foto da revista Isto É

ANGELI E MAURÍCIO DE SOUZA

Ao contrário da publicidade que não se arrisca brincar com CVV, o jornalismo tem nas brincadeiras, sobretudo no humor das charges, a possibilidade de descontrair o público quando os temas são desesperadores, tão quanto o suicídio.

A primeira dessas manifestações registradas na imprensa talvez tenha sido a memorável cena desenhada por Angeli na qual o presidente João Batista Figueiredo, constantemente angustiado no seu difícil papel de dar os últimos retoques da retirada do regime militar e reconduzir a nação para os civis. Homem de pavio curto e nada político, Figueiredo perdia facilmente a paciência ao ser provocado pelos repórteres ou então por ter que cumprir protocolos e negociatas partidárias que não faziam parte da sua vocação de caserna. Na charge de Angeli, ele já está alquebrado, deprimido e lamenta não ter mais forças para suportar o terrível peso da transição que lhe foi colocado nas costas. Nesse momento mais crítico da sua provação, pois havia jurado fazer do Brasil uma democracia, Figueiredo deixa brotar seu lado humano de pessoa frágil, sensível e pede ajuda ao CVV.

Mesmo aqueles que se mostram como brutos, os mais fortes e irredutíveis, não conseguem conter suas emoções ou esconder por muito tempo os seus sentimentos. Essa foi a mensagem genial de Angeli. Uma lição de vida para todo o Brasil associada ao profundo respeito que os voluntários têm por todos que os procuram, mesmo os mais famosos e poderosos.

Angeli (Arnaldo Angeli Filho), o humorista do submundo da megalópole paulistana, dos personagens desajustados e com todos os tipos de carências possíveis (como ele mesmo na série Angeli em Crise) não se deu por satisfeito. Qualquer uma das suas criações eram certamente tipos humanos que volta e meia ligam para nós para falar das suas derrotas emocionais, sempre com

Presidente Figueiredo recorre ao CVV logo após um dos seus momentos de irritação. Folha de São Paulo.

bom humor e criatividade. Uma delas foi Rê Bordosa, alcoólatra de meia idade, morta artística e repentinamente pelo seu criador (provavelmente tenha cometido suicídio), pois desapareceu em circunstâncias misteriosas, tendo notícias dela somente do seu triste funeral, com Angeli ao lado da sepultura derramando bebida sobre o túmulo.

Depois foi a vez de Rigapov, um paranóico pseudo agente que, em meio aos seus devaneios apocalípticos, apela para o CVV depois de constatar que todo o seu poder se resumia num insuportável estado de abandono e solidão pós-Guerra Fria.

Depois de Angeli, o CVV torna-se pauta obrigatória nas charges brasileiras como sinônimo de angústia e desespero dos personagens da política nacional e também da cultura popular.

O cartunista de Maurício de Souza também sempre se valeu desse expediente artístico e educativo para animar as suas lidíssimas tirinhas diárias de jornal. Inúmeras vezes seus personagens apelam para o telefone amigo, o único capaz de compreender o enorme paradoxo da vida do Cascão que nem ele mesmo consegue explicar a contradição ao sentir vontade de tomar banho. O mesmo poderia ocorrer com Magali ao perder a fome ou com a Mônica ao controlar seus impulsos agressivos.

OS JORNALISTAS E SUAS HISTÓRIAS

Os jornalistas são fascinados pelo CVV e não somente pelas noticias de suicídio como vulgarmente se pensa. Volta e meia o assunto está nas redações dos jornais, nas pautas diárias, nos textos poéticos dos cronistas ou então na cabeça inquieta e curiosa dos repórteres.

Tivemos essa impressão pela primeira vez quando, em 1981, fomos à redação do jornal Cidade de Santos, hoje extinto, levar uma pequena nota sobre um curso para voluntários. Era só uma pequena nota, que pedíamos para ser publicada gratuitamente numa coluna de eventos diários e utilidades públicas, muito comuns nos jornais.

Não ficou apenas nisso, a nota passou de mão em mão até chegar ao editor-chefe, que solicitou a nossa presença em sua sala. Para a sua surpresa, não éramos ninguém importante, mas apenas um jovem officeboy. Mesmo assim ele quis saber alguns detalhes sobre o conteúdo da nota e o que poderia ter sido apenas um conversa rápida de recado transformou-se num longa exposição sobre o CVV. Tínhamos tudo na ponta língua: a história, as estatísticas dos atendimentos e dos casos de suicídio, o perfil dos voluntários e dos atendidos. Ficamos espantados com o volume de informações à disposição. "Mas isso daria uma reportagem maravilhosa!", disse ele, depois de ouvir atentamente os nossos argumentos. Entretanto, não havia espaço disponível para as próximas edições. O próprio editor ficou decepcionado. Tempos depois, a matéria foi publicada num jornal concorrente (A Tribuna), em página inteira, redigida pelo jornalista Dirceu Lopes e com foto do voluntário Joaquim ao telefone, em alto contraste, feita pelo legendário Anésio Borges. Anos mais tarde no mesmo jornal Dirceu publicaria uma matéria de página inteira sobre as obras sociais do CVV denominada “Entre num mundo chamado Esperança”.

O voluntário anônimo e o fotógrafo Anésio já partiram. Dirceu, eterno apaixonado pelo CVV, sempre liga perguntando com estão as coisas e se o posto está precisando de algo.

Claro, Dirceu! O posto sempre continua precisando de você e de todos os bons jornalistas e fotógrafos como o Anésio. Continue ligando para matar as saudades daquele tempo em que você chamava em público a atenção do prefeito, para lembrar que o posto do CVV estava sem sede fixa e sem telefone próprio. Depois disso, o CVV conseguiu uma ampla sala e por um longo tempo, nas dependências do Teatro Municipal de Santos. Nas páginas de A Tribuna, ao iniciar nossas atividades na Baixada, fomos brindados por uma crônica de Lydia Federici infomando aos leitores o privilégio que era para a cidade ter uma entidade funcionando 24 horas por dia. Ela seguia a tradição desses observadores do cotidiano, direcionando o olhar aos aspectos mais curisosos e intrigantes do dia dia.

Também, desde longa data, os alunos das faculdades de comunicação, influenciados pelos seus professores jornalistas, também descobriram o CVV como matéria-prima para história tocantes e curiosas dos jornais-laboratórios, impressos ou eletrônicos. É assim no Brasil inteiro. Depois da faculdade, esses alunos se tornam jornalistas experientes e quase sempre voltam às suas origens idealistas e éticas para contar belas histórias ou combinando empolgantes dados estatísticos com revelações da nossa intimidade institucional.

Mas jornalistas famosos ou, se quiserem, importantes, também têm suas quedas pelo CVV. Nunca esquecemos da palestra feita por Percival de Souza no auditório do SENAC Dr. Vila Nova, no início da década de 1980; na ocasião revelou para centenas voluntários que lá estavam o sofrido e chocante submundo das prisões brasileiras. Outro que nos premiou com uma palestra memorável foi José Maria Mayrink, autor de “Solidão”, um dos relatos mais emocionantes sobre as condições de vida das pessoas que vivem sozinhas em São Paulo e que lutam arduamente para sucumbir às tentações do suicídio. Nessa obra, Mayrink mostra através de duas experiências que a solidão não escolhe rosto, vestimenta, endereço e muito menos classe social. A primeira é a do empresário que procura a casa na rua Abolição, é recebido por um voluntário e ali permanece durante quinze minutos sem dizer uma palavra, apenas soluçando. Satisfeito, ele agradece a atenção e antes de ir embora diz que aquele lugar foi o único que lhe foi permitido chorar. Na crônica, o jornalista de O Estado de São Paulo revela que o empresário que foi ao CVV, do qual até hoje ninguém sabe o nome, foi atendido pelo colega de profissão, o jornalista Valentim Lorenzetti, a quem entrevistou para colher informações para compor sua reportagem e que depois seria transformada em livro. A outra história contada por Mayrink é a do pernambucano Arnaldo Alves, de 21 anos, vigia de obra em Pinheiros e que, depois de ouvir um anúncio no rádio, fez questão de anotar o endereço e conhecer o posto do CVV. O livro"Solidão", publicado em 1982, tornou-se um clássico da crônica urbana.

Otávio Frias Filho, da Folha de São Paulo e André Trigueiro, da Globo News, também guardam boas histórias sobre o CVV. Ambos, por curiosidade ou por atração afetiva, seguiram os passos de antecessores como Valentim Lorenzzeti e Dirceu Lopes e tantos outros anônimos, tornando-se voluntários de plantão e depois de apoio, próximos ou distantes. Frias ficou durante um ano como plantonista nas noites de domingo num posto da capital paulista, experiência que relatou no último capítulo de um livro chamado "Queda Livre" (Companhia das Letras, 2001), falando de suicídio. O crítico da revista Veja , Mario Sabino definiu a experiência de Frias como algo "Humano, demasiadamente humano. Definitivamente isso não é pouco". Anotou assim as suas impressões sobre o colega de imprensa:

"No último parágrafo do ensaio sobre sua experiência no CVV, "O Abismo", que aborda de maneira comovente a tentação do suicídio e encerra Queda Livre, Otavio escreve: "Se persistia alguma inclinação autodestrutiva, oculta sob o projeto do livro, sua realização parece tê-la dissipado. Havia ampliado minhas faculdades para sentir e compreender, desafiado meus pesadelos inconfessáveis e me achava agora um pouco mais à vontade dentro de mim mesmo. Pensava na divisa de Emerson, I must be myself. Ainda tomado pelos mesmos temores de sempre, mas de coração mais leve, sem atribuir importância tão peremptória seja à vida, seja à morte, eu me voltava para os dias que estão por vir com a confiança de que poderia, com alguma sorte, se quisesse, torná-los melhores para mim e para os outros".

André Trigueiro foi voluntário num posto do Rio durante alguns anos e ao mesmo tempo agia como ativista combativo e persistente, como faz até hoje como voluntário de apoio. Especializado em assuntos ambientais, ele classifica acertadamente o trabalho do CVV com uma ONG de ecologia e sustentabilidade. O convite para registrar em livro os nossos 50 anos como contra-corrente de resistência humanista foi dirigido primeiramente para ele, uma vez que nos últimos anos o nosso jornalista verde colocou a entidade em evidência em todas as possíveis e imagináveis mídias, existentes e não existentes. Se houvesse a possibilidade de colocar um anúncio do CVV numa sonda da NASA em direção a Júpiter ou Saturno ou mesmo num out-door fixo na Lua ou em Marte, certamente esta seria uma típica ação de RP de André Trigueiro. O número do telefone do CVV esteve durante um bom tempo num enorme painel da ponte Rio-Niterói única e exclusivamente por culpa dele. Os dirigentes do CVV, eternamente insatisfeitos, cobravam mais e mais: "Será que não dá para colocar um recadinho nas mãos do Cristo Redentor?"

Brincadeiras à parte, e, apesar de não ter tido condições de atender o convite para escrever o livro, André tem feito um combate verdadeiramente sério em muitas frentes do seu trabalho de comunicação. Os dois volumes do seu livro "Mundo Sustentável", lançados recentemente tiveram os direitos autorais doados integralmente ao Centro de Valorização da Vida.

André Trigueiro e amigos do CVV no lançamento do livro Mundo Sustentável fevereiro de 2012

CAPÍTULO VI

NÓS E O SUICÍDIO

Sexto Princípio/ Sexta Prática

– Os voluntários, no trabalho de apoio aos que procuram o CVV, são por sua vez, apoiados e orientados pelos demais, especialmente os mais experientes, e os que integram a Coordenação do Posto.

– O voluntário é normalmente conhecido pelo seu primeiro nome e número de registro. Os contatos feitos por aqueles que nos procuram são realizados exclusivamente através do Posto, de forma a manter o anonimato do voluntário.

COMO APRENDEMOS A SER O QUE SOMOS

O Brasil carrega duas manchas na sua história social as quais sempre disfarçamos com a nossa imagem de alegria e irreverência: a escravidão colonial, marcada pela brutalidade e pela injustiça; e a violência, com toda a sua diversidade de expressão, decorrente das as dificuldades atuais e também das nossas heranças.

Segundo o escritor Moacyr Scliar, relendo e lembrando quase todos os nossos autores clássicos, somos, na verdade, um povo muito afeito à melancolia, desde a interpretação de Paulo Prado sobre três raças tristes que se encontraram nos primórdios da colonização até a mais nova versão do conceito melancólico, essa epidemia atual de depressão que assola o nosso País e o mundo.

Não foi à toa que os nossos ancestrais europeus inventaram a palavra "saudade", expressada no fado lusitano como termo de significado único da nossa língua; em seguida, ligados ao banzo dos escravos africanos e à ingenuidade frágil dos indígenas. Isso nos tornou um povo alegre e descontraído, como forma de resistência, mas também propensos à tristeza, à solidão e ao suicídio.

Para fugir desse mal, os índios desapareciam nas matas para nunca mais voltarem; as escravas abortavam seus rebentos; os cativos se matavam para agredir o senhor e o feitor. Os índios queriam voltar para floresta, os negros para a África e os portugueses, mais resistentes e donos do poder, apenas cantavam para afogar suas mágoas e a saudade da terrinha. Mas é possível que, em muitos casos e ocasiões, também se matassem.

Melancolia, tristeza ou depressão, no Brasil, resultam numa adaptação, as quais ocultam essa realidade por meio da irreverência, ou transformam-na em loucura. Nossa literatura e artes plásticas registraram esses momentos da história psíquica do brasileiro em obras como O Alienista, Triste fim de Policarpo Quaresma e também nos trabalhos de pinturas do inconsciente realizadas experimentalmente pela psiquiatra Nise da Silveira.

Até hoje nenhuma cultura aprendeu a conviver com esse problema, pois é um tipo de atitude contrária às condutas tradicionais em relação à morte. Aprendemos, sim, a lidar com a morte comum, criando, dessa forma, todos os tipos de soluções possíveis para compreender e aceitar a questão, desde os rituais funerários primitivos, passando pelas interpretações e práticas teológicas, até chegarmos à racionalização científica moderna da tanatologia. Segundo Phillipp Ariés, em História da Morte no Ocidente, domesticamos a morte na Antiguidade, trazendo-a para o reduto familiar, enterrando os mortos no quintal de nossas casas. Na Idade Média, regredimos para a solução mítica e dicotômica da satanização, do medo e do horror. Na Idade Moderna, criamos a solução social greco-romana dos cerimoniais públicos e as necrópoles como espaços simbólicos. Finalmente, no mundo contemporâneo transferimos o problema para as soluções sanitárias e hospitalares, banindo o velório doméstico e adotando a cremação tecnológica.

Não aprendemos, entretanto, a lidar com o suicídio. Não é possível aplicá-lo nesses modelos sociais históricos de adaptação. O suicídio subverte todas essas soluções e causa graves problemas para os sobreviventes dessas tragédias: os familiares, as empresas onde os suicidas trabalhavam, as seguradoras e também as instituições religiosas com as quais mantinham vínculos culturais. Recentemente, uma onda de suicídio numa grande empresa de telefonia européia causou um enorme distúrbio corporativo exigindo a intervenção do próprio governo francês para rever a política de demissões, apontada como principal responsável por quase trinta mortes num curto período de seis meses.

Nas culturas religiosas suicídio é assunto de alta gravidade, que desafia os dogmas mais sagrados desses sistemas ideológicos e socialmente transformados em tabus. Tirar a própria vida é visto como uma rebeldia mais grave do que o próprio homicídio, porque neste ainda resta a possibilidade ideológica do assassino estar sendo utilizado, em alguns casos, como instrumento da justiça divina. O suicida, nessa perspectiva teológica, desafia diretamente essa supremacia da vontade superior, porque ele decide o seu próprio destino interrompendo, dessa forma, os planos de Deus. Ele também é um rebelde social.

Essa concepção teológica, que deveria contribuir para diminuir os suicídios e o sofrimento humano, repercute de forma contrária, estatisticamente falando, com o agravante do intenso sentimento de culpa que toma conta daqueles que tomam tal decisão, bem como o julgamento e condenação da sociedade.

Isso explica, em parte, porque temos dificuldade de aprender a lidar racionalmente com esse problema.

Na cultura judaica, o suicídio também é tratado com rigor. Os cemitérios israelitas reservam um lugar especial e humilhante para os que desafiam os princípios religiosos. Dois casos relacionados a essa cultura são muito conhecidos: o filme Cinco dias sem Nora, da cineasta mexicana Mariana Chenilo e o caso do brasileiro Wladmir Herzog, jornalista da TV Cultura, morto sob tortura em 1975, num quartel do Exército em São Paulo. A esposa dele, Clarice Herzog (imortalizada na canção O Bêbedo e a Equilibrista) foi informada de que o marido havia cometido suicídio, entretanto não aceitou a versão dos órgãos de segurança, porque o jornalista não tinha esse perfil e teria que enfrentar as cobranças religiosas da comunidade judaica. O caso extrapolou as esferas familiares; teve repercussão internacional e foi considerado um dos pivôs do desgaste político do regime militar.

No Japão, o suicídio é quantificado e computado como prejuízo financeiro aos cofres públicos. Um levantamento mostrou que em 2009 os suicídios e a depressão custaram quase 32 bilhões de dólares (R$ 55 milhões) à economia do país. Com a recente tragédia do tsunami, o governo japonês acionou todas formas de auxílio médico e psicológico para prevenir uma onda de suicídios devido a esses graves acontecimentos. Num país onde a cultura do hara-kiri (auto-imolação) retrata o suicídio como ato heróico, os cuidados são redobrados. Tal problema pode e deve ser enfrentado com a coragem e disponibilidade de oferecer ajuda a quem precisa.

Como vimos, as estatísticas em nosso país também são alarmantes, a ponto da OMS recomendar ao governo um plano estratégico de prevenção do suicídio. Profissionais de saúde, comunicadores e educadores recebem manuais ensinando como lidar corretamente com o tema, sem medo e preconceito. Países europeus onde as estatísticas eram assustadoras trilharam o mesmo caminho da prevenção e já contam bons resultados nesse combate social.

Ao contrário do que se pensa, a ferramenta para começar a enfrentar essa questão é conhecer e difundir informações sobre ela. A melhor forma de combater um tabu é não vê-lo com tal e mostrar que existe outros pontos de vista sobre o assunto. Para a ciência, o assunto envolve comportamento e tratamento adequado de uma doença mental; para as filosofias e religiões humanitárias, o suicídio vai muito além das concepções dogmáticas e das crenças; é um momento de dor e sofrimento que deve ser tratado com compreensão e respeito. A oferta de amizade criada pelos ingleses e denominada curiosamente de "befriending" tem sido de grande valia para as frentes de trabalho voluntário que fazem a prevenção do suicídio. É uma forma de abordagem pessoal a qual não ignora valores religiosos, muito menos o tratamento médico e psíquico. Todavia faz uma enorme diferença nos momentos de solidão e desespero, porque a experiência demonstrou que o suicídio é , antes de tudo, um pedido de socorro e um gesto de comunicação. Saber ouvir o que tem a dizer alguém com intenções autodestrutivas pode representar o início de uma revolução para evitar de milhares casos.

Ao contrário do Japão, os custos da prevenção do suicídio no Brasil podem ser bem menores uma vez que adotamos o apoio emocional voluntário como suporte das ações profissionais. Precisamos apenas ampliar e divulgar essa oferta de ajuda.

No estado de Moacyr Scliar, o índice de suicídios é assustador e lidera as estatísticas no Brasil. O Rio Grande do Sul está em primeiro lugar e em segundo o Mato Grosso do Sul. Os suicidas são geralmente descendentes de europeus, principalmente alemães, radicados no mundo rural, isolado e solitário. No caso de Mato Grosso do Sul e Amapá, os suicídios ocorrem mais entre as comunidades indígenas, gravemente afetadas pelo choque de valores entre suas culturas e a modernidade civilizatória imposta a eles, principalmente a religião maniqueísta que confunde sua pureza de conduta e o alcoolismo que corrói o corpo e a alma.

Ninguém, até agora, explica com clareza o fenômeno entre os gaúchos, nem mesmo a melancolia germânica trazida pelos primeiros imigrantes ou os fracassos financeiros nos negócios agrícolas. Crianças e jovens que estão se matando também intrigam leigos e cientistas. Não podemos esquecer que o Rio Grande do Sul, talvez mais do que todos os brasileiros, tenha gravado em sua memória coletiva, inconscientemente, a tragédia de Getúlio Vargas, cujo gesto suicida marcou profundamente todos aqueles que ainda acreditam que o ato está mais para o heroísmo de sair da vida para entrar na história do que ficar nela e resistir bravamente contra as nossas fraquezas. Na pequena cidade de Chapada, o índice de suicídios subiu a níveis preocupantes e uma rede de proteção da comunidade urbana e rural decidiu fundar um posto do CVV. Eles tiveram que adotar inclusive o rádio amador como meio de comunicação com os sítios mais distantes. No último congresso do CVV, os coordenadores do posto estavam de sorrisos largos exibindo um ofício assinado pelo delegado de polícia local, afirmando que os índices haviam caído depois da instalação do CVV na cidade. Sem dúvida, um grande motivo de alegria e mil sorrisos. Os voluntários do CVV, os quais passaram a gozar da confiança da população e também por serem membros da rede social de proteção, foram chamados para uma outra missão, ligada à qualidade de vida: fiscalizar os recursos e controle qualitativo da merenda escolar.

Outro dado intrigante sobre o Rio Grande do Sul vem de Porto Alegre, cujo belo nome e alta qualidade de vida não combinam com as estatísticas de morte "auto-infligida": a cidade possui a maior taxa de suicídio de jovens em todo o país. Uma reportagem da revista Veja publicada em agosto de 1999 trouxe dados curiosos e também algumas justificativas para essa especificidade dos altos índices registrados naquele estado:

(...) Talvez a explicação mais palpável de todas seja simplesmente a eficiência do registro de mortes no sul. O médico Paulo Grassi, responsável pela coordenadoria de Informação em Saúde do Estado, diz que o Rio Grande do Sul aparece com índices elevados de mortes e doenças por uma razão simples: "Fizemos o sistema funcionar". A antropóloga Ondina Fachel Leal confirma: "Os dados de saúde do Rio Grande do Sul são muito melhores que os do resto do país". Ainda assim, é aceito que a depressão está perto de ser um problema de saúde pública na capital gaúcha. Pesquisa realizada em três cidades revelou uma incidência três vezes maior em Porto Alegre do que em Brasília e São Paulo. "Como a depressão está ligada ao suicídio, é bem possível que esteja aí a explicação", especula o médico Ellis D'Arrigo Busnello, membro da Sociedade Internacional para a Prevenção do Suicídio e Intervenção em Crises. Outro estudo, feito pela psiquiatra Nora Jane Thormann, da Academia Americana de Psiquiatria Infantil e Adolescente, mostra que um em cada dez estudantes de 2º grau de Porto Alegre apresenta "atitudes relacionadas" com tentativas de suicídio, como dirigir embriagado ou sob efeito de drogas e brincar com armas de fogo. Não é apenas entre os jovens que os índices de suicídio são altos no Rio Grande do Sul. A taxa estadual é três vezes maior que a nacional. O perfil do suicida gaúcho, traçado pela antropóloga Ondina, é de um quarentão que morre enforcado. Na pesquisa sobre os jovens, ao contrário, os gaúchos preferem revólver (homens) e veneno (mulheres). O método mais utilizado em Belém é a forca. "As diferenças regionais são muito difíceis de entender", diz a médica Edinilsa Ramos de Souza. "Muita gente acha que a colonização européia influencia de algum modo os índices em Porto Alegre e Curitiba. Em Belém, seria a marcante influência indígena. A taxa de suicídio entre índios é tradicionalmente alta e com o mesmo método artesanal, a corda." No perfil traçado pela equipe de Edinilsa, a maioria dos jovens suicidas tem apenas o curso primário e se mata sobretudo na faixa dos 20 aos 24 anos (...)

Voluntária paulistana entre duas voluntárias do CVV. Porto Alegre em visita à Clínica Francisca Júlia em 1971

Todas essa informações nos levam a questionar o motivo de nunca termos perguntado por que Porto Alegre foi a segunda cidade do Brasil a organizar e funcionar um posto do CVV. Há 41 anos, em 3 de abril de 1971, para a alegria e um intenso entusiasmo dos fundadores paulistanos, um grupo de cidadãos gaúchos inaugurava uma filial do CVV naquela capital. Foi o segundo posto no Brasil, numa época em que o CVV ainda era um serviço experimental em São Paulo. Uma fotografia estampada no Boletim do CVV, nessa época, mostra a curiosa imagem de voluntários paulistas, visitando os irmãos gaúchos. Quem olha para a fotografia não imagina o que realmente motivava aquele intercâmbio e tende a achar que o interesse dos gaúchos seria apenas o reflexo da maturidade cultural e progressista daquela região.

A fundação do posto do CVV em Porto Alegre em 1971 não foi uma simples coincidência ou identificação cultural com a modernidade urbana de São Paulo. Muito mais do que isso, havia algo de comum e também de diferente entre as duas cidades pioneiras na prevenção do suicídio que só tempo e as estatísticas revelariam. O voluntário Paulo Nunes da Silva, que ingressou no posto porto-alegrense em 1972 nos conta que os motivos dessa iniciativa foram os mesmos dos paulistanos, isto é, os fundadores provinham de uma escola iniciática espiritualista e revelavam as mesmas preocupações a respeito da necessidade da expansão dos serviços de prevenção do suicídio. Paulo, que ainda hoje é voluntário de apoio do posto, lembra que o trabalho era bem diferente do atual e primava muito mais pelo cuidado com as formas burocráticas de atendimento do que propriamente com as necessidades emocionais dos atendidos. A prioridade era não somente atender, mas principalmente registrar e sistematizar todas as informações possíveis sobre as pessoas que nos procuravam. Certamente agia-se dessa forma com a crença de que elas estariam mais protegidas de si mesmas e que os voluntários deveriam acumular conhecimentos sobre o comportamento suicida. Ele lembra que nesses 40 anos muitas coisas mudaram no trabalho do CVV e que a principal delas foi a constatação de que a simplicidade da nossa relação como o outro é uma verdade que não aceitamos facilmente e que demorou muito para ser compreendida. "Sou uma pessoa completamente diferente depois que ingressei no CVV e isso aconteceu pela disciplina da disponibilidade em auxiliar outro ser humano. Servir mais do que ser servido".

QUEM SÃO OS SOLITÁRIOS, TRISTES E ANGUSTIADOS?

"A amizade é um amor que nunca morre". - Mário Quintana

Essa é uma pergunta cuja resposta deixaria os voluntários do CVV muito intrigados, pois são características que extrapolam os números e os fazem pensar nas causas e efeitos desse perfil de vida social e principalmente das condições psicológicas que marcam essas pessoas.

Saber os motivos da solidão, da tristeza e da angústia nos ajuda a compreender melhor essa condição, mas saber que tais condições tendem a se ampliar nos deixa cada vez mais preocupados, pois não sabemos se temos condições de oferecer ajuda a tanta gente que precisa. Hoje quantificamos o famoso verso de Vinícius de Moraes (*Ah, quanta gente sozinha...*). Entretanto, não sabemos quantos são os tristes e angustiados. Isso, por enquanto, só podemos imaginar e tentar diminuir esse sofrimento. Assim como seu colega carioca, o poeta Mário Quintana foi um daqueles corações constantemente perseguidos pelo fantasma do suicídio e do qual sempre fugiu, mesmo nos momentos mais difíceis, quase irresistíveis. O poeta e cidadão honorário de Porto Alegre, em Simultaneidade, expressa essa ambivalência que toma conta dos suicidas, divididos entre o desejo de fugir da vida e o instinto de conservação:

- Eu amo o mundo! Eu detesto o mundo! Eu creio em Deus! Deus é um absurdo! Eu vou me matar! Eu quero viver!

- Você é louco?

- Não, sou poeta.

Uma curiosa estatística do IBGE, extraída do último censo demográfico (2010), nos dá algumas respostas muito interessantes. Os dados foram resumidos por Rodrigo Bugarelli, do jornal o Estado de São Paulo (24/07/201). Para o censo, o número de brasileiros solitários são 6,9 milhões, quase três vezes mais desde 1991, quando a marca foi de 2,4 milhões. São pessoas que moram sozinhas e representam 12% dos domicílios brasileiros. Os lares com até cinco pessoas representam 10,7%. Segundo o instituto essa é uma tendência internacional e no Brasil esse aumento passou a ser ocorrer a partir do ano 2.000, com a melhoria do nível de vida da população. Aumentou a renda e cresceu o número de idosos, faixa etária na qual se encontram os solitários, não só nas grandes cidades, como também em centros urbanos entre 100 mil e 500 mil habitantes.

Novamente o Rio Grande do Sul lidera as estatísticas como exemplo de nova realidade. Porto Alegre aparece com 21,6 de domicílios com moradores solitários e a capital com maior número de moradores com mais de 60 anos. De acordo com o raciocínio dos pesquisadores, quanto mais velha a população (geralmente pessoas sem filhos para criar, divorciadas ou viúvas), maior o número de pessoas morando sozinhas. No município gaúcho de Herval, 26% dos moradores vivem sozinhos, a maior média entre as cidades brasileiras. O município com menor média é Ipixuna, no Amazonas, onde só 1% dos lares tem apenas um morador. É uma cidade predominantemente de cultura indígena. Herval fica na divisa com o Uruguai, região colonizada por espanhóis e portugueses, antes habitada pelos índios minuanos. São Paulo aparece como a oitava capital com maior renda, a quinta com maior número de domicílios de apenas um morador e a sétima com habitante na terceira idade.

SUICIDÓLOGOS?

Afinal, qual é exatamente a relação que o CVV tem com o suicídio?

São especialistas e teóricos no assunto?

São socorristas habilidosos na tarefa de fazer com que os suicidas desistam das suas intenções?

Conhecem como ninguém os suicidas, pois lidam diariamente com eles e sabemos o melhor a ser feito nesses casos?

De todas essas dúvidas, a única que mais se aproxima da realidade do CVV e dos seus voluntários é a primeira questão. O CVV e seus voluntários se perguntam, o tempo todo, o que eles realmente sabem sobre o suicídio. Todos têm um interesse profundo pelo tema, mas isso não significa que conheçam o mesmo. Tal dúvida existe desde a fundação do CVV, ou seja, há meio século. Sabem que atuam no importante e estratégico território da prevenção, pois foi para isso que a instituição foi fundada, mas conservam cautelosamente a idéia de que continuam sabendo pouca coisa a respeito. Nos últimos 50 anos ocorreu também em todo o mundo, o aumento de 60% nos casos de suicídio. Isso significa que os voluntários do CVV não sabem se os serviços de prevenção surgidos nesse período tiveram pouca influência na redução dos casos. Confiam mais na disponibilidade de ajuda do que propriamente nos resultados. Assim sendo, nos próximos 50 anos os esforços serão redobrados; por isso recorrem sempre aos estudioso, médicos, psicólogos, sociólogos, antropólogos e, por que não, aos filósofos e religiosos para enxergar melhor o lado obscuro da natureza humana. Entender e compreender o assunto os ajuda a fortalecer o ideal e o compromisso de oferecer ajuda sem esperar recompensa ou reconhecimento. Querem entender esse percurso que a pessoa faz com a crença de que vai se livrar definitivamente do sofrimento. Querem compreender porque tomam essa atitude extrema.

Foi também por causa desse constante esforço que os voluntários também aceitaram o desafio de compreender e sustentar uma ética que é aparentemente paradoxal, para quem não conhece essa proposta de vida. Eles jamais interferem na decisão dos suicidas. Isso pode parecer um absurdo, mas é a pura realidade e isso é muito respeitado pelos próprios atendidos que querem se matar. Quando a maioria condena o possível gesto e ignora as razões de quem quer acabar com a própria vida, o CVV se põe na posição oposta, ou seja, no lugar dessas pessoas. Isso é fundamental para lidar com uma situação tão crítica e perigosa.

Outra postura, decorrente dessa primeira, é não fixar-se no problema que atormenta o suicida, mas nos seus sentimentos e nas suas emoções. Problemas são causas externas que as próprias pessoas sabem como lidar ou como se adaptar, caso não consigam resolvê-los; já os sentimentos e emoções são coisas internas e intensas, mais complexas e difíceis de resolver sem a ajuda de alguém, que possa compreender o que está se passando em seu mundo íntimo. É uma dor com a qual os voluntários do CVV aprenderam a lidar, consigo e com os outros, apenas oferecendo amizade.

Falando em amizade e compaixão, ninguém melhor do que Vinícius de Moraes, intérprete da alma humana e praticante da boa camaradagem, para definir como isso funciona na prática e como dimensionar o valor de uma amizade para quem está diante dessa possibilidade de tirar a própria vida. Sozinho ele sempre demonstrou uma intensa necessidade em definir a tristeza e a solidão, males que certamente levam os mais fracos ao suicídio:

Bom dia, amigo/Que a paz seja contigo/ Eu vim somente dizer/ Que eu te amo tanto/Que vou morrer/ Amigo... adeus...

Com o seu parceiro Toquinho, com quem formou uma das duplas mais conhecidas da música popular brasileira dos anos 70 e 80, cantou as mais interessantes emoções dessas duas experiências, com muitos sucessos e poucas músicas desconhecidas do grande público. Entre essas últimas constava do repertório deles o samba *Um Homem chamado Alfredo*, talvez o único do gênero que fala de maneira sincera e comovente sobre suicídio. Ele sabia falar dessas coisas dolorosas da vida de uma maneira muito especial, como fez em Gente Humilde. Mas numa letra em que fala do vizinho Alfredo (vizinho de todos nós), ele se superou e foi a fundo, tão fundo que ao ouvirmos o relato também dá na gente uma enorme "vontade de chorar". O samba começa indo direto ao ponto, sem rodeios e pudores:

"O meu vizinho do lado se matou de solidão /Ligou o gás, o coitado, último gás do bujão/Porque ninguém o queria, ninguém lhe dava atenção/ Porque ninguém mais lhe abria as portas do coração/Levou com ele seu louro e um gato de estimação"

E no verso seguinte - *Ah! Quanta gente sozinha...* - o poeta lamenta que não era apenas o Alfredo o qual sofria desse mal, mas também as multidões de gente triste, solitária e desesperada, gente simples e anônima, gente importante e famosa. É verdade, gente famosa, gente que a "gente que gente nem imagina", a maioria artistas desiludidos e cansados da objetividade e mesmice da vida exterior, também se mata como o desconhecido Alfredo.

Vinícius de Moraes em 1962

Num dicionário de celebridades suicidas lançado recentemente, o autor elaborou não somente uma curiosa, como também triste lista com mais de 700 verbetes descrevendo o martírio dessas pessoas famosas que abandonaram a vida de maneira trágica. Anônimos ou famosos, o certo é que somos todos frágeis e sujeitos a situações desnorteadoras, fazendo com que muitos questionem se realmente vale a pena suportar esse sofrimento aparentemente sem sentido. Outrora esse tipo de sofrimento era amaldiçoado e condenado por tradições dogmáticas, obrigando, por isso, as pessoas a guardarem para si toda a carga emocional, sem a possibilidade de comunicar e compartilhar seus sentimentos. Em muitos casos, além de se matarem, carregando os problemas motivadores do suicídio, também suportariam a culpa e o medo imposto pelas crenças as quais certamente condenavam gravemente esse gesto. Como hoje, já eram estigmatizadas como fracas e incapazes de lidar com situações difíceis; pois bem, o ser humano não mudou na sua essência e tampouco mudaram as condições que os levavam a esse estado emocional doloroso e trágico. No entanto, hoje temos a possibilidade de falar e compreender com mais clareza esse sentimento cruel e obscuro, sem que haja sempre reação negativa e condenação.

Atualmente, apesar dos preconceitos e das exigências desumanas da sociedade competitiva, é possível compartilhar emoções e encontrar alternativas de aceitação, convivência e inúmeras formas de adaptação, caso as pessoas queiram evitar o gesto de se matarem. Ainda assim, caso estejam irredutíveis, é possível encontrar, um tipo de respeito e compreensão por parte de pessoas que sabem o quanto é doloroso tomar a decisão de morrer. Mesmo discordando da opção suicida, elas se colocam como amigas. Tal atitude lembra o gesto de amor incondicional, como direito sagrado, que se tem pelos sentenciados do corredor da morte, e que precisam de um conforto no momento derradeiro da partida.

AMIZADE REDUZ SUICÍDIOS

Em uma de suas visitas ao Brasil, Chad Varah, questionado sobre o significado do samaritanismo nos anos 1980, contexto no qual se dava sua visita e também título de um livro sobre as suas experiências, não hesitou ao responder que Samaritano não se tratava de um título e sim uma condição. Segundo ele, nunca procurou os Samaritanos, mas sempre foi procurado por eles. Sua função sempre foi a de oferecer as condições mínimas para que eles pudessem agir naturalmente, por consciência e vocação: oferecer amizade e ajuda, em qualquer lugar, sempre impelidos a atuar como pontos de auxílio, sem nenhuma formalidade ou dependência institucional. O conforto de um endereço e de uma instalação são apenas complementos espontâneos do encontro e das reuniões regulares têm afinidade de sentimentos e propósitos.

A organização programática dos Samaritanos ingleses e do CVV foi necessária para alavancar e expandir o movimento, porém nunca foi esquecido que a base funcional e o endereço verdadeiro dessa instituição é o voluntário, sua condição pessoal e sua disponibilidade. Para garantir o mínimo de atenção e ajuda em locais onde não há condições de conforto de uma instalação, os *befrienders agem como* uma marca de representação, um ponto de luz onde alguém pode buscar ajuda e também a possibilidade de que esse ponto se desenvolva e se transforme em algo maior e mais atuante. Como discípulos das escolas iniciáticas, podem ser o ponto de partida para a formação de uma nova escola, novos discípulos, novas escolas e assim sucessivamente.

Em 1980, depois ouvimos as reflexões de Chad por todos os lugares por onde passávamos, perguntamos se o Brasil não seria um ambiente propício para se espalhar o samaritanismo. Não seria apenas a realização de um sonho manter em cada cidade brasileira um embaixador do CVV, o qual portasse simbolicamente a identidade e o compromisso humano e social dos samaritanos. Esse representante estaria em contato permanente com outros voluntários, organizados em postos e endereços para receber orientações práticas e diretrizes de atuação mínima para difundir esse ideal de amizade e ajuda nas mais diversas circunstâncias. Eles seriam pequenas lanternas ou grandes refletores. O mais importante é que eles estariam disponíveis e que as pessoas os encontrariam quando necessitassem, nem que fosse apenas para levar um recado ou mensagem. Se fizéssemos essa descoberta, sem nos preocupar somente com as questões práticas de controle e administração, de quantos samaritanos em potencial poderíamos ter no Brasil e no mundo, esperando apenas um sinal de ação e estímulo, as coisas seriam bem diferentes. A situação de desconforto emocional, solidão e risco de suicídio poderia ser reduzida. Nem é preciso lembrar que não somos um clube, uma igreja ou uma associação de amigos. Somos muito mais do que isso. Somos samaritanos no século 21, uma poderosa rede de intenções e atitudes que pode fazer do nosso plano íntimo um mundo cada vez melhor e do ambiente em que vivemos e frequentamos, lugares cada vez mais agradáveis e felizes.

Durante a visita de Chad Varah ao posto do CVV de Santos em 1982, percorremos com ele (o tradutor, nós e mais dois voluntários) vários pontos das cidades do litoral. Na época, ele estranhou duas coisas das quais reclamou em voz alta, demonstrando, dessa forma, indignação, mas sempre com bom humor. Ao desembarcar na rodoviária dirigiu-se ao balcão da lanchonete para tomar um café e comentou: " Não entendo como os brasileiros colocam açúcar numa bebida tão gostosa como essa".

A outra reclamação veio logo depois entrar no carro da voluntária que nos conduzia, quando procurou e não encontrou o cinto de segurança, que estava escondido debaixo do banco ao lado do motorista, sem uso - como todos os carros brasileiros naquela época. E fez essa observação: "Agora eu entendo porque neste País as mortes por suicídio são superadas pelos acidentes automobilísticos..."

Era abril de 1982, vivíamos o período tenso dos dias os quais antecederam a Guerra das Malvinas. Voluntários de Mar del Plata viriam para a reunião do Conselho Nacional do CVV, em São Bernardo do Campo, e certamente queriam conhecer e confraternizar com o fundador dos Samaritanos. Aquela foi uma semana difícil para todos, quando se tratava de diferenças ideológicas. Na sala de Roberto Mário Santini, diretor do jornal A Tribuna, de Santos, Chad foi questionado sobre a posição da Inglaterra na questão com os argentinos. Muito autêntico e tranquilo, não escondeu sua postura política tipicamente britânica:

"Nosso critério parece ser justo, pois sempre perguntamos para a população local se eles querem exercer sua soberania ou ainda, nesse caso, sabemos que os habitantes das ilhas Falklands escolheram o protetorado do Reino Unido".

Naquela ocasião, Chad lembrou também a questão da Irlanda, cujos ativistas eram muito mais radicais contra as instituições britânicas e que o IRA sempre abria uma exceção e esta era para os Samaritanos. "Eles sempre nos escolheram para informar sobre a possibilidade de salvar vidas antes de realizarem seus violentos atentados contra determinados alvos em que os civis pudessem ser poupados".

Em nosso principal arquivo histórico encontramos um precioso registro (ver anexo 4) da sua especialidade espiritual e compromisso em desvendar e extinguir essa mazela da experiência humana. A pedido do CVV, ele teceu curiosos comentários sobre a tragédia da Guiana, fato que chocou o mundo inteiro, não somente pelas proporções, mas pelas condições em que ocorreram.

Chad Varah na Câmara Municipal de Santos em 1982

CAPÍTULO VII

O MUNDO MUDOU E A AMIZADE CONTINUA

Sétimo Princípio/ Sétima Prática

– Os Postos são apolíticos e não sectários e os voluntários jamais tentarão influenciar ou impor suas próprias convicções, quaisquer que sejam, àqueles que procuram o CVV (respeito).

– Os voluntários desenvolvem suas atividades observando as normas do Posto do qual participam, que por sua vez está integrado a uma Regional, e esta às demais, visando manter a unidade dos Princípios, das Práticas e das diretrizes do CVV (unidade de princípios, práticas e normas básicas).

PODE A MÁQUINA SUBSTITUIR O VOLUNTÁRIO?

"A década de 1980 – mais do que qualquer década anterior – será um período no qual a escolha da humanidade funcionará mais decisivamente do que jamais o fez. O rápido desenvolvimento da tecnologia tem livrado o homem da escravidão das circunstâncias ambientais e biológicas. Ele não é mais prisioneiro de um ponto geográfico determinado, pois pode se transportar facilmente de um lado do mundo para outro. Pode conversar com pessoas ao redor do mundo através dos novos inventos eletrônicos. Recentes avanços no campo biomédico tornam-lhe possível uma vida mais longa e uma melhor saúde, sistemas econômicos aperfeiçoados removeram – pelos menos em muitas nações – o perigo outrora constante da fome...Agora vemos o futuro não como um mundo que nos é imposto, mas como um mundo que nós mesmos criamos".

Edward Cornish, presidente da World Future Society, 1980

Há 30 anos perguntaram a Carl Rogers, talvez o psicólogo mais influente do século XX, como seria o mundo e a humanidade do futuro. Essas questões se referiam não somente a uma crise universal pela qual estávamos passando naquele contexto (o ápice da Guerra Fria), que incluía a incerteza sobre o futuro da nossa espécie, como também as conhecidas dúvidas sobre a natureza humana e o sentido das nossas existências.

No artigo revolucionário ainda hoje pouco conhecido e divulgado, Rogers se apresenta mais como filósofo e alerta os leitores sobre as repercussões no mundo acadêmico a respeito de suas reflexões nada ortodoxas.

Apesar da idade, quase octogenário, Rogers analisa aquelas questões com uma lucidez assombrosa e reflexões até desconcertantes para quem estava acostumado às suas narrativas ousadas. Ele descreve primeiramente a inevitável mudança de paradigmas, a qual só seria percebida pelas pessoas comuns muitos anos mais tarde, especificamente a comparação da previsibilidade da física newtoniana com a complexidade da nova realidade de incertezas. Muitos ainda nem se dão conta de que já vivemos hoje essa realidade transformadora, apesar de estarmos sofrendo claramente os seus efeitos.

Essa descrição, ao mesmo tempo profética e utópica, atingiu significativamente os leitores de Rogers, inclusive os voluntários do CVV, para quem os textos do autor eram referências. O ponto com maior repercussão seriam as características da pessoas do futuro, marcas potenciais de um processo de mudanças e não como identidade rígida ou fixa. Para Rogers, cuja utopia tem o sentido dinâmico e possível que lhe dão os educadores, essas pessoas, as quais poderiam dar um grande salto comportamental de humanidade, passariam por provas existenciais terríveis antes de se tornarem a maioria em nossa sociedade. Viveriam deslocadas e oprimidas num mundo em transição. Para expressar melhor essa ideia Rogers usa simbolicamente a expressão "alta taxa de mortalidade" , no sentido existencial, do qual elas seriam vítimas, se não fossem devidamente amparadas.

Foi esse aspecto do texto que mais incomodou os voluntários do CVV, desarrumando-lhes seu mundo íntimo, agora cheio de inquietação e expectativas.

As relações sociais seriam completamente diferentes daquela época?

Seriam mais harmônicas ou mais tumultuadas?

Haveria mais interação humana ou a solidão se tornaria mais intensa e mais complexa, por causa dos avanços tecnológicos e científicos que viriam?

Como ficaria a amizade e o afeto no futuro?

Haveria carências ou todos estariam conscientes e plenamente amadurecidos para compreender seus próprios problemas?

Uma outra prova da inquietação, ou do agravamento desta, diante das mudanças em curso, foi o trabalho apresentado pelo então Posto de Campinas, durante a reunião do Conselho Nacional do CVV em 1983, em São Bernardo do Campo. O título do estudo revelava uma preocupação futurista, a qual hoje pode parecer banal e até ingênua, entretanto na época abalou convicções e também gerou manifestações de confusão e repúdio:

"*Pode a máquina substituir o plantonista?*"

Máquina significava o advento dos computadores domésticos, interligados ao telefone (ainda não havia o conceito comum de internet) e plantonista era o atendente voluntário. A preocupação seria se uma máquina bem programada ofereceria aos atendidos um conjunto complexo de respostas lógicas e aparentemente satisfatórias para necessidades emocionais momentâneas. Nessa situação, poderia se estabelecer uma relação pseudo-afetiva entre um ser em sofrimento e um artefato eletrônico, o qual funcionaria como um amigo-robô, sempre disponível, preciso nas respostas, prontamente atencioso para atender às carências básica das pessoas, de forma impessoal e talvez repetitiva, caso o usuário persistisse e alongasse essa relação. Pior ainda, a solidão e as emoções seriam a tal ponto banalizadas que provavelmente aumentaria o risco de crises psicológicas e suicídios.

Como reagir diante de uma realidade tão próxima e tão ameaçadora?

O CVV e todos os serviços de ajuda emocional seriam necessários no futuro?

Se houvesse a continuidade desse serviço, como seriam suas condições e seu caráter?

A resposta mais ampla para todas essas dúvidas só viria muitos anos depois, com a propagação social da informática e da internet; todavia a resposta mais satisfatória para aquele momento ocorreu depois de intensos debates e um visível interesse científico e humanitário pela questão. Nem todos concordavam com a substituição do *befriending* pela máquina de respostas, no entanto foram unânimes sobre a qualidade dessa amizade, cada vez mais autêntica e constantemente aperfeiçoada pela transformação pessoal dos voluntários.

O relato a seguir, registrado na memória de um voluntário, prova que o CVV dificilmente se desviaria do seu caminho, mesmo porque as pessoas que nos procuram são os nossos principais aliados nesse cuidado:

– Sabe o que você parece? Você parece um computador.

– Por que, sou assim tão frio?

– Não, não... não é nada disso! o que eu quero dizer é que para cada pergunta minha você tem uma resposta, e na hora, em cima do lance!

Permanecemos em silêncio e ela prosseguiu.

– Interessante, eu coloco as questões, faço as perguntas e você não as responde e, ao mesmo tempo, responde, quero dizer você não responde o que eu pergunto mas

responde o que eu quero saber... ih, tô confusa!

– Sente-se confusa por não receber respostas objetivas?

– É isso aí... eu peço um conselho e você dá uma de sabonete, escapa, mas sem

fugir, você responde de um jeito que... bem. .. não sei explicar, mas é um bate-papo legal.

Silêncio...

Sabe, eu acho que você ta certo, afinal quem é você para me dar conselhos!?

O antigo telefone poderia até ser substituído por outras máquinas, que continuariam funcionando como meios; porém, a velha e boa conversa pessoal, face a face, incluindo a troca de olhares e o enxugar de lágrimas, presentes num *befriending*, continuariam funcionando em todos os postos do CVV.

Mesmo assim a entidade estaria sempre atenta aos novos acontecimentos, pois as mudanças e seus efeitos são inevitáveis.

Na década de 1980, por exemplo, com a explosão do individualismo yuppie na Europa e nos EUA (se opondo ao cooperativismo utópico dos hippies), se expande para o mundo todo o consumismo sexual de massas e a disseminação comercial da pornografia. Essa foi também a década do surgimento e dos efeitos devastadores da AIDS. O filme "Paris Texas" (1984), do cineasta Wim Wenders, nos dá uma ideia muito curiosa dessa época agitada de banalização do sexo e do afeto, na qual a personagem principal, interpretada pela bela Nastassja Kinski, trabalha como atendente numa estranha cabine de serviços sexuais onde os clientes não têm contato físico com ela. Ela se exibe e simula intimidades, conversa com eles através de um aparelho telefônico, mas está protegida por uma parede de vidro blindado.

Nessa época, todos os serviços de ajuda telefônica sofreram um bombardeio de chamadas obscenas ou eróticas. Os voluntários do CVV eram constantemente alertados e treinados sobre a necessidade de saber lidar com esse tipo solicitação. Em Londres, os Samaritanos já haviam desenvolvido um suporte psicológico profissional para lidar com o problema (atendentes especializadas e denominadas Brendas). No Brasil, ocorre uma super oferta dos serviços de tele-sexo, provocando inicialmente uma certa inquietação social, afetando também os voluntários. Logo depois, constatou-se que tal fenômeno até contribuiu para desviar do CVV as chamadas obscenas e eróticas, as quais tinham mais o aspecto superficial do que propriamente as carências e o sofrimento dos quais são portadores essas pessoas.

CABEÇA E CORAÇÃO NO MUNDO DIGITAL

O CVV e muitos dos seus voluntários já estão se adaptando ao novo mundo social e tecnológico. Não vamos correr contra o tempo, porém, como sempre fizemos, vamos ficar atentos a todas essas importantes mudanças. Nascemos no mundo analógico e industrial e agora precisamos sobreviver ao impacto do mundo digital e informacional. Para tanto, precisamos entender que mundo é esse como os seres humanos sofrem nessa nova realidade e como oferecer amizade nessas diferentes dimensões da complexidade?

Com a massificação da informática nas décadas de 1990 e 2000, o CVV já tinha pela frente um novo desafio: o fenômeno da internet e das redes sociais. É uma nova realidade, a qual já envolveu praticamente as três ultimas gerações humanas e também as tecnologias multimídias, conhecidas como hipertexto audiovisual. Nessa nova Sociedade da Informação, somos usuários praticamente irreversíveis de serviços digitais que nos obrigam a carregar minúsculos equipamentos para armazenar informações e manter contato permanente com pessoas, ter endereço eletrônico ou ainda fazer parte de algum tipo de site de relacionamento ou comunicação.

Há quase 50 anos o engenheiro e pensador canadense Marshal McLuhan previu a formação de uma aldeia global e a fusão conceitual meio-mensagem, demonstrando assim que os meios comunicação, como todas as demais tecnologias, são meras extensões do corpo e das necessidades mentais humanas. Recentemente, o profeta Alvin Toffler, o mesmo que nos anos 1980 previu o fim dos empregos e o advento do "prossumer" (empreendedor do capital-conhecimento, que vai substituir os empregados) afirma categoricamente que este será "o início do fim" da sociedade de massas.

Será mesmo?

Será que estamos vivendo os dias próximos do ócio criativo de Domênico Demasi, no qual teremos alta tecnologia, pouco trabalho e muito tempo de sobra para fazer tanto aquilo que gostamos como também aquilo que devemos?

Nesse universo da complexidade e da incerteza, a solidão e o sofrimento humano certamente continuarão presentes, no entanto de uma forma bem diferente dos séculos anteriores. Nesse mundo do Terceiro Milênio, onde é possível fazer amigos e compartilhar experiências múltiplas nas redes sociais também é possível cometer suicídios assistidos e incentivados por comunidades de culto e apologia da morte.

Como ficam os defensores da vida e todos aqueles que acreditam no potencial humano?

Estaremos aí, juntos, convivendo no mesmo mundo, na mesma pluralidade, na mesma diversidade social e existencial.

Outro aspecto preocupante dessa nova realidade é o fenômeno da indiferença moral e do isolamento em segmentos muito específicos, por afinidade ideológica, o que antigamente se chamava geografite ou "olhar somente para o próprio umbigo". Jovens pensadores desse universo revolucionário nos alertam para nos acostumarmos com paradigmas ainda desconhecidos. Mark Zuckberg, um dos criadores do Facebook, fez essa declaração sobre esses fenômenos: "Um esquilo que morre em seu jardim tem mais relevância para você atualmente do que gente morrendo na África". O ativista e escritor Eli Pariser, que em 2001 colheu 500 mil assinaturas pedindo ao governo dos EUA que não respondesse militarmente aos ataques de 11 de setembro, alerta agora sobre o perigo e o risco de empobrecimento da pesquisa e do pensamento humano quando se limitam aos processos de busca em sites. Nesses, os conteúdos são escolhidos e distribuídos por fórmulas matemáticas baseadas nos hábitos de buscas anteriores. Um mesmo assunto pode ter nesses sites de busca informações completamente diferentes por causa de nossas escolhas anteriores.

Não podemos esquecer que uma das marcas mais influentes da globalização tem sido a intensa movimentação demográfica, em função da constante migração dos mercados. Esse deslocamento populacional tem provocado, na mesma proporção, uma série de mudanças culturais causadas pela necessidade de adaptação social. Segundo dados do Ministério das Relações Exteriores, 3,1 milhões de brasileiros vivem atualmente no exterior (dados de 2010) e desse total mais da metade está nos Estados Unidos. Isso significa que essas pessoas estão aprendendo novos hábitos e também difundindo costumes brasileiros por meio da formação de comunidades de imigrantes.

Essas pessoas, muitas das quais estão em situação emocional vulnerável, hoje podem acessar os serviços do CVV ou formar comunidades voluntárias?

Quando e como estaremos preparados para enfrentar esses problemas?

O CVV ingressou na internet há alguns anos como unidade de atendimento virtual e recentemente institucionalizou-se como CVV-web, disponibilizando ao público uma comunidade interativa. Em Londres, como sempre na vanguarda, os Samaritanos são parceiros do Facebook e criaram juntos um sistema de alerta e proteção de milhões de usuários contra o suicídio.

Certamente o CVV seguirá nessa mesma trilha de avanços tecnológicos e de novas formas de convivência social na qual certamente estarão caminhando os novos tristes, solitários e angustiados.

No Conselho Nacional, realizado em abril de 2011, ocorreu uma fato já esperado, isto é, a percepção de que também dentro do CVV o intervalo de tempo entre as revoluções tecnológicas estão ficando cada mais curtos.

Nas últimas cinco décadas, a entidade construiu uma relação de intimidade tecnológica com o telefone e esta transferiu-se naturalmente para o comportamento dos voluntários. Foi construído, em função disso, um formato modular de serviço telefônico no qual o número de horas de disponibilidade do voluntário e do posto de atendimento eram peças da mesma engrenagem e estavam vinculadas ao sistema disciplinar de funcionamento do posto e da permanência do voluntário no plantão.

Assim, posto e telefone do CVV tinham lugar e endereço fixos, os quais deveriam ser frequentados regularmente pelo voluntário. Num serviço de prevenção do suicídio a falta mais grave de um voluntário é ausentar-se do plantão ou deixar o seu horário vago, sem possibilidade de atendimento. Para essa falta não há possibilidade reparatória, pois durante esse tempo uma pessoa poderia ter ligado e se matado por não encontrar alguém para ampará-lo emocionalmente, como afirmam os anúncios do CVV. Tal falta é injustificável e o voluntário se auto-exclui do grupo. Para voltar precisará ser reconduzido ao novo processo de treinamento reciclador, raramente disponível no período depois da sua auto-exclusão. Enfim, ele ficará fora por um bom tempo. Com o advento da internet e da telefonia móvel, essa paradigma tecnológico e funcional dos postos do CVV estão ingressando num inevitável processo de crise, como todos os outros setores atingidos pela revolução digital. O CVV-Web já sinalizou que há a possibilidade de um novo conceito modular de atendimento e frequência presencial dos voluntários. Quando o telefone era fixo e o aparelho tinha endereço fixo, o voluntário deveria estar presente regularmente nesse evento.

Agora, com as novas possibilidades digitais, se ampliaram e se flexibilizaram também todas as formas de disponibilidade atendimento. Talvez no futuro o voluntário ofereça amizade sem estar no local do plantão, até mesmo na rua, diminuindo as chances de se auto-excluir, mesmo nas situações acidentais e que fogem do seu controle, nas quais ele também se auto-excluiria. Com as novas tecnologias de comunicação é provável que venha a ser tornar o próprio posto de atendimento simplesmente porque ele carrega consigo o principal instrumento de ligação entre quem sofre e quem lhe oferece ajuda. Todas as consequências dessas mudanças, como controle e ética da função voluntária, serão intensamente discutidas e revistas.

COMO FICA A PREVENÇÃO DO SUICÍDIO?

No evento citado anteriormente, os voluntários do CVV, reunidos no seu tradicional encontro anual, foram surpreendidos por questões que talvez somente os organizadores do evento soubessem das repercussões: o impacto social das novas tecnologias de comunicação e o seus efeitos diretos nesse trabalho. Todos queriam respostas claras para essas dúvidas e principalmente um norte para dar continuidade em suas atividades.

No Simpósio sobre o Futuro da Prevenção do Suicídio, realizado no mesmo evento na cidade Guarulhos, psiquiatras, psicólogos, jornalistas, do Brasil e do exterior, refletiram sobre todas essas questões e chegaram à conclusão que as mudanças realmente vieram para ficar e que somente o enfrentamento aberto dessa pós-modernidade daria as respostas que todos buscam.

Como bons ouvintes, observamos atentamente todas as opiniões desses especialistas e, como sempre, recorremos aos nossos voluntários, o quais na vida pessoal são especialistas, nos ajudam a entender melhor toda essa complexidade transformadora e também a traçar as nossas estratégias de ação.

Tudo indica que a aceleração das transformações também vem atingindo os serviços de ajuda humanitária. Como o CVV encara essas mudanças?

Com naturalidade e atenção. Para cumprir a sua missão de Valorizar a Vida e Prevenir o Suicídio o CVV utiliza a estratégia de colocar pessoas em contato com pessoas : aquelas que necessitam e buscam apoio emocional , e os voluntários disponíveis para oferecê-lo.

As mudanças tecnológicas parecem que isolam ainda mais as pessoas. Não vai faltar voluntários e atendidos?

Não há falta de pessoas , as que precisam de apoio ultrapassam em muito o número das que podemos apoiar por enquanto. E as disponíveis para apoiar estão por aí , é preciso encontrá-las.

Como encontrar essas pessoas e também os novos voluntários?

Estamos num período muito favorável, de muitas oportunidades para identificá-las . Um momento em que a realização das capacidades da pessoa está facilitada, daquela que os pensadores da Filosofia Humanista denominam Pessoa do Futuro. Nosso desafio é acelerar as mudanças na organização visando obter a sua colaboração. E o número delas não é nada pequeno, podemos encontrar um grande contingente delas, desde que estejamos preparados para isso. A organização precisa, portanto, aperfeiçoar algumas das suas características para estar preparada.

Como seria esse aperfeiçoamento?

Primeiro estarmos abertos aos fatos. Nós estamos em plena Era Digital, por conseguinte precisamos aprender a ser uma ONG Conectada para aperfeiçoar a nossa habilidade de conectar pessoas umas com as outras. Aprender a utilizar o poder transformador da Mídia Social , a trabalhar nas Redes Sociais, inserindo-nos nas já existentes e tecendo outras específicas. Podemos obter também a colaboração revolucionária dos Agentes Livres da web. Literalmente revolucionária , basta ver os fatos que estão em curso no mundo inteiro. Em outras palavras , precisamos ampliar a nossa perspectiva para incluir um novo voluntário: o voluntário proativo , atuando no espaço virtual da web, selecionado e treinado à distância para uma nova categoria de ação.

Como funciona um trabalho humano como esse do CVV num espaço virtual como a internet?

Como sempre funcionou: temos estar atentos às pessoas com necessidade de apoio emocional. Temos que oferecer o fundamental : calor humano, interesse genuino e , se necessário , indicação do CVV.

Mesmo preservando suas características fundamentais, o voluntário não deve ter um novo perfil?

O voluntário atual, compreensivo, permanece: disponível para treinamento mais intensivo e continuado em Abordagem Centrada na Pessoa, atuando quando contatado. Com algumas mudanças: Utilizando a infraestrutura do Posto ou não, e participando de cursos e treinamentos presenciais e a distância.

Os voluntários, antigos e novos, estarão seguros diante dessas mudanças tão rápidas?

O que precisamos aperfeiçoar é a confiança na natureza construtiva das pessoas. É preciso também aperfeiçoar o nosso modelo de gestão organizacional: a Direção Centrada no Grupo, sem dúvida a mais indicada para a pessoa dos dias atuais , já nem falamos na do futuro.

Isso não é fácil numa organização voluntária?

Recordamos um dos passos necessários: transferir o máximo possível do poder de decisão e do controle da organização para as pessoas. Porque, cada vez mais, elas buscam autonomia, guiando-se pela sua autoridade interna , e demonstram não submissão às normas percebidas como rígidas e inflexíveis. Essas mudanças são desejáveis porque recuperam características distintivas do CVV, algumas da quais parcialmente perderam força com o crescimento da organização: simplicidade organizacional, criatividade e transparência.

E do ponto de vista técnico ou tecnológico, como fica o CVV?

Além do voluntário, há ainda muito a fazer no que se refere à infraestrutura: os meios de comunicação entre o voluntário e a pessoa que solicita apoio. Os desafios são vários:satisfazer a tendência atual de reunir num só equipamento : som , imagem e texto: e-mail, chat, SMS, twitter. Uma rede 141 eficaz. Uma rede de postos: conectando os postos entre sí. E uma rede de voluntários: conectando os voluntários com o posto.

E OS PRÓXIMOS 50 ANOS?

O autores do livro "CVV 25 anos, nos Caminhos da Amizade" não imaginavam a rapidez da passagem do próximo quarto de século, uma vez que os 25 anos anteriores foram vividos com intensidade e não com tanta velocidade como vivemos na última década e nos dias atuais. A impressão do tempo acelerado ainda não havia se instalado na cultura cibernética, a qual dava os primeiros passos. Logo, o olhar para o futuro ainda não tinha a conotação de hoje, ou seja, de incerteza e ansiedade. Sobre o porvir, os autores o definiram em poucas linhas; revelavam uma preocupação com as necessidades de expansão do trabalho, palavra de ordem herdada dos anos 70, ainda muito forte, entretanto como ocupação geográfica, nos projetos da instituição:

"Ao lembrar os 25 anos de funcionamento, o CVV busca apenas mostrar à sociedade o potencial que desenvolveu nesse período, capaz de motivar as pessoas a se doarem voluntária mente em favor do semelhante, O futuro, portanto, é de muito trabalho ainda; há muitas cidades sem postos, cujas comunidades precisam ser motivadas. Este é o objetivo da comemoração deste jubileu de prata: ampliar a experiência vitoriosa de 25 anos para benefício de um maior número de pessoas solitárias e em conflito consigo mesma e a sociedade".

Sobre a natureza desse trabalho, antes de revelar alguns dados estatísticos sobre os números de atendimentos feitos nesse primeiro período histórico novamente vem à tona a preocupação em manter as verdadeiras características da prevenção do suicídio:

"Uma das características do trabalho do CVV é o anonimato do voluntário e o sigilo no atendimento. Por isso o CVV não possui estatísticas de casos (possui apenas dados superficiais referentes ao número de pessoas que buscam os postos) e seus voluntários e a própria diretoria são praticamente desconhecidos da opinião pública. Apenas os voluntários encarregados da comunicação é que às vezes precisam aparecer concedendo entrevistas a jornais, rádios e televisão.

Impossível precisar o número de pessoas que procuraram todos os postos do CVV nestes 25 anos. Considerando-se que os primeiros 10 anos foram praticamente de trabalho experimental, com um posto apenas, e que o grande crescimento de postos e voluntários começou a partir de 1978, pode se estimar em mais de 2 milhões o número de atendimento - pessoais e telefônicos - efetuados até agora pelos plantonistas do CVV

Em 1961, o futuro era o ano 2.000, uma data criada pela imaginação fértil da ficção científica e pelo imaginário místico-religioso milenarista da tradição medieval. A corrida espacial entre EUA e União Soviética contribuiu muito para o clima futurista daqueles tempos inquietantes. A mente humana foi alimentada pelas temáticas espaciais de extraterrestres, os quais visitavam o nosso planeta ou por grupos terráqueos que se projetavam séculos à frente em complexas aeronaves que viajavam pelas estrelas.

Na virada daquela metade do século XX, faltavam 39 anos para a realização de todas as mudanças e expectativas tão aguardadas há séculos pela humanidade. Esse período de apenas quatro décadas, o qual parecia ser uma eternidade para as crianças, era ao mesmo tempo algo bastante efêmero para os adultos. Naquela época, as pessoas ainda não tinham a impressão que temos hoje, ou seja, de que o tempo está passando mais rápido e que a mudanças se sucedem velozmente.

Enfim, há cinquenta anos era perfeitamente possível pensar e imaginar o futuro sem muitas dificuldades, pois ainda não tínhamos noção do tipo de mudanças que ocorreriam. Éramos ingênuos sobre esses fenômenos. Agora, estamos numa situação bem diferente. Estamos perplexos diante dos acontecimentos, porém não temos mais como agir de forma ingênua.

Guardamos, todavia a ansiedade dos cientistas, a expectativa dos políticos, a utopia dos artistas e principalmente a esperança dos oprimidos e infelizes.

Depois de todas as experiências e simulações do futuro, como a utopia hippie e os avanços da ciência e da tecnologia, ainda temos uma grande dúvida, não sobre como vão ser as coisas externas e materiais e sim como serão as pessoas e a realidade social. Que mundo as novas gerações construirão nas próximas décadas? O mundo por caso não foi construído pelas gerações revolucionárias que nasceram há três décadas?

Como vimos, tais perguntas foram feitas para muitos pensadores humanistas, entretanto a maioria não conseguiu falar do assunto sem que oscilasse entre o otimismo e o pessimismo sobre as ações humanas. Com exceção de Carl Rogers, poucos souberam interpretar as tendências e características psicológicas do Homem e do mundo do futuro. Sua utopia escrita em 1979 fugia completamente das narrativas místico-religiosas tradicionais porque tinha como base as tendências paradigmáticas já em curso. Nada de fantasias, nem ingenuidade. Tudo dependeria de como lidaríamos com as nossas potencialidades e possibilidades, as quais surgiriam naturalmente, como efeito de novos paradigmas. O futuro estaria literalmente em nossas próprias mãos, como ocorreu nos últimos trinta anos e certamente estará acontecendo nas próximas décadas.

17 ANOS E UM CONTO DE TCHEKOV

Nosso primeiro contato mais próximo com o CVV foi em 1979, quando um amigo trouxe um convite para abrir uma nova frente de trabalho em favor do próximo. Era Eugênio Lopes Correia, que bateu em nossa porta, na rua Rio de Janeiro, em São Vicente, para nos trazer a grande novidade. Antes só conhecíamos vagamente esse serviço pelos anúncios veiculados na TV, quase sempre na madrugada, nos intervalos da sessão Coruja ou em raros anúncios publicados, geralmente em revistas femininas. Essa casa, na qual morávamos há uns cinco anos, pertencia a Dra. Velba, advogada e (não sabíamos) também voluntária do posto do CVV Abolição. O convite não foi feito para nós, mas para nossa mãe. Sempre muito gentil e entusiasmado, Eugênio trazia em mãos uma apostila do Programa CVV, de capa branca, com uma faixa colorida em tom rosa e uma fascinante pintura de Túlio Pesce, denominada *O Bom Samaritano*. Ele encontrava-se com frequência com Jacques Conchon e também com o Flávio Focássio durante a travessia da balsa entre Santos e Guarujá e sempre trazia alguma novidade desses antigos companheiros de São Paulo, então ligados à Aliança Espírita Evangélica. Eugênio, que era irmão do locutor e apresentador de TV Luis Lopes Correia, tinha também um talento natural para a comunicação. Suas aulas nos núcleos espíritas eram sempre um show de oratória simples e popular, sempre recheadas de histórias misteriosas ocorridas durante suas viagens na marinha mercante. Quando o assunto era científico, sempre dava um jeito de encontrar alguém na plateia para livrá-lo de responder as perguntas mais difíceis. "Essa o fulano responde!", dizia, se safando da situação, o que não diminuía em nada o grau de interesse dos alunos pela apresentação. A primeira vez que ouvimos a história do Chad e da menina suicida foi pela sua explanação dramática e sedutora. Eugênio nunca se tornou plantonista, mas falava do CVV com tanta convicção e entusiasmo que seria impossível não pensar no assunto ou fazer algo a respeito. Nessa época, a logomarca do CVV era a boia salva-vidas, gravada logo acima da ilustração principal da apostila. Tomamos aquela publicação e não largamos mais.

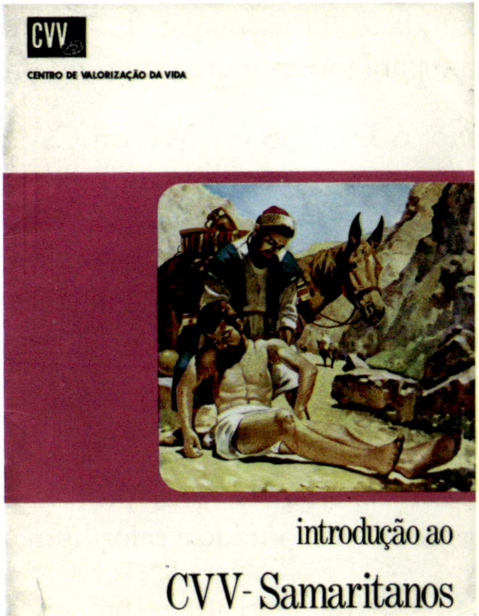

Edição de 1979 do antigo Manual do Voluntário do CVV

A primeira reunião ainda demoraria alguns dias, porém lemos todas as páginas, com uma curiosidade quase incontrolável. Ao recebê-las das mãos de Eugênio foi como se tivéssemos recebido notícias e novidades aguardadas há anos.

Dois fatos se destacaram daquelas páginas: o conto Angústia, de Anton Techkov, inserido logo na abertura como "Generalidades".

O que seriam essas tais generalidades e o que tal conto fazia ali? Lemos três ou quatro vezes e não compreendemos o que significava a morte daquela criança, tão sentida pelo cocheiro.

O segundo foi o artigo 9 do Regimento Interno dos Centros Samaritanos (capitulo III) cujas palavras categóricas pregavam que:

"Os plantonistas do CVV são pessoa de boa vontade , maiores de dezoito anos que independente de classe social, sexo, profissão e religião, saibam dar e queiram doar calor humano aos Spot (suicidas potenciais).

Nos encaixávamos na maioria dos requisitos exigidos, menos em dois itens. Na época, só tínhamos 17 anos e não possuíamos profissão nem emprego fixo. Isso nos deixou preocupados, pois não queríamos ficar de fora e perder aquela oportunidade de participar do "comitê" fundador, palavra importante e empolgante para jovens ingressantes no mundo dos adultos.

Para o nosso alívio, o Eugênio e o Wilson Cavalcanti (também outro grande entusiasta que não se tornou voluntário), líderes do grupo vicentino do comitê, deram sinal verde e fomos a Santos, acompanhando nossa mãe e também como ajudantes das primeiras reuniões. Em todas elas e também durante o primeiro curso sempre alguém nos lembrava do artigo 9; ficávamos remoendo as advertências em silêncio pensando: "23 de agosto está chegando, só faltam alguns dias." Finalmente chegou a nossa hora: 18 anos completos em meio ao curso de seleção.

Sem paciência, sem experiência, sem profissão e emprego. Éramos apenas "estudante", mas com boa vontade e calor humano.

Nem é preciso dizer o que seriam os próximos seis anos nos quais permanecemos como voluntário em Santos, até que mudássemos para São Paulo para concluir os estudos e escolher uma profissão definitiva. Foram seis anos de lições recebidas sem nos dar conta de que aquilo nos marcaria para toda a vida.

Mesmo longe do CVV, guardamos carinhosamente a primeira apostila e sempre a consultávamos em momentos de crise ou quando tínhamos que dar um passo importante nas escolhas pessoais. Lá continuavam todas informações que não perdiam o sentido original a qual tanto nos atraiu.

Durante todos esses anos, surgiram novas apostilas, novos títulos, novos conteúdos. O samaritanismo da capa perdeu sua cor e sua ilustração, no entanto ainda resiste de alguma forma como espírito ideológico dos voluntários.

Da versão original, só o conto de Techkov permaneceu intacto. Continua firme, agora no Manual do Voluntário, impresso em papel branco, cores moderadas, leves, não muito atraentes, talvez com a intenção de parecer uma publicação menos religiosa, mais neutra ou científica. Gostaríamos muito vê-la cair nas mãos de um jovem de 17 anos dos dias de hoje e constatar qual a reação diante daquelas informações.

QUANTO VALE UMA AMIZADE?

Atualmente, vivemos o mundo descrito por Rogers há trinta anos. Não um mundo pronto e resolvido, mas um mundo em construção trabalhosa e sofrida pelas intensas mudanças em nosso universo pessoal. Pagamos um preço altíssimo em forma de ansiedade, depressão, efeitos dolorosos de um grande esforço de adaptação. Não é apenas um novo século e um novo milênio do calendário cronológico; é uma nova realidade psicológica, bem diferente daquela na qual viviam as pessoas entre os anos de 1961 e 2.000.

No início daquela época, havia no ar a denúncia de grandes mudanças. Não era apenas a construção do Muro de Berlim, os testes nucleares ou a empolgante notícia dada ao vivo do espaço por Yuri Gagarin. Algo muito além disso, deixava intranquilos e ansiosos aqueles que pensavam no futuro e começavam a ouvir as primeiras canções dos Beatles. Assim sendo, esqueciam por alguns instantes o porvir e criaram instrumentos os quais mexiam com o mundo íntimo das pessoas.

Os artistas, principais agentes dessas mudanças, lançavam poesias, canções, histórias, formas estéticas revolucionárias e provocativas. Seus admiradores foram atingidos por essa energia transformadora e também criaram cenários sociais, os quais mais pareciam ficção do que realidade. Em alguma ocasião, um poeta talvez tenha dito que poderia existir um lugar onde as pessoas tristes e solitárias pudessem ter gratuitamente amor e amizade, com se fosse um enorme jardim onde colhessem livremente as flores.

"Utopia ou fantasia", diriam os pessimistas.

"Sonho que se transforma em realidade", reagiriam os otimistas.

Fundaram lugares onde a amor e amizade passaram foram ofertados sem pedir nada em troca a quem precisasse desse tipo de ajuda.

"Um absurdo", diria o sociólogo, vivermos numa sociedade na qual os elementos comuns e espontâneos precisam ser organizados e anunciados como produtos.

"Um absurdo aparente", diria o psicólogo, pois é uma sociedade a qual ignora o mundo interior das pessoas.

"É um absurdo intolerável", diria o advogado, uma sociedade cujas leis não amparam pessoas tão sofridas.

"Uma questão de oportunidade", diria o assistente social.

"Uma problema de espaço e organização", diriam o engenheiro e o arquiteto.

"Vemos aí mais um problema de ética e conduta", observariam o filósofo e o educador.

"Basta um telefone e um banquinho", disse o sacerdote.

E, finalmente, a opinião de todos eles, depois de ouvirem uns aos outros:

"Basta estarmos todos disponíveis!"

Foi exatamente isso que ocorreu quando uma pessoa de muito longe encontrou com outra também de um lugar bem distante, num posto do CVV, naquela época em um bairro distante do centro da capital paulistana:

"Estava em meu plantão, de madrugada, quando uma voz de homem liga e pergunta num péssimo português, se alguém ali falava inglês. Por coincidência eu sou inglês.

– Sim, amigo eu falo inglês. Podemos conversar!

– Você não sabe, como me sinto por ver que posso conversar com vocês. Estou muito só, não tenho ninguém com quem falar. Sou russo, e me sinto aqui como um peixe fora d'água.

Conversamos bastante. Ele desabafou, e depois perguntei-lhe como ele soubera do nosso trabalho.

– Vi propaganda de vocês na Rússia. Lá é que eu soube do trabalho de vocês. O meu medo é que não houvesse alguém aí que me entendesse, pois o meu português é péssimo, quase nada falo, sabendo apenas russo e inglês. Mas por sorte eu o encontrei. Já estou melhor".

Em 2002, fomos convidados a falar numa Reunião Geral de Voluntários, que se realizou num pequeno auditório de uma escola de São Vicente, no litoral paulista. Os voluntários de Santos estavam presentes e na ocasião comemoravam-se os 40 anos de fundação do CVV.

Depois do reencontro e troca de abraços com velhos amigos, finalmente falamos aos que gentilmente foram nos ouvir. Tínhamos descoberto recentemente o texto de Edgard Morin sobre as contra-correntes de regeneração planetária e sentíamos um vivo entusiasmo e alegria ao poder identificar o CVV como uma daqueles movimentos de resistência e resgate das pessoas.

Alguns amigos até nos olhavam com certa paciência e tolerância, pois o que para nós era uma constatação extraordinária, para eles era o óbvio. Sorriam gentilmente ao ouvir nossos argumentos. Tentávamos visualizar como seria realmente o mundo e as pessoas a partir de todas as mudanças em curso.

Hoje, talvez menos empolgados, porém sem perder o entusiasmo, ainda refletimos sobre tudo isso. Vemos que as tecnologias opera velozmente, alterando, dessa forma, processos e comportamentos sociais. Tudo caminha rápido demais e sabemos que os mundo jamais será como antes.

Que bom, pensamos, haverá menos sofrimento e aprenderemos a conviver com a incerteza!

A solidão continuará existindo, mas as pessoas poderão amenizá-la nas redes de relacionamento, onde farão novos amigos.

As dores da tristeza e da angústia também persistirão no dia-a-dia de todos os seres humanos em luta evolutiva, todavia, as pessoas serão mais fortes para suportar seus sentimento e emoções, porque finalmente aprenderam a falar abertamente sobre si mesmos, enfrentando corajosamente suas limitações e seus medos.

Então, se todas os elementos causadores de solidão, tristeza e angústia desaparecerão ou serão resolvidos com mais tranqüilidade pelos seres humanos, que faremos? Continuaremos a ajudar alguém?

O que faremos se os telefones não tocarem mais, as caixas de e-mail estiverem quase sempre vazias e os chats desativados?

E se não aparecer ninguém pessoalmente para conversar?!

Nós, que tanto oferecemos os ombros, a atenção, também vamos ficar sem ter o que fazer e com quem falar?

O que faremos? O que será de nós?

Pensando em tudo isso, fomos nos lembrando lentamente de todas as reuniões das quais participamos com amigos do CVV; das primeiras reuniões para formar o comitê, o qual criou o nosso posto de origem, das inesquecíveis e dezenas de aulas para seleção dos voluntários, dos treinamentos de role-playing em salas emprestadas ou nas casas dos colegas do grupo, das reuniões gerais, das viagens para os cursos de aperfeiçoamento, da preparação de trabalhos para apresentação no CN (sempre na época da Paixão e da Páscoa), de uma excursão na Francisca Júlia, dos primeiros encontros regionais e as incontáveis promoções para arrecadar fundos.

Recordamos que nesses anos todos nunca estivemos sós. Nunca nos deixamos nos abater pela solidão, pela tristeza ou pela angústia. Tudo isso porque sempre tínhamos amigos por perto, estávamos sempre juntos fazendo algo importante para os outros e indiretamente para todos nós.

De uma forma ou de outra, estávamos sempre no CVV. Mesmo longe, por alguma circunstância, estávamos de alguma forma sempre por perto. Sempre alguém ligava para lembrar que não fomos esquecidos e que tínhamos alguma coisa muito importante a fazer, não por nós, mas pelos outros. Uma palestra, um curso, uma reunião, enfim, rever os amigos, saborear um beijo fraterno, aproveitar o conforto de um longo abraço, se derreter diante de tantos sorrisos pela alegria de nos ver.

Quem sabe encher os olhos de lágrimas de gratidão.

Quem sabe escrever um pequeno livro falando um pouco de tudo isso.

A amizade continua.

ANEXO I

OS MELHORES ANOS DE NOSSAS VIDAS

"Agora vou descansar e amanhã começar tudo de novo, aliás não é a primeira vez que recomeço minha vida". Um diálogo interessante – CVV, uma proposta de Vida

1961

28/07/61: O jovem estudante Jacques Conchon, juntamente com a sua turma de aprendizes da FEESP, recebe das mãos de Edgard Armond as sugestões para a implantação do futuro CVV. Formação da Campanha de Valorização da Vida –CVV.

1962

Janeiro (01) – Início do primeiro curso para plantonistas. Março - Dia 1º - É fundado o Centro de Valorização da Vida (CVV) Sociedade civil sem fins lucrativos. Inicialmente denominando-se Campanha de Valorização da Vida. Finalidade – minorar o índice de suicídios em São Paulo. Posto da rua

Maria Paula, em sala e telefone cedidos pela Federação Espírita do Estado de São Paulo. Misayo Ishioka dava o primeiro plantão,inaugurando no Brasil o primeiro posto CVV.

1963

Março – O CVV cria o Grupo de Visitadores, para acompanhamento de casos. Os atendidos eram encaminhados para uma reunião de psicoterapia. O CVV despende muitos esforços para conseguir internar uma jovem que fora conduzida, por seu pai, ao plantão, em total estado de desequilíbrio. Compreendemos naquele momento que a expansão do CVV estaria sempre e intimamente ligada à construção de um sanatório. O caso da jovem foi o primeiro de uma série interminável. Julho (06) – 2° Curso para Plantonistas.

1964

As reuniões de psicoterapia transformam-se em reunião mensal de plantonistas. Os casos passam a ser acompanhados individualmente pelos voluntários.

1965

Março: uma geladeira foi vendida para inteirar o sinal da aquisição de um conjunto de salas na rua Francisca Miquelina, cada plantonista encabeçaria uma "chave", tornando-se responsável pela angariação de Cr$ 11,000,00 mensais.

Julho: O jovem Jacques Conchon visita os Samaritanos, em Londres, iniciando o primeiro contato com uma personalidade inesquecível, o Rev. Chad Varah. O CVV tinha 20 voluntários e funcionava das 16 às 22h. Os Samaritanos funcionavam 24 horas com 250 voluntários e 80 filiais na Inglaterra.

O CVV recebe em doação do voluntário Waldemar Nunes um terreno em Americanópolis, SP, e sobre ele, os próprios voluntários ergueram o 1º bloco da futura Clínica. Mas, o terreno era "grilado" e Waldemar propôs a troca desse terreno, por outro em **São José dos Campos.**

1966

boletim do mova
EXPEDIENTE

Redação:
Rua Francisca Miquelina n.º 110
apto. 3 - Telefone: 37-9705

Diretor Responsável:
Valentim Lorenzetti

Registro no DNPI - Pedido têrmo n.º 935.213

Impressão: Gráfica Semog Ltda.
Rua Hermínio Lemos, 37 - Tel.: 278-8085

Composição: ARTEL - Arte Ténica em Linotipo Ltda.
Rua Lavapés, 1053/1057 - Tel.: 278-1788

Primeiro Boletim do CVV

Julho – O CVV trabalha em caráter experimental procurando seguir os moldes dos "Samaritanos" de Londres. Após o primeiro contato todos os casos eram submetidos a uma rigorosa observação durante 90 dias. Todos os plantonistas, ao ingressarem, freqüentavam um curso preparatório e submetiam-se a um teste final. Uma vez aprovados, eram obrigados a fazer estágios de aperfeiçoamento em hospitais, ambulatórios, sanatórios etc.

Outubro – Nos quatro anos de atividades o CVV atendeu em uma sala contígua a um consultório médico de grande movimento, de cuja sala de espera, partilhavam, quando necessário, as pessoas que procuravam o CVV, o que surtia um efeito negativo nessas pessoas, desmotivando-as a retornar. Foi realizada campanha financeira entre familiares e amigos dos plantonistas. Essa campanha resultou na compra da sede própria. O cabo do telefone, que na época era muito difícil de se obter, conseguimos através de uma pessoa vinculada ao trabalho.

1968

Março – A Revista Visão publica artigo sobre o CVV

Dr. Roberto Mercatelli fundador do Sanatório Espírita Antônio Luiz Sayão lança a pedra fundamental da C.R. Francisca Júçia

Maio – Lançada a pedra fundamental da Clínica de Repouso Francisca Julia, inicialmente com capacidade para 200 leitos. A idéia era de a obra ser construída por etapas , em pavilhões sucessivos até atingir a capacidade de 1000 leitos.

A idéia de construção de uma clínica surgiu baseada no fato constatado de que em cada 10 atendimentos de pessoas que tentaram ou estavam em vias de cometer o suicídio, um requeria internação em clínicas especializadas por tratar-se de doente mental. A princípio pensou-se em uma obra de pequeno vulto, para tão somente atender os casos do CVV. Posteriormente, considerou-se a precariedade de recursos de SP e do Brasil em favor dos doentes mentais e decidiu-se ampliar o projeto, transformando-o numa clínica capaz de dar assistência às pessoas portadoras de doenças mentais e moléstias nervosas em geral, incluindo o tratamento de toxicomanias. 50% dos leitos seriam destinados a indigentes e os 50% restantes para doentes enviados por instituições conveniadas ao INPS e outras. A clínica seria mantida com o dinheiro recebido da ocupação dos 50% dos leitos conveniados.

Julho – O CVV passa a funcionar em sede própria. Com essa mudança passa a divulgar o trabalho porque estava então capacitado a atender adequadamente a um maior número de casos. Fundado há mais de seis anos, o CVV estava funcionando em caráter experimental; a mudança para a sede própria representou a consolidação da experiência.

Outubro – Notícias que desencadeiam suicídios:

A constatação, após fatos ocorridos a partir de 31/08/68, de que as notícias sobre suicídios são fatores desencadeantes da idéia auto-destrutiva em pessoas cujo equilíbrio emocional já está abalado. A série começou no dia 31/08, com um gesto de um Sr. Idoso atirando-se do Viaduto do chá. Deixou um bilhete dizendo-se acometido de doença incurável. A imprensa destacou o fato.

No dia 3 de setembro, uma mulher de 43 anos atirou-se do viaduto da Rua Major Quedinho, era portadora de distúrbios psíquicos.

Dia 4, foi a vez do homem de 31 anos que saltou do 7° andar de um prédio no bairro da liberdade; pelas informações de seus colegas, ele já vinha apresentando sintomas de desequilíbrio mental.

No dia 5, uma moça de 16 anos precipitou-se do Viaduto Martinho Prado; há um ano atrás, havia tentado o suicídio e era uma personalidade neurótica.

No dia 6, um homem de 40 anos atira-se da rampa da Beneficência Portuguesa; era um desequilibrado emocional, que estivera em estado de coma, quando soube da doença incurável do pai.

Entre 31 de agosto e 6 de setembro, cinco pessoas se suicidaram, precipitando-se de lugares altos; duas outras atirando-se em rios e uma oitava se enforcou em árvore de um terreno baldio.

A divulgação dos suicídios não motivou a ideia, mas ofereceu uma sugestão de como praticá-la com eficiência naquelas pessoas que tinham essa idéia em estado latente; ou seja, para pessoas normais, a publicação dessas notícias não causa nenhum dano, mas para aquelas que já têm uma propensão para a autodestruição, são estimulantes, funcionam como molas propulsoras para o abismo.

Entre 12 e 19 de setembro ocorre nova onda de suicídios.

1969

Janeiro – O jornal O Estado de São Paulo publica página inteira sobre o CVV.

É Eleita a Diretoria Executiva do CVV: Presidente: Pedro Augusto Martins; Vice Presidente: Mário Seki; Tesoureiro: Flávio Foccácio; Secretário: Jacques Conchon; Diretoria de Contatos e Divulgação: Sueli Bataglia Conchon; Diretor de estudos e pesquisas: Valentim Lorenzetti.

Maio – A Revista Realidade publica artigo com 7 páginas sobre o CVV.

É um momento importante de divulgação para o público paulista. O conhecimento do suicídio e sua possibilidade de prevenção funcionam como choque e alento para a população.

Setembro: A divulgação do CVV teve grande impulso com a colaboração da TV Record, a qual convidou os diretores do CVV a comparecerem ao programa de Hebe Camargo.

Iniciadas as obras de construção da Clínica de Repouso Francisca Júlia.

Rosalvo, plantonista do CVV de São Paulo, muda-se para São José dos Campos a fim de acompanhar e fiscalizar a execução dos trabalhos.

Outubro: Quatro pavilhões da clínica estão em fase de revestimento; fazem parte de um projeto de 25 pavilhões para 400 doentes.

O dinheiro necessário para a construção foi arrecadado com a venda de 2000 números de uma rifa, além da realização de Bazar Beneficente e desfile de modas e, posteriormente, criado o MOVA- Montepio de Valorização, um órgão destinado a formar um fundo de manutenção do CVV, em especial das obras da Clínica.

1970

Divulgação do CVV – Critérios para uma divulgação cuidadosa no CVV.

O método empregado na divulgação deve ser lento e confiado a veículos sérios e respeitáveis, provocando no meio social a sedimentação de uma ideia construtiva. Neste ano, chegava o momento de imprimir um ritmo mais acelerado à nossa divulgação.

Abril: Instalado o Posto CVV de Porto Alegre, segundo Posto do Brasil, atendendo das 14 às 22 horas.

Agosto – Marius, Conselheiro do CVV, é entrevistado no programa de Flávio Pereira, no canal 11. O Jornal Última Hora publica artigo de página inteira. Marius é entrevistado no programa " Cidinha 70".

Setembro: CVV participa de programa de Flávio Cavalcante.

Rogers chega ao CVV por meio de seu livro Psicoterapia Centrada no cliente.

1971

Criação do Corujão - plantão das 22h00 às 7h00 da manhã. Desde o início, os voluntários homens davam o plantão das 16 às 22 horas usando gravata. Convênios com o Estado para manter uma parte dos leitos da Clínica e doação de recursos para o término da 1ª etapa das obras. Convênio com as Faculdades Unidas de SP para o desenvolvimento de estudos do suicídio em nível superior. A nossa terapia empregada continua a mesma: A Terapia do Amor ou a Terapia do Apoio. Criação da Campanha dos 200- Várias campanhas foram levadas a efeito para arrecadar recursos para as obras da clínica, almejávamos atender 1000 pessoas. Fundação, em 3 de abril, do Posto de Porto Alegre.

1972

Agosto, dia 12 - Inaugurada a Clínica de Repouso Francisca Júlia.

D. Geny Mercatelli, fundadora do Sanatório Sayão, de Araras, corta a fita inaugural da Clínica de Repouso Francisca Júlia.

A pedidos do Secretário de Estado, Valter Leser, a Clínica recebe os doentes mentais do Juquerí.

Dezembro – O CVV começa a estender seu período de atendimentos para 24 horas.

1974

Desenvolvimento do Curso de Aperfeiçoamento CA II, baseado nos estudos do livro de Rogers.

1975

Inaugurada a 1ª Casa do Lar Esperança. Estas casas, construídas ao lado da clínica Francisca Júlia, com a experiência das Aldeias S.O.S da Áustria, destinam-se a crianças órfãs ou abandonadas. Cada casa abriga três meninos e três meninas e, tomando conta desta casa e das crianças é escolhida uma senhora solteira ou viúva que formará com as crianças uma família e atuará como mãe, sanando o inconveniente dos orfanatos. A capacidade prevista para o Lar Esperança será de 10 casas para 60 crianças.

Implantação do Exercício de Role Playing (Treinamento de Papéis) que trouxe um processo de constante aperfeiçoamento para os voluntários

Dezembro – Instalado o CVV Santo André – terceiro Posto do Brasil, iniciando as atividades do CVV na região do ABC com atendimento das 14 às 22 horas. Sua inauguração deveu-se às estatísticas que indicavam haver nessa região um dos mais altos índices de suicídios no país.

O Posto da Abolição já funciona 24 horas por telefone e pessoalmente das 14 às 22 horas.

1976

Casa da Criança Jésus Gonçalves. Iniciavam-se os trabalhos. A casa era mantida e orientada pelo CVV, cuidando de 34 menores excepcionais. Instalação, em 14 de fevereiro, do Posto de Pinheiros. Em 26 de outubro é instalado o Posto de Ribeirão Preto.

1977

Chad Varash e membros do CVV com o então prefeito de São Paulo Olavo Setúbal

Maio – Chad Varah vem ao Brasil, processo de expansão do CVV.

Julho – Acontece a primeira Reunião Geral de plantonistas em SP.

Instalação dos Postos de São José dos Campos (16 de maio) e Nova Suíça (10 de dezembro).

1978

Instalado, em 01 de abril, o Posto CVV em Mar Del Plata.

La Esperança, já com três casas prontas

Postos Instalados: Porto Alegre – 50 plantonistas, Santo André – 50 plantonistas (24hs), Pinheiros (SP2) Início dos trabalhos no Hospital das Clínicas, Jundiaí- 37 plantonistas (das 16 às 22), Foz do Iguaçu, Abolição – 176 plantonistas, São José dos Campos – 21 plantonistas, Belo Horizonte – 70 plantonistas, Barra Funda – (SP3) – funcionando dentro do pronto-socorro das 18 às 7 da manhã

Os voluntários Flávio Focássio, Jão Paulo de Souza e Roza Maria Carleto com o Secretário Municipal de Saúde Nelson Proença na inauguração do posto do CVV no Pronto-Socorro da Barra Funda

Clínica Francisca Júlia – aumenta de 125 para 168 leitos por exigência da Secretaria da Saúde.

Instalados os Postos do CVV em Recife e Rio de Janeiro.

1979

Abril – Ocorre o 1º Encontro Nacional de Plantonistas com a presença de Chad Varah. Participam 500 pessoas.

Um representante do CVV é convidado a proferir palestra de encerramento sobre "Prevenção do Suicídio" no IX Simpósio de Psiquiatria patrocinado pela Escola Paulista de Medicina.

Instalado o segundo posto CVV no Rio de Janeiro – Estácio de Sá e mais: Brasília, Taubaté, Tatuapé, Jacareí, Montevidéo e Colômbia.Os cursos de aperfeiçoamento se desenvolvem no CVV. O CAIII é realizado com a duração de seis meses.

Houve um grande crescimento no CVV, no período de 77 a 79, graças trabalho da agência de publicidade CBB & A.

Trabalhos desenvolvidos pelo Centro de Valorização da Vida: CVV – prevenção do suicídio. Clínica de Repouso Francisca Júlia - Psiquiatria e Dependência Química. Casa da Criança Jesus Gonçalves - Amparo a 39 crianças excepcionais. Lar Esperança – 4 casas tipo lares. Família com 6 crianças cada uma. Lar Escola Bela Vista – Creche com capacidade para 200 crianças, além de toda a estrutura assistencial, as crianças recebem escolarização desde o jardim até o 1º ciclo completo.

1980

Abril – A 1ª Reunião do Conselho Nacional do CVV-Samaritanos, realizada em São Paulo, com a presença de representantes de 23 Centros Samaritanos do Brasil e como convidados especiais, os centros de Mar Del Plata, Argentina, Montevidéo e Uruguai.

"Foi um marco importantíssimo para o trabalho de prevenção do suicídio no país. Depois da reunião, todos entendemos que o samaritano é um estado de espírito, uma atitude pessoal, de respeito ao semelhante. Todos estávamos ali para crescer em sentimentos. Para sermos melhores samaritanos, para desenvolvermos a capacidade de aceitação do semelhante.

Enfim, para doarmos mais amizade e calor humano ao suicida em potencial." (Valentim)

Instalados os Postos CVV em Curitiba, Belém, Ribeirão Preto, Santos e Bragança Paulista..

Projeto SOMA - Criação das Sociedades Mantenedoras para os diversos trabalhos do Centro de Valorização da vida, com o objetivo de essas sociedades ficarem com o encargo de buscarem os recursos necessários para manter os trabalhos.

Diretoria do Centro de Valorização da Vida em evento na Gastroclínica em 1979

Setembro - É realizado o Primeiro Encontro Regional do CVV em Goiânia.

Plano Trienal - Resolução da Diretoria do CVV pelo não crescimento das obras sociais, a fim de dar sustentação às já existentes.

1981

Programa CVV - Adoção dos 7 Princípios Samaritanos e as 7 Normas, consolidando o Ideal Samaritano do Trabalho. Instaurados os Role Playing Instantâneos no CVV, que funcionavam como aquecimento do Role Playing e futura implantação das Respostas Compreensivas. Ocorre o 2° Conselho Nacional, consolidando o Encontro entre Postos e os princípios do Trabalho Centrado no Grupo.

1982

Construída a cozinha na Clínica de Repouso Francisca Júlia, o que resultou numa melhora considerável do atendimento aos internos.

Acontece o 3º CN – Consolida-se o Conselho Nacional do CVV.

A TV Globo leva ao ar o Caso Verdade "**DISQUE CVV PARA VIVER**", com repercussão nacional.

1983

Abril - 4º Conselho Nacional

Desafios lançados: Multiplicar os Centros Samaritanos ou CVV-Samaritanos em todo o Brasil.

O Posto Abolição apresenta as bases experimentais de modificação do Curso de Seleção de Plantonistas através da introdução do Programa de Estágios Monitorados.

Iniciam-se os treinamentos de reciclagem de conhecimento para os plantonistas; a idéia era rememorar conceitos e dinamizar a rotina do trabalho voluntário.

Novembro – Na finalização dos estudos do livro “Tornar-se Pessoa”, de Rogers, era discutido o tema “Vida Plena” com entusiasmo, tornando-se desde então, matéria discutida em todos os encontros, CNs e Aulas.

1984

Abril - 5º Conselho Nacional-

Mensagem de Chad Varah: Atenção, muita atenção ao atendido. “Nós não somos resolvedores de problemas, nós somos amantes de pessoas.” (CVV 25 anos)

Realizada a “Reforçada” em Araraquara – Aula de Reforço.

4º Encontro na Regional Centro Oeste.

Contribuição dada pelos voluntários de Limeira a este Encontro: "A Espiritualidade do Plantonista e o Método Não-Diretivo". Preparação para os plantões em oração comunitária.

Outubro – Primeiro Encontro de Brodósqui – Consolidando os encontros Regionais.

Os Voluntários cariocas discutem os temas "O Homem do Futuro" que passou a integrar o curriculum mínimo do voluntário.

1985

Abril - 6º CN

61 postos atendendo 24 hs

Agosto: em uma RGP da Abolição, Esther de Morais apresenta aos voluntários o tema "Ciclo da Vida", uma importante contribuição ao nosso trabalho. Sem dúvida alguma, o momento mais importante da história do CVV é o que vivemos hoje, quando sentimos em todos os voluntários os anseios incontidos de aperfeiçoamento interior, aquilo que Armond chamava de reforma íntima. Com essa ferramenta, poderemos marchar com passos firmes na certeza de que atravessaremos o próximo quartel de século com a mesma glória dos primeiros vinte e cinco anos.

Hospital Francisca Júlia com 158 pacientes. Lar Esperança- com 28 crianças.- As crianças vão crescendo. Casa da Criança Jesus Gonçalves- As crianças foram encaminhadas para outra instituição (Centro Educacional Ninho da Paz). O Lar da Redenção solicita verba ao CVV para construção de sede maior para abrigar as 7 crianças que foram transferidas da casa Jesus Gonçalves.

1986

7º CN - Regionalização - Os Postos iniciam a valorização da atuação dentro da sua regional.

Expansão- O crescimento do número de postos deve ser buscado quando os postos existentes estiverem com seu mapa de plantão consolidado.

1987

CVV comemora seus 25 anos com o lançamento do livro "Nos caminhos da Amizade". A Clínica de Repouso Francisca Julia passa por dificuldades financeiras e pode interromper seus atendimentos. Descentralização Administrativa do CVV, até então centrada na diretoria do Centro de Valorização da Vida. Secretaria/Credenciamento – Santo André. Área de estudos e revisão de programas – Ribeirão Preto. Contatos com Befrienders Internacional – Brasília

1988

9º CN que passa a ser organizado pelos Postos com a coordenação do Posto Abolição.

Definição das Regionais

1989

Lançamento pela Editora Aliança do livro CVV, uma proposta de Vida com textos de Flávio Focásssio, Jacques Conchon e Valentim Lorenzetti.

1990

10º CN – Resgate das finalidades do CVV. Trabalho voluntário de Prevenção do suicídio;pronto socorro para apoio às pessoas em crise de desespero.Trabalho voltado para a outra pessoa, não para o voluntário (embora o voluntário seja por ele beneficiado, pela oportunidade de ajudar);o CVV não é um clube de amigos. A agência Yung&Rubican cria uma campanha emergencial para arregimentação de voluntários.

1991

11º CN – Os Postos passam a ter o prazo de um ano e meio para o cumprimento das 24 horas, a partir de seu início de funcionamento. A Cínica de Repouso Francisca Júlia está construindo um salão para laborterapia em uma área de 640 metros quadrados, melhorando, dessa forma, o trabalho de terapia ocupacional de fundamental importância para a recuperação do paciente doente mental. Recebemos 5000 blocos em doação para a construção.

1992

A Clínica de Repouso Francisca Júlia completa 20 anos.

Samaritano
integrado ao programa CVV

Renasce a marca Posto Samaritanos para aqueles postos que não cumprem as 24 horas.

1994

Clínica de repouso Francisca Júlia adota arte como terapia.

Idéia de transformar a clínica em comunidade terapêutica, visando integrar o doente mental à sociedade. Construída a portaria e vestiário para os funcionários e está prevista a construção de uma padaria de consumo interno e laborterapia para pacientes com alta médica.

15º CN - Desafios lançados: levar a Proposta de Vida do CVV para a comunidade. Melhorar a qualidade da relação de ajuda; retomada da expansão; os postos terem no mínimo 40 voluntários; Cada posto elaborar seu regimento; aquisição de linha telefônica do posto; cada regional enviar matéria para o Boletim; os 33 Princípios Samaritanos

1996

Abril – 17ºCN - Proposta de maior flexibilização no trabalho e descentralização.

1998

Início do atendimento por e-mail em Santo André, mês de março.

1999

20º CN - Apresentação do CRC – Caminhos de Renovação Contínua, reuniões para ajuda emocional aos voluntários, estendida também à comunidade.

2000

21º CN - São criadas as Comissões Nacionais, visando ampliar a participação dos Postos e Regionais.

Proposta de um trabalho mais efetivo do CVV na comunidade. Criada a Coordenação Nacional do CVV.

2002

O Centro de Valorização da Vida é credenciado para administrar o "Amigos do Zippy" no Brasil, um programa educativo desenvolvido pelo Befrienders International destinado a crianças de 6 a 7 anos de idade.

2003

Consolidam-se os conceitos que o CVV tem de si mesmo:

Missão - Valorizar a Vida, contribuindo para que as pessoas tenham uma vida plena e, conseqüentemente, prevenindo o suicídio. Visão - Uma sociedade compreensiva, fraterna e solidária. Valores: Confiança na tendência construtiva da natureza humana; Trabalho voluntário motivado pelo Espírito Samaritano. Direção Centrada no Grupo. Aperfeiçoamento contínuo. Comprometimento e disciplina.

2004

CVV – Convênio com o Ministério da Saúde

Francisca Júlia - Projeto Residência Terapêutica. Iniciado o trabalho de treinamento dos pacientes que apresentam condições para receberem alta do hospital, mas que não têm família, para que eles possam serem re-inseridos no ambiente social. Amigos do Zippy - Em 2004, 8 escolas participam do programa.

2005

O Ministério da Saúde lança a Estratégia de Prevenção ao Suicídio e nos traz dados estatísticos a respeito do aumento do número de suicídios no país, principalmente entre jovens de 18 a 25 anos. O suicídio é considerado problema de saúde pública. O CVV é convidado para participar do grupo que tratará da Estratégia de Prevenção ao suicídio. O CVV busca atingir o público jovem, desconhecedor do trabalho. Amigos do Zippy - 32 instituições que participam do programa.

2006

CVV - O Ministério da Saúde realiza no Rio Grande do Sul o Encontro para implantação da Estratégia Nacional de Prevenção do suicídio. Amigos do Zippy - 167 instituições participam do programa.

Francisca Júlia - Montadas as primeiras Residências Terapêuticas, casas comuns, alugadas pelo Centro de Valorização da Vida, na cidade de São José dos Campos, onde passaram a residir de 5 a 8 ex-pacientes em cada uma delas, tendo um funcionário como "cuidador" e a assessoria de uma equipe multi-profissional do Hospital Francisca Júlia.

2007

BALANÇO DAS OBRAS

LAR ESPERANÇA

Trinta e cinco crianças foram criadas no Lar, estudaram e formaram-se em diversas profissões, desde cozinheiros, engenheiros, jardineiros... 29 deles estão casados e vivendo com suas famílias; 6 são especiais, embora trabalhem e morem na cidade de São José dos Campos, continuam tendo o apoio do Centro de Valorização da vida. Existem projetos para o desenvolvimento de novas atividades com crianças ou idosos nas casas onde as crianças cresceram, que deverá permanecer com nome Lar Esperança.

CASA DA CRIANÇA JÉSUS GONÇALVES

As 33 crianças mantidas na Casa eram totalmente dependentes, o que requeria uma assistência aquém da que podíamos oferecer. Cada criança necessitava do cuidado de um auxiliar de enfermagem, o que para nós era inviável. Há aproximadamente quinze anos as crianças foram encaminhadas para novas casas abertas por voluntários do CVV e Centros Espíritas. Cada casa aberta abrigou de 4 a 5 crianças do Lar. Uma delas, " Irmã Clara", iniciou abrigando 5 crianças e hoje mantém aproximadamente 30 crianças.

LAR ESCOLA BELA VISTA

Este trabalho também foi redirecionado para ser cuidado pela Aliança Espírita Evangélica, todavia foi desativado.

HOSPITAL FRANCISCA JÚLIA

Conta com 150 leitos, sendo que 30 deles ocupados por pacientes residentes e 120 doentes agudos. A ala de dependência química conta com 25 leitos. 7 (sete) Residências Terapêuticas ocupadas e mais uma sendo montada. Projeto de abertura de um CAPS – Centro de atendimento Psicossocial, que caracteriza-se por uma assistência aberta, intensiva e continuada a pacientes necessitados de tratamento psiquiátrico, mas que apresentam condições de permanecer no convívio familiar, mesmo durante o tratamento. Este modelo pretende preencher a lacuna existente entre o atendimento ambulatorial, que é menos intensivo, e a internação hospitalar prolongada, que acaba agravando o estado do paciente. Favorece aos pacientes a manutenção dos laços sociais, pois retornam ao ambiente familiar diariamente. No CAPS, o paciente recebe tratamento medico e psicológico por meio das oficinas terapêuticas.

AMIGOS DO ZIPPY

Em operação os seguintes Núcleos, envolvendo mais de 7 mil crianças: São Paulo, que compreende as instituições da cidade de São Paulo; ABC / Baixada Santista, que compreende escolas das cidades de Santo André, São Bernardo do Campo, São Caetano do Sul, Diadema e Santos; Vale do Paraíba, que agrega escolas de São José dos Campos, Jacareí, São Luiz do Paraitinga, Pindamonhangaba, Campos do Jordão e Tremembé. Curitiba, que engloba instituições da cidade de Curitiba. Em Sorocaba,todas as escolas públicas do município.

2008

CVV – Retomada do foco na direção da prevenção do suicídio. Seminário “Compreendendo o Suicídio”. Plano de Melhorias. Piloto de atendimento on line – Chat. Participação no Congresso de Psiquiatria. Participação no Encontro dos Samaritanos de Londres. Projeto de criação da Rede de organizações para a prevenção do suicídio. Escola CVV. Projeto de PABX virtual. Força Tarefa CVV 50 anos.

Francisca Júlia- Abertura de 2 ambulatórios na cidade de S. José- Um para adultos e outro para atendimento a crianças e adolescentes. 8 residências terapêuticas. Projeto de Escuta Terapêutica.

2009

Diretrizes para a Força Tarefa dos 50 anos.

2010

Implantação do CVV-web

2011

32º Conselho Nacional (CN)

A marca Samaritano é suspensa temporariamente e todos núcleos de atendimento passam a ser considerados Postos do CVV. O conceito de disponibilidade 24 horas de atendimento sofre uma alteração estrutural em função dos avanços tecnológicos de comunicação entre voluntários e atendidos. A concepção do CVV, ocorrida em 28 de julho de 1961, e o início do seu desenvolvimento embrionário, no oito meses seguintes, completa 50 anos. O CVV – Web realiza os primeiros cursos à distância para voluntários.

A Francisca Júlia passa a manter um ambulatório de atendimento ao público na área urbana de São José dos Campos. O Amigos do Zippy é incluído no Programa de Ações Globais do grupo financeiro HSBC, ao lado do Future First e Mais que Dinheiro. Campanha do CVV, criada pela Leo Burnett, ganha o prêmio Clio Awards em Nova York. A agência Entre Aspas cria e veicula na internet o filme Convivência, sobre a proposta de vida do CVV e direcionado ao público das redes sociais. Plano da nova estrutura do Centro de Valorização da Vida fundamentado em organizações independentes: Programa CVV, CVV-Web, Francisca Júlia e CVV Comunidade.

2012.

CVV

O CVV completa 50 anos da realização do primeiro plantão, feito pela voluntária Misayo Ioshioca, em 01 de março de 1962. Em função das comemorações do Jubileu de Ouro do CVV a reunião do Conselho Nacional, tradicionalmente feita na Semana Santa , é transferida para o segundo semestre. Lançamento do Livro dos 50 Anos.

ANEXO 2

NOS CAMINHOS DA AMIZADE

A FASE PRÉ - CVV

Tentando dissipar as névoas do passado recordamos que em fins de junho de 1961 travamos produtiva conversa com um amigo, cujo entusiasmo despertou-nos interesse relativamente às instituições que de forma sistemática e organizada praticam a caridade. Após dissertar longamente sobre um mundo até então nosso desconhecido, sugeriu-nos, o amigo Silvestre, que visitássemos as obras sociais em Franca, no interior do Estado de São Paulo.

Impelidos pela curiosidade, em fins de junho de 1961, quando entramos em férias, em companhia de um colega da escola, o Y. Shimizu, da antiga rodoviária, tomamos o ônibus que nos levou a uma experiência enlevante. Em Franca tivemos a ventura de conhecer personalidades que marcaram nossas vidas: O Dr. Agnelo Moratto e o Dr. Tomás Novelino. Durante dois dias visitamos obras, verdadeiros monumentos de Luz, que sintetizam o amor ao próximo, principalmente o Albergue Noturno Judas

Iscariotes, o Lar José Marques Garcia, o Instituto Pestalozzi e o Hospital Allan Kardec. Ao retornarmos, vivendo um agradável estado de deslumbramento, propusemos a alguns colegas que participavam conosco de uma juventude religiosa, a iniciarmos um trabalho em favor dos necessitados

O médico e educador Tomás Novelino

E, assim, caros amigos, hoje, analisando, distinguimos uma atividade que deu início a uma fase pré-CVV. Como não tínhamos recursos nem estrutura, limitávamos a visitar famílias pobres na região da Pedreira (Santo Amaro) e a conversar com as pessoas. No início, muitos jovens integraram o trabalho num clima de elevado entusiasmo. Nos reuníamos na sede do Grupo, e, após um momento de reflexão tomávamos o ônibus "Jardim São Luiz", no Vale do Anhangabaú, e íamos quase até o ponto final, onde nos espalhávamos em grupos de três para fazermos as visitas, ao fim das quais nos reuníamos no ponto do ônibus, quando, felizes e agradecidos, comentávamos o valor e a satisfação de uma conversa fraterna.

Ao fim de dez meses, por desinteresse, muitos foram abandonando essas atividades. Em março de 1962 estava o trabalho reduzido a três pessoas, e, com a transferência do Eddy para Santos, nas últimas visitas fomos acompanhados do Luiz Gerbasi. Mas era hora de perseverarmos, pois o CVV nascente requisitava de nós todos, todos os esforços. O Gerbasi, que todos conhecem, por incompatibilidade de horário, não participou no inicio do CVV. Veio a integrar-se, no entanto, em 1965, permanecendo até 1970, quando retornou a Jaboticabal, para, após dez anos fundar o Posto do CVV nessa cidade. (Julho de 1961)

O BILHETE DO COMANDANTE

Hoje, após termos consultado um desses calendários permanentes, válido até o ano 2092, que qualquer agenda que se preze o ostenta, conseguimos identificar uma data importante na história do CVV, o último sábado de julho de 1961 foi dia 28, (confiram!). Pois bem, na tarde do **dia 28 de julho de 1961**, quando o trabalho de visitas às famílias carentes completava o seu primeiro mês, recebemos das mãos dos Dr. Milton B. Jardim um envelope de papel manilha, contendo recortes extraídos da revista, hoje extinta, "O Mundo Ilustrado", versando sobre os Samaritanos, Londrinos. Naquela época freqüentávamos as escolas da Federação Espírita do Estado de São Paulo, onde colhemos inesquecíveis lições de amor ao próximo e respeito aos semelhantes. A velha sede, situada à Rua Maria Paula, era dirigida com pulso enérgico do nosso Edgard Armond, cujos exemplos de devotamento e abnegação contribuíram de forma decisiva em nossa formação espiritual. Armond personificava a serenidade, homem de poucas palavras e profunda objetividade, recebia de todos, o carinhoso tratamento de Comandante, pois, além de cirurgião-dentista, (profissão que exerceu sempre na mais absoluta gratuidade junto às pessoas pobres), era Oficial da Polícia Militar, desempenhando o comando de uma Unidade da Corporação quando se reformou.

– "O Comandante mandou isso para você. Estude e depois converse com ele". Foram essas as palavras do nosso Milton Jardim, naquele sábado, 28 de julho de 1961.

Até então não havíamos desfrutado de uma conversa com o Armond, o conhecíamos das aulas que nos havia ministrado com a segurança e o equilíbrio de um mestre. Ficamos aturdidos com a proposição, e, olhando para o envelope, lemos o manuscrito com a sua inconfundível caligrafia: "Para quem deseja servir, aqui está uma boa oportunidade."

Na semana seguinte, já no mês de agosto, aproveitando intervalos entre aulas, (cursávamos, então, o segundo ano da Escola de Engenharia), demos dois passos muito importantes:o primeiro foi uma visita ao Departamento de Estatística do Estado de São Paulo, para nos inteirarmos das ocorrências dos suicídios na Capital e noutras cidades. O segundo foi manter um diálogo proveitoso com o Dr. Ary Lex, médico nosso conhecido e professor (até hoje) da Faculdade de Medicina da USP. Das informações estatísticas decorreu o esquema de plantões semanais, onde os voluntários se revezavam numa faixa das 16 às 22 horas, na qual ocorria a maior incidência de suicídios e tentativas. Da conversa com o Dr. Ary Lex surgiu um alerta com recomendações de cautela. Sugeriu-nos que travássemos contatos com pessoas experientes no assunto, que agendamos para o mês seguinte.

No fim de agosto de 1961 apresentamos o esboço da Campanha de Prevenção do Suicídio, ao nosso Armond, que o aprovando, incentivou-nos a tomar medidas para a formação do corpo de voluntários. À medida que nos aprofundávamos no assunto, mais nos sentíamos envolvidos pela idéia de enlevo de servir, uma vez oferecida a boa oportunidade! (Agosto de 1961)

AMIGOS DO PEITO

Uma vez sedimentada a idéia dos plantões e definido o período de trabalho (das 16 às 22 horas), o passo seguinte consistiria na arregimentação de voluntários. Vários apelos foram formulados sem resultado, exceção feita à boa receptividade encontrada nos alunos da Escola de Aprendizes do Evangelho, da Federação Espírita.

No início de setembro de 1961 já havíamos arrolado cerca de trinta interessados, dentre os quais o Flávio, ansiosos para iniciar os trabalhos que, progressivamente, estavam materializando, como um projeto alvissareiro. Entretanto, no reverso da medalha, e, maioria esmagadora faziam-se presentes centenas de vozes que, em coro, classificavam a Campanha de Prevenção do Suicídio como empreendimento absurdo e fora de propósito. Argumentos como "quem deseja se matar não vai telefonar para ninguém" desmontavam o grupo, acarretando desinteresse e evasões. Não faltaram profissionais que, por antecipação, nos acusavam de invasores de seara alheia.

Atendendo a uma sugestão do Dr. Ary Lex, fomos, numa manhã, ao Hospital das Clínicas buscar apoio em um cirurgião endoscopista que já havia manifestado, em épocas passa das, o desejo de desenvolver campanha de esclarecimento público sobre os malefícios causados pela ingestão de soda cáustica.

O Dr. Pedro Martins, o cirurgião a quem buscamos naquela manhã, por força da sua especialidade, tinha em sua numerosa clientela uma expressiva porcentagem de pessoas que haviam tentado o suicídio por ingestão de corrosivos, daí a sua sensibilidade e o seu idealismo que se traduziam no desejo de fazer alguma coisa pelas pessoas desesperadas. Após alguns minutos de espera fomos recebidos pelo Dr. Pedro. Nunca poderíamos imaginar que aquele instante marcaria o início de uma profunda amizade – "amigo do peito, irmão, camarada".–, como iria definir anos mais tarde esse tipo de relacionamento, o cantor Roberto Carlos. Era cedo ainda: faltavam alguns minutos para as sete horas, e, assim, pudemos conversar num clima de fascinação crescente que nos envolvia. Com inexcedível paciência explicou-nos, o Dr. Martins, o drama dos que atentavam contra a própria vida. Falou-nos do desespero, das angústias que os levavam sinistra atitude. Empolgou-nos com o seu entusiasmo diante da embrionária CVV. Recebemos naqueles minutos valiosa injeção de ânimo que, de imediato, transformou-se na determinação de irmos adiante com o projeto, malgrado as opiniões contrárias.

– "Enquanto me preparo para o atendimento – disse- nos o Dr. Pedro – você pode conversar com os pacientes que estão na sala de espera. Todos passaram pela dolorosa experiência da tentativa do suicídio e hoje, aqui, comparecem duas vezes por semana para curativos e passagens de sondas – um verdadeiro calvário", comentou.

Foi essa a primeira vez que nos defrontamos com os personagens da tragédia. Pouco conversamos, pois não sabíamos nem como começar e, tampouco, o que dizer, mas foi o suficiente para experimentarmos um estranho sentimento jamais anteriormente experimentado, que mais tarde viemos saber denominar-se compaixão. Ficamos atônitos quando fomos convidados a adentrar o gabinete no qual se fazem os curativos e onde as sondas são aplicadas. Acompanhamos os movimentos hábeis do Dr. Pedro. Surpreendeu-nos o carinho que dispensava aos clientes. Conversava com eles e a todos chamava pelo nome, e ainda encontrava tempo para explicar-nos o que estava ocorrendo em cada fase do tratamento.

Quando o último paciente deixou a mesa de aplicações, os relógios marcavam meio-dia.

– "Venha comigo, vou mostrar-lhe outra experiência dolorosa: pessoas que tentaram o suicídio com o fogo, com as quais você poderá conversar".

Subimos para o décimo andar e por quase duas horas caminhamos entre os leitos que exibiam formas humanas cujas carnes, em extensões variadas, haviam sido consumidas pelo fogo. Embora em estado de choque, ou quase isso, foi mais fácil conversar, pois o Dr. Martins ao meu lado facilitava, iniciando com um cumprimento afável, permitia-nos a participação.Por várias vezes não pudemos conter as lágrimas, e pensávamos: Dante, o poeta florentino, autor da Divina Comédia, ao descrever o inferno, vislumbrara tão-somente os portais! Nada se comparava com o sofrimento daquela gente!

Jacques Conchon Arnaldo Coutinho e o Dr. Pedro Martins na inauguração do C.R Francisca Júlia em 1972.

Ao deixarmos o Hospital das Clínicas recusamo-nos a tomar uma condução. Precisávamos meditar, repassar mentalmente e com muita atenção tudo o que presenciáramos. Descemos a Rua da Consolação e quando consultamos o relógio, uma surpresa: já eram quatro horas da tarde e, sem sentir o tempo passar, perdêramos todas as aulas na escola, inclusive duas de laboratório que nos custaram alguns pontos abaixo na média do semestre, mas "deixa pra lá", as lições recebidas naquele dia nos valeriam por toda a vida.

Em 1965, quando a Campanha de Valorização da Vida adquiriu personalidade jurídica, transformando-se no Centro de Valorização da Vida, sentimos a necessidade de entregar a presidência a uma pessoa mais adequada. Assim, o Dr. Martins foi convidado (intimado seria o termo mais acertado), e de intimação em intimação ficou durante vinte anos, até 1985 (ver Boletim do CVV do mês de março de 1985), nos emprestando irrestritamente o seu nome, o seu aval e o seu apoio. Na verdade, para todos nós que convivemos com o Dr. Pedro, ele continua a ser aquela figura a que dedicamos a nossa admiração e o nosso carinho. Em vinte anos de convivência, experimentamos milhares de eventos, que, relatados, preencheriam as páginas de muitos e muitos Boletins. (Setembro de 1961)

O FLÁVIO TOPA A PARADA

No inicio de outubro de 1961 já havíamos recrutado alguns voluntários que aguardavam ansiosamente o toque de reunir. O primeiro encontro seria naquele mês, e, sem um pro grama definido, havíamos convidado diversas pessoas que tinham alguma experiência em psicologia clínica para proferirem palestras.

Em meio a uma série de pensamentos que corriam veloz mente em nossa cabeça, caminhávamos pela Rua Xavier de Toledo, driblando os transeuntes e dando "olé" nos automóveis, difícil lembrar o que estávamos fazendo ali, mas íamos com pressa. O importante era manter o pensamento positivo e não permitir esmorecimentos, diante das colocações pessimistas que insistiam em classificar a iniciativa como descabida.

"Vocês estão mexendo em abelheira" fora o que ouvíramos há pouco de uma autoridade policial, que completara:

— "deixa isso para os psiquiatras!".

O que, entretanto, mais nos abatera foi o parecer de um publicitário (comunicólogo, diríamos hoje) que nos alertou sobre a propaganda que, se mal engendrada, poderia estimular pessoas ao suicídio.

"Vá em frente", dizia-nos Armond, com a sua serenidade. "Não fazem em outros países? Então poderemos fazer aqui!" e nos convidava a recebermos os comentários negativos não como desestímulos, mas como mensagens de prudência.

Quando estávamos na esquina da Sete de Abril, apesar da necessidade de esgueirar-nos dos pedestres, não pudemos evitar um encontrão com um "estouvado moreno", tipo baiano, que quase nos levou ao chão, e, vejam só, era o Hélio, velho amigo que não escondeu a satisfação de nos encontrar.

– "Você por aqui?!, justamente eu estava à sua procura. Sabe, é sobre aquele plantão de prevenção do suicídio, tá de pé a idéia?"

– "A idéia está, porém com mais um esbarrão destes quem não vai ficar de pé sou eu."

Então ele começou a falar com muita empolgação sobre um amigo dele, colega de trabalho, com quem havia trocado idéias.

– "Ele disse que topa! Ficou muito interessado em trabalhar no tal plantão."

E, ato contínuo, passou-nos um cartão, que, neste mo mento em que redigimos estas linhas o temos em mãos. No cartão que o Hélio nos deu, anotamos o nome e o ramal: Flávio Focássio, ramal 31, e, no verso: telefonar 2ª feira.Seria longo demais tentar descrever o que representam os vinte e cinco anos de amizade que mantemos com o Flávio. Faltariam palavras e espaço para definir o que aconteceu a partir daquela Segunda-Feira, quando, de nossa residência, ligamos para ele, convidando-o a comparecer na Quarta-Feira seguinte, à Rua das Carmelitas n° 86, onde se daria a primeira reunião.

Havia cerca de trinta pessoas no salão, e, às oito horas em ponto, demos início à reunião, convidando os presentes a uma conversa aberta "enquanto o conferencista não chega" (a intenção era ganhar tempo). As primeiras perguntas surgiram aos borbotões, traduzindo incerteza e inquietação do grupo. E como respondê-las? Essa era a questão. Torcíamos desesperadamente pela chega da do conferencista, mas os minutos passavam, e nada...! Eram quase oito e quarenta quando vimos no fundo da sala o Shimizu, e por que cargas d'água ele estava ali é o que nos perguntamos até hoje, mas foi a luz que se acendeu! Idéia! (Eureka, como diriam os eruditos).

– "O Shimizu, vem cá um instantinho."

E assim foi, tendo o Shimizu como auxiliar, como cobaia seria o mais certo, iniciamos uma aula de Socorros Urgentes, e o que aconteceu depois, deixamos ao Flávio o trabalho de relatar.

Na quarta-feira seguinte o conferencista apareceu! Antes tivesse mancado, pois pretextando prudência (talvez em excesso) mostrou os perigos de um trabalho como o em projeto. Usando terminologia técnica, descreveu os tipos que nos procurariam e a complexidade das providências que teriam de ser tomadas, em nível de psiquiatria e psicologia e de serviço social. No fim do discurso tomou-nos as fichas dos inscritos e a um a um indagava sobre as experiências no terreno do trato com pessoas emocionalmente abaladas, e profissão que exercia. Ao terminar devolveu-nos as fichas, dizendo enfaticamente: "Você está com um material humano fraquíssimo." Uma coisa boa restou dessa primeira conferência: a recomendação para lermos o livro do Menninger, "O Homem Contra Si Próprio", cujas páginas até hoje nos são motivos de leituras.

Na Quarta-Feira seguinte o salão da Rua das Carmelitas estava vazio, somente catorze pessoas voltaram após a ducha fria da semana anterior. Não nos lembramos quem teria sido o convidado a pro ferir a palestra, pois, essa não houve: — o conferencista não apareceu.

Flávio Focássio(à esquerda) no Santário de Uberaba com o Dr. Inácio Ferreira (ao centro).

A visita fazia parte das andanças para colher experiências para a CR Francisca Júlia.

UMA SÓ VIDA JUSTIFICA TUDO

O ano de 1961 chegava ao fim e as lojas, com antecipação, começavam a exibir os alegres adornos natalinos. Para aquele mês havíamos convidado quatro conferencistas, dois dos quais, a exemplo dos anteriores, não deram os ares da sua graça, entretanto, os outros vieram, e, beneficamente iriam influir no rumo da incipiente CVV, elevando o grupo inicial a um clima de forte determinação e otimismo. Para a primeira quarta-feira do mês havíamos convidado a Assistente Social, Nancy Puhlmann Di Girolamo, cujas atividades no campo de amparo à infância notabilizaram-na perante a sociedade paulistana. Iniciou sua preleção com breves palavras a todos saudando e recomendando a leitura do, hoje nosso sobejamente conhecido, "A Entrevista, Seus Princípios e Métodos', de A. Garrett, e se colocou disponível a perguntas. Quando interpelada sobre a validade do nosso almejado projeto, responde com sinceridade e emoção:

– "A campanha que hoje vocês iniciam, se ao longo de cem anos tiver salvo uma vida, uma só, já estará justificada."

Se o conteúdo global da palestra da Nancy caiu no olvido, a frase acima transcrita é até hoje bem lembrada por todos nós.

A enfermeira e educadora Nancy Puhlmann Di Girolamo

A palestra da semana seguinte esteve aos cuidados do Dr. Wilson Ferreira de Mello, renomado psiquiatra. O Dr. Wilson foi um verdadeiro sucesso! Falou-nos sobre os biotipos de Ernesto Kretschmer, incentivou-nos eloqüentemente a prosseguirmos, finalizando, na sua reconhecida modéstia e humildade, com a seguinte afirmativa:

– "Dentro de dez anos vocês estarão entendendo de desespero e de ansiedade mais do que eu."

Conforme podemos deduzir, o mês de novembro de 1961, mesmo com a ausência de dois expositores, foi muito importante na história do CVV. Preenchemos as duas lacunas comentando as palavras da Nancy e do Dr. Wilson. As primeiras apostilas estavam no prelo, com desenhos do Nelson de Oliveira e já se cogitava trocar a designação do trabalho, pois, segundo argumentavam alguns, Campanha de Prevenção do Suicídio não era um nome muito adequado. (Novembro de 1961)

"VARIG, DONA DA NOITE"

Segundo a nossa programação, havíamos deixado os preparativos finais para os meses de dezembro, janeiro e parte de fevereiro, quando, em férias, poderíamos dedicar quase tempo integral ao CVV. Com o passar dos meses, íamos agenciando os assuntos pendentes, tais como, elaboração do material publicitário, busca de espaço nos meios de divulgação, preparação dos impressos de uso interno, programação das aulas finais do curso, providenciar o local e o telefone, contatos com autoridades, apostilas, etc. Segundo os nossos cálculos, com dedicação plena chega ríamos ao fim de fevereiro prontos para o início das nossas atividades.

Tudo se ajustava como uma luva. Na Escola, fecháramos em todas as matérias, e os únicos compromissos que tínhamos para os meses seqüentes eram as aulas que ministrávamos no conhecido, na época, Curso Torres. Ora, duas tardes por semana não fariam mal a ninguém. Em fins de novembro recebêramos a encomenda de um serviço tipo de "mãe para filho", que viria reforçar substancialmente o nosso orçamento – redesenhar as plantas do Instituto Caetano de Campos, o monumento da Praça da República, onde hoje funciona a Secretaria da Educação, Serviço fácil que poderia ser realizado madrugada a dentro ao som do tradicional "Varig, dona da noite".

Entretanto, como diria depois o nosso grande amigo e professor José Justino Castilho, "nem sempre as coisas acontecem como nós gostaríamos!" e assim foi, uma guinada de 180 graus nos obrigou a uma série de improvisações, e nos distanciou do grupo por todo o período, do início de dezembro ao fim de fevereiro.Em meados de novembro chegou aos nossos ouvidos que naquele ano o recrutamento militar iria dispensar cinqüenta por cento do contingente. Exultamos! certamente ficaríamos livres de tão pesado encargo – ledo engano. Na primeira semana de dezembro dirigimo-nos à rua Alfredo Pujol, no Bairro de Santana, onde se situa o Solar dos Andradas, sede até hoje do CPOR-SP, tranqüilos, na certeza de que seríamos dispensados... Os ventos sopravam tão favoravelmente... e um soprãozinho a mais...

Estávamos no grande pátio e conversávamos descontraidamente quando um Oficial, o Tenente Brasil Alves, subindo num pódium, falou pelo meganofe: – "Quem nasceu em mês par, comigo! Rápido!" E não deu outra! Seguimo-lo na esperança de recebermos a dispensa, mas ao chegarmos no almoxarifado, ganhamos um par de coturnos e dois jogos de sétimo uniforme, (sétimo uniforme era o uniforme de serviço). Ato contínuo à barbearia para o corte "cadete". Em poucos minutos estávamos transformados (e transtornados) em aluno do CPOR-SP. O expediente na caserna ia das 6 às 18 horas, fora os serviços e acampamentos. Foi-nos difícil aceitar essa realidade. Hoje, entretanto, diríamos que valeu: foi uma boa experiência, onde cultivamos extraordinárias amizades.

E quanto ao CVV? Os contatos passaram a se limitar ao período da noite (o serviço de desenho, já assumido, não poderia ser abandonado), e aos sábados à tarde e domingo, quando não estávamos na escala de serviço e nem havia acampamentos programados. Pouco antes do Natal, havíamos convidado uma pessoa amiga para nos falar sobre doação: – "Como dar de si?" e "O que é uma doação afetiva?". Os temas a todos empolgaram, atraindo os voluntários. Fizemos de tudo para sair mais cedo do Quartel, e às 20 horas lá estávamos na rua das Carmelitas, fardados, passando a palavra ao orador. Havia nos olhares intensa expectação, mas à medida que o expositor ia falando, sentimo-nos afundar na poltrona – afundar mesmo até o pescoço, pois, alegando, o orador, tratar-se o CVV uma iniciativa de muita responsabilidade, e até certo ponto perigosa, ele após alguma reflexão, deduzira não estar à altura de ministrar a aula ao grupo. Em pânico pensamos no que fazer! Uma outra aula de Socorros Urgentes?... Cadê o Shimizu? Foi quando alguém propôs entrássemos em férias. Oh Deus! mas nem tínhamos começado!

É, entramos em férias! Assumimos o compromisso de nos encontrarmos em fevereiro de 1962 para os últimos preparativos, pois estava decidido que iniciaríamos de qualquer forma do dia 1º de março de 1962! (Dezembro de 1961)

CAÇANDO PATOS

Por mais que nos esforçássemos, não conseguimos visualizar com nitidez os primeiros dias de 62. A densa névoa do tempo obliterou-nos as imagens, exceção feita aos exaustivos exercícios no quartel, às marchas intermináveis, aos acampamentos, familiarização com mosquetões, metralhadoras, morteiros, minas ap (não nos perguntem o que vem a ser ap, pois isso também ficou no passado). De início, a caserna nos chocou e vivemos momentos angustiantes de inadaptação perante o sistema e, o que era mais grave, perante os colegas. Sentíamo-nos como um visitante, ou melhor, como um intruso. A não aceitação dos colegas, da nossa parte, resultou em um perigoso auto-isolamento. Confessamos, caros amigos, que chegamos a experimentar revolta, sentimento desgastante que nada constrói. Com tanto por fazer, não nos conformávamos com o "enclausuramento". Aos sábados, quando éramos liberados no início datar de, corríamos para o velho prédio da Federação Espírita, local onde os futuros voluntários se reuniam, para trocar idéias com aqueles que ainda lá se encontravam.

Foi no primeiro sábado de 1962 que, ao chegarmos à Federação, um pouco antes das duas da tarde, cruzamos com o nosso Armond, a quem pedimos uns minutos de atenção e justificamos a morosidade dos trabalhos de implantação da Campanha, manifestamos o nosso inconformismo, desabafamos despejando sobre o bom velhinho as amarguras represadas. Armond, após nos ter ouvido pacientemente, considerou as vantagens da experiência militar, que procurássemos em todas as lições tirar a parte boa e que, assim fazendo iríamos aos poucos descobrindo valores nos colegas, nos superiores, e no próprio sistema.

Certa feita, na Estação da Luz, quando armado de mosquetão, pistola, e oito granadas de mão, caminhávamos na plataforma para tomar o vagão militar que nos levaria aos exercícios em Jundiaí, cruzamos com o Professor Justino Castilho (já citado) e desabafamos:

"Veja professor, o trabalho de prevenção do suicídio nos esperando, e nós aqui aprendendo a matar!"

Ao que ele respondeu serenamente:

"Não pense assim, não meu caro.., imagine outra situação: você está indo para Jundiaí para caçar patos! Veja como tudo fica mais fácil!"

E não é que ficou mesmo!

E assim a fórmula mágica funcionou com fascinantes transmutações:

— Exercício de tiro no Barro Branco = esporte de gente rica;

— Desmontar e montar armas = quebra-cabeça;

— Montar uma portada para a travessia do Tietê pelas tropas de Infantaria, em Barueri = lições valiosas de uma engenharia, para nós, até então desconhecida;

— Acampamento = camping.

Aos poucos fomos-nos "enturmando", conquistando amizades profundas. Lembramo-nos com surpreendente nitidez de uma tarde enfadonha, quando o pensamento e o coração se encontravam fora do quartel em decorrência de assuntos pendentes do futuro CVV que reclamavam solução, tinha chegado a nossa vez de sermos examinados na disciplina com um número de seis dígitos.

"Muito bem 4142 (esse era o nosso número), disse-nos o Capitão Ribeiro, pode começar!"

Fez-se um clic e o cronômetro disparou. Após o exame escrito e os testes de tiro com a metralhadora INA-45, tínhamos que desmontá-la e montá-la em sessenta segundos. E foi um zás-trás! Quando acabamos de montá-la, o ponteiro do cronômetro passava sobre o zero do sessenta. Ufa!

O Cap. Ribeiro fazia algumas anotações, voltou-se para nós:

"Como é 4142, acabou?"

"Acabei! ", e aí quase desmoronamos. - sobre a mesa, ao lado da INA, jazia (deve ser este o termo certo) uma enorme mola. A recuperadora, desgranida!

Com pressa de montar, em exíguo tempo, nos esquecemos de inserir a mola recuperadora, que, para informação, tinha cerca de cinqüenta centímetros) Pânico. O Cap. Ribeiro levantara-se e ainda consultando as suas anotações vinha à nossa mesa. Aí, de forma quase impensada, agarramos a tal mola, e, vupt pela janela! Quase não dormimos naquela noite, pois no dia seguinte estavam programados exercícios de tiro, o que nos obrigou a chegar ao quartel às cinco da manhã, acordar o William, o cabo armeiro, passar-lhe uma conversa fiada, pegar a INA, procurar a mola no jardim, juntar todas as peças, e devolvê-la ao William.

E assim transcorreu o mês de janeiro, aos trancos e barrancos, como diz a canção popular, que se não nos engana mos, intitula-se "Cabelos Brancos". (Janeiro de 1962)

APROXIMA-SE O GRANDE DIA

O mês de fevereiro surgira com amenidades. Havíamos concluído os desenhos da Caetano de Campos, e recebêramos o anúncio que por ordem do comandante superior do CPOR as aulas iriam até o dia 15 (alegria!). Com ânimo redobrado, enfrentamos uma violenta carga horária na primeira quinze na de fevereiro, cientes de que nos sobrariam quase duas semanas para resolver os pendentes do futuro CVV: local, uso do telefone 33-3742 (emprestado pela Federação Espírita), divulgação, licenças (seriam necessárias?), fichas, contatos, mapa de plantão, registros), etc. Todos os voluntários foram convocados para as reuniões que manteríamos na segunda quinzena de fevereiro, que, aliás, foram levadas a efeito com especial dinâmica. A denominação do trabalho foi uma sugestão da Alice Monteiro: Campanha de Valorização da Vida, e sigla CVV. O mapa do plantão foi preenchido na lousa com entusiasmo geral. A estrutura administrativa da Campanha seria muito simples, exigindo, além do responsável, um tesoureiro, encargo que foi oferecido ao Flávio (quem diria que ele iria emplacar vinte e cinco anos assinando balancetes e cheques!!!). Após termos consultado juristas de renome que, com toda segurança, nos informaram que a CVV para funcionar dispensaria qualquer autorização de órgãos públicos, foi confirmado o inicio das atividades para o dia 1º de março de 1962.

Nos últimos dias do mês voltamos a nos reunir visando um repasse final. O recurso que deveria ser usado, sempre que alguém manifestasse a idéia suicida, era propor um adia mento. Um rol expressivo de pensamentos positivos foi distribuído (tipo: "amanhã será outro dia", "após a tempestade vem a bonança", etc.) e, finalmente, foram apresentadas as fichas de registro, o livro de ponto, e uma pequena relação de profissionais que se dispunham a dar apoio aos voluntários.

O primeiro plantão, por ser uma quarta-feira, caberia a Misayo. Ficamos de ligar para ela no dia 1.° pela manhã para lembrá-la do compromisso. (Fevereiro de 1962)

ANEXO 3

O CUIDADO QUE APRENDEMOS TER COM O OUTRO

PINGA - FOGO - COM UM VOLUNTÁRIO ESPECIALISTA DO CVV DE RIBEIRÃO PRETO.

REALIZADO NO DIA 30.05.1999 - Perguntas elaboradas anonimamente pelos voluntários do posto Ribeirão, no período de 22 a 29 de Maio de 1999.

Voluntário: Qual a melhor maneira de demonstrar acolhimento para a pessoa que fala muito e sempre a mesma coisa?

Alan: Com esta pergunta nós começamos a entrar propriamente na questão da nossa disponibilidade e das dificuldades que enfrentamos. Pessoas que falam muito a mesma coisa? Por que elas fazem isso? Certamente elas têm muitos motivos, mas um dos motivos, ou seja, o motivo básico talvez seja porque a pessoa está buscando outra coisa e não aquilo que está recebendo. Se a pessoa está buscando outra coisa, não exatamente aquilo que ela está recebendo ou, se aquilo que ela está recebendo não é aquilo que ela deseja, ela vai continuar tentando, procurando encontrar aquilo que deseja. Isso é uma primeira coisa. Pode ser que ela própria não saiba bem o que deseja, então vai continuar insistindo também. Não é o que ela deseja ou ela mesma não sabe o que quer, em ambas as situações ela vai continuar insistindo. Pode ser, também, que ela conscientemente está percebendo que quer outra coisa mesmo e que essa coisa não é o que está chegando e ela insiste para ver se consegue aquilo que ela quer. Então, são duas ou três possibilidades. Agora, isso que falamos tem variações quanto às características da pessoa propriamente dita, que são as dificuldades próprias dela de entender, de compreender o sofrimento que ela está tendo naquele momento. Se ela está sofrendo e se o sofrimento o quanto é intenso. Esses são todos os elementos que fazem com que a pessoa não consiga compreender, perceber o que acontece, fazendo com que tenha dificuldades para se comunicar consigo mesma e perceber quais são as suas necessidades. Se a pessoa não se comunica conosco, fica sempre repetindo as mesmas coisas, em primeiro lugar é porque ela não se comunica consigo mesma. É o que acontece conosco mesmos. É a mesma coisa quando queremos alguma coisa e não sabemos exatamente o que porque não estamos nos comunicando conosco mesmos, com nossos sentimentos, com nossas necessidades, emoções, etc... Então, para podermos traduzir o que acontece conosco em palavras para uma outra pessoa buscando ajuda, evidentemente que vai ser impossível, porque nós próprios não estamos nos comunicando conosco mesmos para sabermos que ajuda desejamos. Assim sendo, nós tendemos a ficar repetitivos, tendemos a ficar apenas naquelas coisas mais superficiais porque nós não estamos nos comunicando conosco mesmos como deveríamos. O fato é que estamos nos sentindo necessitados de alguma coisa. Uma necessidade qualquer minha está muito intensa naquele momento e como nós não nos comunicamos com ela, ficamos só nas aparências. Ficamos só naquilo que percebemos superficialmente, naquilo que alguém disse ou naquilo que alguém deu um conselho não sei onde e não nos ligamos naquilo que estamos sentindo. Em geral o que nos impede de entrar em contato conosco mesmos buscando conhecer nossas necessidades são os nossos preconceitos. "Eu não posso sentir isso"; "eu não devo sentir isso"; "ter necessidade disso é ruim, é mau", etc. Pensando assim nós não entramos em contato com nossas necessidades básicas para poder entendê-las. Não satisfeitos vamos continuar buscando sempre, insistindo, procurando... Essa é a base de todo processo. Nós compreendemos essa dificuldade da outra pessoa mas nós também temos nossas dificuldades. Nós temos nossos objetivos como grupo, como pessoas, como voluntários e as diretrizes para o nosso comportamento estão no Manual. Quando percebemos que a chamada está se prolongando muito, o que devemos fazer? Às vezes o voluntário se protege atrás dessas pessoas que chamam freqüentemente e que ficam sempre na superfície por ser esse um chamado seguro. O voluntário pode se prolongar duas horas, três, quatro horas se tiver capacidade para isso. Com isso o voluntário faz o que? Fica na superfície também: não ajuda ninguém e não aprende nada. Nós aprendemos com quem? Com a outra pessoa. Ela é que é o fato que vem de encontro a nós e faz com que enxerguemos a outra pessoa e enxerguemos a nós mesmos. É desse encontro, dessa troca, que nós evoluímos e crescemos como grupo e como pessoa. Nós podemos fazer o mesmo que o outro nos associando a ele e ficando também só na superfície. Assim vamos tocando, empurrando nossas vidas. As diretrizes do nosso comportamento, como já disse, estão no Manual. Elas não são muito rígidas porque depende de cada grupo executivo, de cada voluntário. Alguns acreditam um pouco mais na capacidade possível da outra pessoa, sendo que, algumas vezes, esse acreditar é um pouco das necessidades pessoais do voluntário e daí, então, às vezes ele se excede além daquilo que o grupo concordou em fazer. Essas situações todas devem ser resolvidas em grupo: no grupo de voluntários ou no GE (Grupo Executivo do posto). Quando se percebe que essa necessidade está sendo muito grande para todos, que a situação está ocorrendo freqüentemente no grupo, então o GE e o grupo de voluntários devem se reunir e traçar algumas diretrizes – comentam, discutem, retornam às diretrizes que estão no manual, revêem essas diretrizes, complementam. É assim que deveria ser. O manual não é estático e nem absolutamente completo. Ele é ainda muito falho, então precisamos completá-lo com algumas coisas.

É isso que se deve fazer na prática, no exercício diário.

O voluntário deve estar atento para perceber se está oferecendo à outra pessoa tudo que o CVV oferece. Se ele não está conseguindo oferecer e esse é o motivo da outra pessoa não estar recebendo exatamente como deveria ser, ele deve treinar essa sua dificuldade em role-playing (treinamento de papeis). Esse é o motivo da nossa necessidade de treinamento. Porém, há pessoas que não vêm em busca de compreensão e aceitação. Elas vêm em busca de atender outras necessidades pessoais. Com isso entramos naquele capítulo das pessoas insatisfeitas, pessoas que não conseguem de forma nenhuma aceitar perdas, então insistem em receber tudo aquilo que acham que têm direito. Acreditam que todas as pessoas devem para ela e querem receber aquilo que acham que têm direito, de que são merecedoras. Com isso entramos naquele capítulo que chamamos das sociopatias, que sempre traz algumas dificuldades para nós, voluntários.

A forma de mostrar acolhimento a esta pessoa é como com as outras pessoas: dirigindo sempre em direção aos seus sentimentos com respostas compreensivas. Pessoalmente a postura física de mostrar interesse, ao telefone são só respostas compreensivas. Basicamente isso, não tem outra coisa. É por isso que devemos treinar muito as respostas compreensivas e as defensivas para aqueles casos específicos.

Quando percebemos que estamos fazendo o possível do ponto de vista da compreensão e contudo a pessoa não caminha no sentido dela se compreender a si mesma, que é o passo seguinte, nós temos que tirar nossas conclusões do ponto de vista de aprendizado: será que somos nós que não estamos compreendendo, não estamos transmitindo nossa compreensão através de respostas compreensivas corretas ou será que é a outra pessoa quem está fechada, defendida contra qualquer coisa que possa vir de fora, já que quer outra coisa diferente? Precisamos tirar nossas conclusões sempre comparando as duas coisas: estou fazendo o que aprendi? É a outra pessoa que busca alguma coisa diferente?

Se estou fazendo aquilo que aprendi estou correto. Cabe agora, durante os treinamentos, rever tudo aquilo que aprendi e pôr na prática do treinamento as minhas dificuldades.

Em telefonemas repetitivos a avaliação feita, evidentemente, depende para cada situação específica. Quem tem a capacidade de fazer isso é o voluntário mas ele tem que estar atento a algumas coisas: "Será que não estamos com nossa disponibilidade muito diminuída então estamos encerrando rapidamente? Ou será que estamos nos acomodando àquela situação de superficialidade e prolongando a ligação? Ou estamos com medo de fazer as duas coisas?"

Com medo podemos estar assumindo uma dessas posturas, fuga ou submissão, ou agressão. Quando estamos com medo podemos assumir uma postura agressiva para acabar logo com o que nos amedronta e essa postura se transforma numa atitude hostil diante do fato, ou seja, eliminamos, neutralizamos, acabamos com ele. Podemos, também, estar assumindo uma postura inversa, então nós fugimos ou nos submetemos ao fato.

Basicamente é isso: ou é o comportamento destrutivo, hostil, para acabar logo com a situação; ou é a fuga e a submissão; ou é o comportamento repetitivo. Essas são as três posturas possíveis de acontecer.

O que é o comportamento repetitivo?

Como eu estou com medo de resolver a situação, de encarar, conhecer, aprender e caminhar ao lado do fato, com as coisas positivas que ele me dá – porque o fato sempre me dá coisas positivas. Não estou dizendo a pessoa. A pessoa pode querer só destruir mas o fato dela existir é construtivo, a presença dela é construtiva. No momento ela pode estar totalmente fechada e querer destruir tudo que está ao redor dela, mas o fato dela existir é extremamente positivo. Primeiro porque ela existe. Hoje ela é isso, amanhã será outra coisa diferente. Segundo porque ela provoca ao redor dela vibrações, como se fosse uma pessoa dentro de um lago se mexendo e provocando ondas. Essas ondas mexem com as outras pessoas, faz com que essas pessoas pensem, reflitam, aprendam. Então, o fato dela existir é positivo) – Quando encaro o fato de frente e não fico me repetindo, primeiro eu o experimento: "Esse fato eu já conheço". Então eu o rotulo com certeza e passo a agir de acordo com aquilo que está previsto no Manual, com aquilo que aprendemos, com aquilo que sabemos ser útil. Aí entramos nos capítulos da defesa.

Evidentemente que nós também temos que fazer uso delas.

Precisamos, então, estar atentos a isso: saber se não estamos com medo pois ele nos leva a essas atitudes todas de não confiança e nós nos fechamos nessas formas de defesa que já foram citadas: destruindo, fugindo, se submetendo, ou repetindo sempre a mesma fórmula de ação.

Novamente o voluntário precisa estar atento e aberto para não jogar na outra pessoa a culpa do comportamento repetitivo sem uma reflexão nas suas posturas e atitudes. Talvez no primeiro momento ele tenha dificuldade para avaliar a situação, mas não acredito que existam voluntários tão fechados e defendidos que, no momento seguinte, seja incapaz de entender o que acontece. Se no primeiro momento ele sentir dificuldade de compreensão é preciso esperar e acompanhar pois podem existir alguns dados que ele não consiga entender, se organiza em termos de compreensão daquilo que acontece.

Em relação ao voluntário devemos ter tolerância e paciência. Oferecemos os cursos que existem observando o seu caminhar para podermos fazer uma avaliação. A outra pessoa nós acompanhamos a cada momento, o voluntário nós acompanhamos e avaliamos a cada três anos. A avaliação da outra pessoa é feita a cada atendimento: ela caminhou? Mudou? Estamos caminhando juntos? Ou estamos fechados, sem condição de conversa? Com o voluntário nós o avaliamos a cada três anos: ele caminhou ou não?

Se não caminhou nós temos que ter uma conversa com ele, é o que está previsto nas normas: reciclagem a cada três anos (No Regimento Interno do Posto Ribeirão reza que as reciclagens são anuais).

O que falta para esse voluntário caminhar? Sem dúvida, o que faltam são cursos, reflexões, exercícios de Vida Plena. É por isso que existe a reciclagem, para se fazer uma avaliação do que aconteceu no período. A participação do voluntário nas atividades do CVV demonstram o quanto ele está colocando de afeto no trabalho. Se ele não está colocando afeto, é um mal que estamos fazendo para ele permitindo que continue no CVV.

Ele vai ficar fazendo o que no CVV? Vai ficar perdendo vida, repetindo a vida dele, enquanto poderia sair e procurar outra coisa que o agradasse, que o realizasse plenamente, podendo estar, assim, ajudando imensamente outras pessoas. A repetição é ruim, é o contrário de Vida Plena.

O que é Vida Plena?

Vida Plena são passos, caminhadas, são fatos que vão se sucedendo e nos levando a adentrar mais e mais na vida. Não ficamos fora dela, na periferia. A repetição é o não caminhar, é ficar parado. Durante a reciclagem é obrigação do GE avaliar os voluntários. Se ele não fizer essa avaliação, o GE está sendo prejudicial a ele mesmo, ao CVV e à pessoa do voluntário. Todos nós sabemos disso.

A criança tem todo o direito de fazer birra mas eu, como adulto, devo procurar compreender as causas, os motivos da birra, e, se for o caso, devo colocar limites. Isso porque, se ela ficar fazendo birra a vida toda acabará sendo um inútil.

Voluntário: Como criar no grupo um clima propício para o exercício de Vida Plena e conscientizar os voluntários da sua importância?

Alan: O clima propício para o exercício de Vida Plena é criado quando todos os componentes do grupo participam do mesmo. Quanto mais as pessoas fazem o exercício, maior a redução da ameaça no grupo.

Como o CVV é só mais um dos degraus das possibilidades de trabalho voluntário que existe, nem todas as pessoas que entram no trabalho do CVV permanecem. Uma média de 50% dos voluntários são reciclados anualmente; então, os que permanecem no trabalho – os "antigos" – têm a obrigação de fazer o exercício de Vida Plena muito intensamente, pois são eles que darão o exemplo. É fazendo o exercício que passarão para os recém chegados a forma correta de fazê-lo. É observando os mais antigos e participando do exercício que os mais novos perceberão a forma de fazê-lo e deixarão de se sentirem ameaçados pelo grupo e por eles próprios.

Quando pessoas novas chegam ao grupo o clima de ameaça aumenta, pois os antigos não conhecem os novos; ficam com medo de dizer alguma coisa que possa gerar uma reação inesperada neles. O nosso medo faz com que nos sintamos ameaçados, podendo estar recebendo coisas danosas, perigosas, então nos fechamos.

Quando, durante a reunião de grupo, fazemos o primeiro exercício de Vida Plena, na parte final do exercício cada voluntário deverá refletir nas dificuldades que seus próprios entraves estão lhe trazendo para o atendimento aí passam para o exercício de role-playing mais ou menos dirigido para sua dificuldade.

Quando o exercício de role-playing é feito primeiro que o exercício de Vida Plena, devemos fazer o contrário do que fizemos anteriormente. Identificaremos primeiro nossas dificuldades no atendimento e depois, durante o exercício de Vida Plena refletiremos se a origem dessas dificuldades está nos meus próprios entraves.

O que devemos ter muito claro para nós é que é possível fazer essa ponte entre os dois exercícios.

Quanto ao exercício de role-playing, nosso companheiro Jacques diz o seguinte: "O exercício de role-playing é parte fundamental do nosso trabalho, porque, dependendo da maneira como o executamos, podemos, além do treinamento, fazermos exercício de Vida Plena".

O exercício de Vida Plena deve ser feito em todas as reuniões de grupo. É uma obrigação. Se, durante o exercício nos sentirmos melindrados por alguma colocação devemos nos lembrar de que o melindre é nosso. Nós não melindramos ninguém, é a própria pessoa que se sente melindrada.

Para facilitar o exercício, pode-se usar alguma dinâmica específica para o caso.

A proposta do exercício é coletiva e nós o devemos fazer. Se um dos componentes do grupo se sentir incomodado, ele deve fazer até onde conseguir. Nós podemos ajudá-lo compreendendo-o e transmitindo a ele nossa compreensão através de respostas compreensivas. É importante compreendermos a pessoa que está do nosso lado, que é o voluntário, nosso amigo, colega, uma pessoa que trabalha junto conosco.

Quanto ao nosso crescimento, este vai depender do quanto estivermos abertos para poder compreender a nós mesmos e nos aceitarmos.

A nossa compreensão é baseada nos mesmos princípios da relação de ajuda com a outra pessoa: sem julgamentos e sem interpretações. Se o nosso companheiro se sentir compreendido abaixará suas defesas e começará a compreender-se a si próprio. Isso é tudo que podemos fazer para ajudá-lo, já que não temos capacidade para julgar ou interpretar ninguém.

Assim como não oferecemos caminhos para a outra pessoa e aguardamos o seu próprio tempo de mudança, assim também devemos agir com nossos companheiros durante o exercício de Vida Plena. Caso contrário ele se fechará e, aí, não nos aproximaremos nem um pouco e, também não o ajudaremos nem um pouco.

Podemos estar colocando como objetivo comum ao grupo a identificação dessas defesas. As nossas defesas são o fato que devemos encarar. Se fugirmos dele, nosso comportamento é irresponsável e imaturo e evitamos aprender com ele. Se o voluntário está se repetindo não está caminhando, não está amadurecendo e isso é contrário aos objetivos do CVV. Se fugimos do fato, evidentemente não aprendemos e também não propiciamos aprendizado para a outra pessoa. Tudo isso exige sempre bom senso.

Como estar medindo nosso aprendizado?

A medida somos nós mesmos, pois à medida que caminhamos podemos sentir aqueles que estão ficando para trás.

Voluntário - "Vida Plena do Grupo". Em que momento ocorre a Vida Plena de um Grupo? Quando ele se inicia?

Alan: A Vida Plena se inicia quando deixamos o útero materno e temos nosso cordão umbilical cortado. Esse é o primeiro passo que damos para sermos autônomos, independentes. Esse é o primeiro exercício que fazemos para vencermos nossas dificuldades. A partir daí todas as vezes que estamos nos comunicando conosco mesmos, nos percebendo e nos trabalhando, estamos nos exercitando.

O esforço empreendido no exercício varia muito de pessoa para pessoa, sendo que o caminhar de algumas é tão lento que nos dá a impressão que estão paradas. Outras nos dão a impressão que estão caminhando rápido. É comparando umas com as outras que formamos um critério avaliativo. Uma coisa, porém, é certa: ninguém fica parado, absolutamente imóvel.

No Grupo, o exercício de Vida Plena é realizado à medida que cada um de seus componentes fala sobre seus próprios sentimentos frente a um fato, levando o restante do grupo a refletir sobre o que sentem em relação ao mesmo fato e buscando compreender a maneira de sentir dos companheiros. Por exemplo: quando eu falo dos meus medos levo meus companheiros a refletirem sobre seus próprios medos. Como é um sentimento que conheço sou capaz de compreender meus companheiros.

Acredito que se colocarmos tudo isso de uma maneira mais ou menos didática, poderemos estar facilitando para nossos companheiros e, ao mesmo tempo, faremos com que o exercício possa ser um pouco mais aproveitável para todos. Como estaremos mais ou menos preparados, pois teremos uma certa uniformidade em termos de compreensão dos sentimentos, ocupando um patamar comum a todos, poderemos caminhar mais profundamente.

Percebo que os grupos do CVV já estão caminhando para essa postura.

Quando, durante a reunião de grupo, percebemos que as coisas não estão funcionando bem, temos que fazer com que a comunicação ocorra, então por que não propor um exercício de Vida Plena para trabalharmos nossas dificuldades?

Em grupos mais coesos pode-se dizer mais abertamente o que estamos sentindo e, com certeza, trabalhando a dificuldade, a coesão tende a aumentar. Mas isso vai variar de grupo para grupo, sendo que em alguns pode até acontecer de seus componentes não entenderem do que está se falando por não terem percebido a dificuldade.

Que devemos estar trabalhando o fato presente que está dificultando a comunicação do grupo, não há dúvida. Devemos nos lembrar, porém, que devemos ser hostis e agressivos ao fato que estamos enfrentando e não aos companheiros do grupo ou a um só companheiro, colocando nele a responsabilidade pelo mau funcionamento do grupo e fazendo com que ele pague por isso.

Existem pessoas que, por não estarem acostumadas a trabalhar em grupo, ou por trazerem preconceitos quanto a esse trabalho, sentem-se ameaçadas, intimidadas por ele e não conseguem se abrir. Existem outras que se sentem mais à vontade em estar se colocando com uma só pessoa, não necessariamente o líder. Identificada a dificuldade, aquela pessoa do grupo que se identifica com o companheiro que está com a dificuldade, será o líder da situação específica (liderança centrada no grupo). Ela deverá estar entrando em contato com o companheiro, não necessariamente na reunião de grupo, e facilitar para que ele se coloque.

Esse será o primeiro passo para que a comunicação com o restante do grupo fique mais fácil. O objetivo é fazer com que a pessoa se integre no grupo, que haja aproximação dos dois lados: grupo e pessoa.

A estratégia usada para aproximar o companheiro do grupo é variável, essa é uma delas: encontrar uma pessoa que possa fazer isso.

ANEXO 4

O SUICÍDIO COLETIVO EM JONESTOW

DO BOLETIM INTERNO DO CVV

No dia 20 de outubro de 1978, em Jonestown, Guiana morreram 912 pessoas pertencentes à seita "Templo de Deus", chefiada por Jim Jones. Essas pessoas foram induzidas ou forçadas ao suicídio pelo próprio Jones, que também morreu. Poucos membros da seita sobreviveram.

No dia 1º de abril de 1979, Chad Varah — fundador de "Os Samaritanos", da Inglaterra — gravou o seguinte depoimento sobre a tragédia, a pedido de Jacques Conchon, secretário-geral do CVV:

"Em primeiro lugar gostaria de dizer que não me considero um conhecedor profundo desse tipo de suicídio em massa, porque apesar de ter lido tudo o que foi publicado a respeito, sempre restam algumas dúvidas e, como um cientista, não gosto de tirar conclusões sem antes examinar toda a evidência. Não tive oportunidade de investigar em maiores detalhes. Assim, inicialmente devo afirmar que, embora não tenha absoluta certeza, me parece que há um grande número de pessoas, talvez mesmo um terço do grupo, que não tenha cometido suicídio mas foram assassinadas.

Segundo o que li, e houve alguns comentários conflitantes, parece-me que as pessoas morreram de quatro maneiras.

O primeiro grupo cometeu suicídio através do veneno que havia no caldeirão, sozinhos ou com suas esposas, famílias, etc. porque estavam sob total influência de Jim Jones, e nisso eu vejo um misto de fanatismo religioso e sugestão em massa. Não quero usar o termo hipnose em massa porque não é bem o caso, mas certamente creio que todos aqueles que desde o princípio se uniram a Jones eram facilmente influenciáveis.

Se vocês já viram alguma vez um hipnotizador no palco, notaram que ele diz à audiência: "Cruzem as mãos sobre a cabeça" e depois diz "Podem abaixá-las". Ele não manda que abaixem as mãos senão todos iriam abaixá-las. Como ele diz "podem" quase todos as abaixam, com exceção de 5 ou 6. O hipnotizador sabe que esses 5 ou 6 são os facilmente hipnotizáveis, tão facilmente que você ou eu mesmo poderíamos fazê-lo. Ele então pede que subam ao palco e usa-os para distrair a audiência com toda a sorte de truques. Esses 5 ou 6 não seriam típicos membros da audiência, mas pessoa sugestionáveis ao extremo. Creio, portanto que os que caíram por Jones como um líder religioso seriam pessoas altamente sugestionáveis do ponto de vista religioso. Acreditariam em qualquer absurdo que seu líder dissesse. Totalmente carentes da faculdade de discernir, de observar cientificamente sob as regras da evidência, rendem-se à obediência total de seu líder. O que ele disser é verdade absoluta incontestável. Essa obediência total que para mim ou para você é humilhante o vil, indigna do ser humano, a certas pessoas é emocionante, gratificante, trazendo até uma certa sensação de segurança. Verifica-se, por exemplo, no caso dos jogadores inveterados. Disseram-me que o que realmente os atrai é justamente o fato de que tudo está fora de seu controle. Eu pensava que um jogador quisesse ganhar, mas não é certo. Ele não quer realmente perder mas sim ignorar se vai perder ou ganhar. A emoção é quase a mesma se perde ou ganha, porque é o fato de se entregar totalmente sem poder controlar os acontecimentos. Da mesma forma, acho que os habitantes de Jonestown eram pessoas totalmente sugestionáveis, que acreditariam cegamente no que seu líder dissesse e fariam exatamente o que ele mandasse. Mas, em se tratando de um grupo, é lógico que havia uma variação no grau de sugestionamento, e no primeiro grupo eu colocaria os mais sugestionáveis, os que o adoravam e queriam entregar-se a ele. Neste grupo, se ele dissesse: “Vamos nos matar” eles o fariam sem questionar sem medo, sem hesitação, sem mesmo pensar se estavam fazendo o que era certo,

O Segundo grupo não seria tão sugestionável e cometeria o suicídio talvez relutando um pouco, mas porque os outros estariam fazendo, porque Jones mandou, porque sua esposa, marido, etc., esperassem que eles não os deixariam fazer isso sozinhos, assim por diante. Esses ainda poderiam ser chamados suicidas, ainda que sob a influência de terceiros.

O terceiro grupo Consiste naqueles que, sob a ameaça das armas dos guardas escolheram morrer pelo veneno por que assim talvez parecesse estarem fazendo o que os outros faziam, em vez de morrer atingidos pelas balas de uma forma que os fariam passar por traidores. Esses, não creio, que seriam suicidas porque apesar de terem tomado o veneno o fizeram não para morrer mas para não serem baleados como traidores.

No quarto grupo estão os que viram a loucura que estavam fazendo e tentaram fugir mas foram baleados.

Acredito que houvesse esses quatro grupos; não tive informações completas para saber quantos havia em cada um, mas parece-me que o terceiro e quarto grupos eram bem maiores do que imaginamos. Embora houvesse um suicídio em massa, não se tratava de uma ação universal. O grupo em que cada um se colocava dependia do grau em que cada um se deixava sugestionar por Jones.

Jones deveria ter sido uma pessoa bastante atraente, basta que examinemos o que aconteceu quando esteve na Califórnia para termos certeza disso. Os políticos se alvoroçaram em torno de sua pessoa, pessoas importantes, até mesmo muitos de instrução superior, se deixaram influenciar. Sei que a Califórnia é um lugar um "bocado diferente" onde qualquer religião fora de propósito encontrará muitos adeptos. Nesse particular é o lugar mais confuso do mundo. Sei também que políticos fazem qualquer negócio para conseguir votos, particularmente políticos norte-americanos. Se achassem que apoiando Jones iriam aos comícios e apareceriam nos programas de TV ao seu lado porque são pessoas sem consciência ou escrúpulos. Esses são os que têm grande parte da culpa. É preciso que se conscientizem que encorajando as idéias loucas desses gurus estarão ajudando que se precipitem à loucura. Já não é que tantos cheguem à loucura através dos tóxicos, sem que se agrave ainda mais a situação fazendo com que cheguem à loucura através daquilo que seria exatamente o que deveria proporcionar-lhes a segurança e verdade, que é a religião? Tudo aquilo que dá ênfase à superstição no lugar da religião é diabólico, é fazer o trabalho do demônio. É válido pensarmos em que grupo se colocaria o próprio Jones? Há alguma razão para supormos que ele tentou fugir e foi baleado – ou ainda tenha se matado com uma bala – não se sabe. Só sabemos que na mata cerrada não se pode conservar o corpo por muito tempo.

Quanto à conservação e transporte dos corpos para os EUA, acho que tenha sido uma idéia cara e absurda, típica do sentimentalismo americano. Deveriam ter sido enterrados no próprio local, mas isso não é da minha conta. Nós, que encaramos tudo isso com muita seriedade, precisamos nos perguntar: até que ponto nós mesmos falhamos uma vez que essas religiões se espalham com tanta rapidez? Sei que vocês são brasileiros e eu inglês e, portanto não teríamos responsabilidade para com os EUA, mas nossos correligionários, nossos amigos e colegas de lá devem pensar: "Porque não podemos fazer com que uma religião que se não traz consigo toda a verdade, pelo menos evidentemente contem parte dela, seja aceitável e atraente a essas pessoas que correm atrás de cultos e profetas falsos? Onde falhamos, se está em nós impedir isso? Em meu país, a Inglaterra, sabem qual a religião mais popular? A astrologia. 60% das pessoas acreditam na astrologia e lêem regularmente tudo o que é publicado a respeito. Todo jornal ou revista traz inúmeras reportagens sobre o assunto. Já a fé cristã, sob quaisquer de seus aspectos, conta com 6 a 8% da população, que recebe muito pouca matéria escrita a respeito. É claro que se pode argumentar que as pessoas que deveriam ser os líderes religiosos dessas vítimas falharam, mas mesmo que tivessem feito sua obrigação, teriam da mesma forma falhado com pessoas que são imaturas e alienadas em nossa sociedade. Na verdade, portanto, não se trata apenas de Líderes religiosos. Não são somente eles que devem ser considerados culpados, mas a sociedade toda. É incrível que dentro da nação mais rica de todo o mundo existam pessoas na mais absoluta pobreza mental, espiritual e até material. Um país que tem tantos toxicômanos, tantos viciados em jogo, tantas pessoas sem esperança e sem futuro. Não é de se estranhar que eles sejam também o povo cujas crianças possuem a pior característica. Porque é natural que crianças sejam infantis, mas é horrível quando os adultos se portam infantilmente. Creio que a única diferença entre os milhares de jovens que se tornaram adeptos de Hitler seguindo cegamente seu líder político e cometendo atrocidades, e aqueles que procuraram um líder religioso do tipo Jones para se filiar é que esses últimos só estão ferindo a si próprios. Temos também o fenômeno terrorismo que surge entre as sociedades que não possuem um alvo, uma meta atraente a ser seguida, ou seja, a esperança de corrigir tudo o que estiver errado de uma forma razoável. Dessa maneira, Jonestown poderia acontecer de novo. Poderia até ser o primeiro episódio de muitos! Não que eu acredite nisso, mas é uma possibilidade, até uma certeza se continuarmos a declinar espiritualmente. Podemos esperar que manifestações de declínio como essas venham a aumentar".

ANEXO 5

"ROGERIANO,TRILOGISTA, FREUDIANO, CHADIANO E SAMARITANO"

"Onde há lugar para desenvolvimento da pessoa, onde há respeito pelos sentimentos do próximo, há, também, lugar para manifestações de correntes diversas de pensamento Uma espécie de cabide, onde cada qual procura pendurar a sua melhor vestimenta.

O cabide pode ter um paletó de camurça, um vestido de seda, uma calça jeans, uma camisa de algodão. Contudo, continua cabide, oferecendo-nos sua utilidade.

Acho que assim também é o CVV. Dizem que somos rogerianos, porque em Rogers encontramos conceitos que atendem a postura de respeito a pessoa. Não somos rogerianos porque, se o fôssemos, como leigos estaríamos exercendo ilegalmente a Psicologia — já que Rogers é pai de uma escola psicológica.

Dizem que somos da linha analítica de Freud, porque convidamos o Prol. Miller de Paiva, conceituado psicanalista de renome internacional, para participar de algumas reuniões gerais de plantonistas. Também não somos analistas por absoluta impossibilidade ética: o CVV é constituído de voluntários leigos.

Há quem distinga na postura do CVV a adesão aos princípios da Trilogia Analítica: há os que nos identificam como fiéis seguidores de Chad Varah, fundador de "Os Samaritanos", da Inglaterra. Nem a Trilogia, nem o "Chadismo", nem o Espiritismo, nem o Protestantismo e nem o Catolicismo, são bitolas ou trilhos por onde querem fazer caminhar espremido o CVV.

Esquecemo-nos de que CVV é uma atividade samaritana. O Samaritano é o anônimo da estrada que ajuda a colocar de pé o homem caído margem. E este homem caído também é um anônimo, porém uma pessoa carente; ele estava SÓ, ferido e abandonado, na estrada que vai de Jerusalém a Jericó.

Aferrar-se a esta ou àquela corrente filosófica ou psicológica, é isolar-se em castelos ou templos que se arrogam detentores da Sabedoria total. Usando, ainda, a parábola do Samaritano, os "donos" da verdade estavam em Jerusalém – cada qual impondo sua sapiência autoritária. O samaritano estava na estrada e o homem caído, na margem da estrada.

Permaneçamos na estrada – longe das jerusaléns acadêmicas – para podermos sentir a dor de quem se sente marginalizado. Sejamos apenas samaritanos.

As escolas e as correntes filosóficas surgem e desaparecem, assim como os cenáculos Jerusalém. Contudo, estradas e caminhos existirão sempre, como canais abertos por onde transitam os samaritanos de olhos e corações atentos aos caídos à margem.

Alinhar o samaritano entre os muros do profissionalismo, vestindo-o com esta ou aquela roupagem formal, pode nos levar para um túnel escuro onde ouviremos apenas os nossos passos e não enxergaremos além de nossos pés.

O samaritano no caminho só tem um tipo de postura: respeito à pessoa e à liberdade do caído, traduzido em com preensão e aceitação do sentimento de quem se sente à margem da vida.

Valentim – CVV/Abolição

ANEXO 6

UMA HISTÓRIA EM QUATRO ATOS

Trilhando os caminhos da amizade, cujo início situa-se em 28 de julho de 1961,vivemos um mundo de venturas nos quais a água viva dos nossos sentimentos se transformou em dons inefáveis de trabalho, amor e alegria. Partimos do zero e, inicialmente, lutamos para vencer a enxurrada pessimista que nos desencorajava com argumentos tais como: "isso é para psiquiatras e não para leigos", e similares.

Conforme esclarece a "Uma História em Quatro Atos", iniciamos dirigindo as pessoas, dando conselhos e orientações, centrávamos no problema. Com o passar do tempo, a conhecida, e sentida por todos, direção positiva (tendências atualizante e formativa) se manifestava sobre o grupo conduzindo-o ao amadurecimento.

Quanto mais amadurecíamos, mais acreditávamos na capacidade de crescimento dos seres, que se manifesta em toda a natureza, desde que lhes sejam oferecidas condições.

Fomos aos poucos compreendendo que, sob ameaça, a pessoa enrijece anulando a sua capacidade de crescimento. Uma vez aceita, imersa numa atmosfera afetiva, sem julga mento ou condenações, ela volta a crescer tal como se desenvolvem os esporos dos microorganismos que aguardam pacientemente uma alteração nas condições do meio favoráveis ao desenvolvimento.

Com o passar dos anos firmava-se dentro dos nossos corações os conceitos que hoje são os princípios fundamentais do CVV:- aceitação-compreensão – respeito.

Aprendemos com experiência... Aprendemos muita coisa. Seria de todo impossível arrolarmos a infinita aprendizagem que o CVV nos trouxe.

De "suicida potencial", ostentando a abominável sigla SPot, passou a "caso", de "caso", em 1977, foi para "atendido", de "atendido" evoluiu para "pessoa" e hoje como o outro.

De atendimento, evoluímos para entrevista, de entrevista chegamos a relação de ajuda, para finalmente nos sentirmos em um encontro, quando o telefone toca ou quando alguém nos visita.

Aprendemos que o encontro (relação de ajuda) é um processo recíproco, um entendimento a dois, sedimentando-se assim um maravilhoso critério de igualdade.

Fomos enriquecidos com o conceito de disponibilidade. Uma vez que é livre a prática da amizade, e não privilégio dos voluntários do CVV, o que distingue o voluntário é a sua disponibilidade.

....

O CVV antes de consolidar sua filosofia humanista em termos de aceitação total, compreensão plena e respeito absoluto, traduzindo-se numa postura transparente (não diretiva), passou por várias fases experimentais que, a nosso ver, perfazem um total de quatro.

Se hoje procuramos ajudar sem interferir, se desenvolvemos esforços a fim de que o outro se sinta plenamente à vontade, totalmente nivelado, e, se o nosso objetivo precípuo é a utilização ótima das suas potencialidades para que ele si readapte perante si mesmo, no passado, entretanto, atravessamos fases que hoje poderiam ser classificadas como bizarras. Vejamos:

PRIMEIRA FASE

"Sublata Causa"

Segundo o antigo provérbio "sublata causa, tolitur efectus", em outras palavras, eliminada a causa o efeito cessa. No inicio era assim que pensávamos. O nosso trabalho consistia, então, em eliminar o problema: se uma pessoa se apresenta deprimida e triste em virtude de problemas, eliminando-os, as ansiedades se dissipariam.

Qual o nosso espanto quando observávamos que nem sempre a outra pessoa encontrava a serenidade após a eliminação do problema ou, para dizer a verdade, quase nunca isso acontecia. Concluímos que alguma coisa estava errada.

Fora isso, para que pudéssemos agir dessa maneira a estrutura exigível seria delicada e complexa, uma vez que os problemas são os mais diversos em dimensão e qualidade.

SEGUNDA FASE

"Iluminar os Caminhos"

Sob este título pretensioso nós nos afirmávamos baseados na teoria de que o nosso trabalho consistiria em lançar luzes sobre os problemas das pessoas para que elas pudessem resolvê-los. Ajudar a pensar era o nosso lema.

Em resumo, na segunda fase interferíamos na vida da pessoa, dávamos sugestões, julgávamos e oferecíamos conselhos.

TERCEIRA FASE

"Ensinar a pescar"

Esta terceira fase, que teve inicio em 1965 e cuja duração iria se alongar por quase 10 anos, estribava-se no famoso adágio popular "não dê o peixe, ensine a pescar".

Portávamo-nos, então, mais como amigos, reconhecendo no valor da amizade um verdadeiro sustentáculo para que a pessoa se fortalecesse e encontrasse meios para a solução de seus problemas.

Foi uma fase boa, no entanto, ainda não respeitávamos a liberdade alheia, fazendo inconvenientes acompanhamentos de casos,- com consentimento ou não do "atendido", não dávamos conselhos segundo acreditávamos mas sugeríamos soluções.

QUARTA FASE

A pessoa como centro

Impulsionados pelo desejo incontido de pesquisar as formas adequadas para o atendimento, após um massacrante vestibular (1966), matriculamo-nos na Faculdade de Psicologia da USP (curso que não chegamos a terminar). Quatro anos após (1970), quando ainda buscávamos créditos em cadeiras específicas, caiu em nossas mãos o livro intitulado "Aconselhamento e Psicoterapia" ofertado entusiasticamente por um colega que nos apontava o autor, o Prof. Carl Rogers, como o "Pasteur da Psicologia Clínica". No mesmo dia comentamos o assunto com o Alan, que naquele tempo cursava a Faculdade de Medicina de Pinheiros e, após ter consultado os especialistas do Departamento de Psiquiatria, trouxe-nos o volume de Rogers intitulado

"Psicoterapia Centrada no Cliente". Foi o começo de uma longa pesquisa.

Em 1974, quando ainda os cursos de aperfeiçoamento se encontravam em fase embrionária, nos dias da Semana Santa, pela primeira vez apresentamos o assunto aos voluntários como parte integrante daquilo que iria se consubstanciar posteriormente como CA-III.

No transcorrer do ano de 1975 houve um evento importante, qual seja a implantação do "Role-Playing", prática de inestimável valor, introduzida pelo Alan. O "Role-Playing" facilitou enormemente a compreensão da postura não diretiva.

Formulamos, então, o curriculum do CA-III, até em vigor.

QUARTA FASE

Variações

Mesmo dentro do quarto ato desta nossa história notamos algumas variações progressivas nas posturas cênicas.

Vejamos:

1) 1975/1976, a mescla não-diretiva, isto é, em nossas entrevistas dentro da diretividade à qual estávamos acostumados começavam a surgir colocações não-diretivas, tentando clarificar os sentimentos e as emoções;

2) Já em 1977, levado pela extrema preocupação de não interferir, o nosso plantonista apresentava sempre colocações centradas na pessoa, a maioria das quais monossílabos interrogativos, o que distanciava a conversa daquele tom informal que caracteriza os "bate-papos";

3) De 79 até 82, vamos encontrar os nossos plantonistas mais descontraídos. O método não-diretivo deixa de ser método e passa a ser um comportamento. As palavras estão um pouco mais soltas mas ainda existe um certo contraste entre a conversa que mantemos em nossas salas de encontro e o bate-papo de rua;

4) Fins de 82/início de 83, inicia-se uma nova era. Os nossos plantonistas além de respostas de clarificação começam a usar as respostas

de reflexão, informativas e inquisitivas e a conversa torna-se mais solta, mais descontraída e informal.

É a fase em que nós nos encontramos, na qual, segundo sentimos, atingimos a maturidade e assim sendo um futuro promissor nos espera. O plantonista do CVV transforma-se realmente naquele amigo e os princípios básicos de respeito, aceitação e compreensão se encontram profundamente calados em seu coração.

E A QUINTA FASE?

É a pergunta que nos tem sido formulada por todos aqueles que leram com antecedência esta "história em quatro atos".

Meditando sobre as inquirições, deduzimos, por uma questão de lógica e bom senso, que nos encontramos nos albores de uma fase nova cujas manifestações iniciais já sentimos no princípio de 84: o aprimoramento íntimo dos voluntários, a necessidade de colocar em prática o conceito de vida plena. Alguns voluntários começam a identificar a reforma interior como indispensável para melhorar a sua capacidade de doação afetiva. "Para uma conversa dar certo, teria dito o teatrólogo Plínio Marcos, é necessário que a gente se desarme de todos os preconceitos, sejam eles raciais, religiosos, sociais, psicológicos, sexuais, culturais, de todos, sem exceção, porque só assim conseguiremos escutar o que os outros estão dizendo." - Jacques, novembro de 1986

ANEXO 7

O TRÁGICO FIM DO SENADOR PEIXOTO GOMIDE
Scena horrorosa

Texto publicado dia 21 de janeiro de 1906, na página 2 de O Estado de S. Paulo.

O Senador Peixoto Gomide

Hontem, alguns minutos apenas depois das duas horas da tarde, estavam uns dos nossos companheiros de trabalho na nossa sala de redação, quando entrou um conhecido corretor da nossa praça e lhes disse, abrupto, pallido, a voz trêmula, profundamente commovido:

- Pois, vocês ainda não sabem?!...

- Não, não sabemos.

- O Dr. Peixoto Gomide suicidou-se!

- O Dr. Peixoto Gomide? O presidente do Senado?

- Sim, esse mesmo.

- Não é possível!

- Como não é possível? O escriptório do Mário fechou-se agora mesmo, e eu vi o pobre moço sair, desvairado, doido, pela rua Quinze de Novembro acima. Foi urgentíssimamente chamado de sua casa. (Mário é o Sr. Mário Gomide, filho do Dr. Peixoto Gomide e estabelecido à travessa do Commércio, com escriptório de corretor).

Mal acabaram os nossos companheiros de ouvir a terrível notícia, chega ao nosso escriptório outro corretor:

- É verdade?... perguntaram todos a uma voz.

A pessoa interpellada compreende logo do que se trata e, sem demora, responde:

- Desgraçadamente, é verdade. Eu estava no escriptório do Mário quando pelo telephone, creio que da polícia, lhe contaram tudo. O Dr. Peixoto Gomide matou primeiro a filha, com um tiro de revólver e, depois, suicidou-se com a mesma arma. Ele morreu instantaneamente e a filha creio que ainda vive, mas em estado gravíssimo.

- A filha?!

- Sim, a filha.

- Não se trata, então, de um simples suicídio?!

- Mas, por quê?

- Não sei. É uma fatalidade, uma tremenda fatalidade, creio que se trata de uma história de casamento. O coitado do Mário lá foi pela rua Quinze de Novembro acima interiramente fora de controle, gesticulando.

***

O dia estava lindo, o céu claro, o sol abrasador. Pelo lado da sombra, subia e descia a costumada onda de gente alegre e desvairada. Ninguém sabia coisa alguma. Pouco depois, porém, transformou-se completamente o aspecto deste trecho da mais movimentada das nossas ruas. Viam-se traços de dolorosa surpresa em quasi todas as phisionomias. Aqui e alli formavam-se grupos. Pessoas conhecidas iam e vinham apressadamente por entre a multidão. Faziam-se perguntas e commentários, pediam-se pormenores. Como foi?...

Porque seria?... Estão ambos mortos?... Vive ainda?... Pode salvar-se?... E imagine-se o que não disse naquella hora de abalo e natural excitação...

É que, da travessa do Commércio, já se tinha espalhado por todo o centro da cidade a horrível nova confirmada de que o Dr. Francisco de Assis Peixoto Gomide, presidente do Senado e ex-vice-presidente do Estado, se suicidara e matara uma de suas filhas. Era real tudo quanto nos vieram dizer ao escritório. Só num ponto os nossos primeiros informantes não tinham sido verdadeiros: a morte instantânea foi a da filha do suicida; este sobreviveu ao tiro cerca de vinte minutos.

Mas, contamos esta horripilante história tal qual nos foi contada pelo nosso companheiro, que esteve na casa em que ella teve o seu trágico desenlace, e a ouvir de pessoa da família.

Quando o nosso companheiro chegou à rua de Benjamim Constant número 25-A, e subia as escadas da modesta residência do Dr. Peixoto Gomide, este ainda estertorava, a longos e fundos haustos, estendido num grande sofá de palhinha da sala de visitas. Trajava paletó e calças de fazenda escura. Saía-lhe massa encephálica pelo alto do crâneo, do lado esquerdo. Tinha os olhos muito abertos e vermelhos e um, o esquerdo, fora da órbita. No chão, de onde o tinham erguido, havia uma grande poça de sangue, ainda quente.

O arcediago (vigário) Francisco de Paula Rodrigues e monsenhor Benedito de Souza estava lá à cabeceira do agonizante e trançavam por sobre a sua cabeça despedaçada o sinal da cruz, o arcediago Paula Rodrigues chegou-lhe os lábios ao ouvido e murmurou:

- Sou eu, Dr. Gomide, o seu amigo padre Chico. Lembre-se da Virgem Nossa Senhora e peça-lhe perdão dos seus pecados!

Os médicos Drs. Marcondes Machado , da polícia, Ayres Netto, Arthur Mendonça e Cândido Espinheira cruzaram os braços, desalentados. Nada havia que fazer, a morte era inevitável. E, efetivamente, minutos após, o Dr. Peixoto Gomide expirou, e o seu rosto se revestiu da mesma serenidade que transparecia no de sua filha, posta numa cama dum quarto ao lado, braços sobre o peito, trajando simples trajes caseiros, com um ferimento no alto da fronte, bem na raiz dos cabelos loiros já lavados e penteados por mão piedosa.

Não tentamos descrever o desespero dos membros da família, que sobrevieram à catástrofe: Dona Ambrosina Pinto Nunes Gomide, a viúva e mãe desconsolável, Mário, a quem já nos referimos, Alcêo, que cursa o quarto ano de medicina na Faculdade da Bahia, e Gnesa, outra gentil menina de cerca de vinte anos. Sophia, a morta, tinha vinte e dois ou vinte e três. Ambas foram muito bem educadas na Escola Prudente de Moraes, de onde saíram com diploma de professoras preliminares.

Mário, Alceu e Gnesa choravam desesperadamente. Dona Ambrosina, de olhos seccos, mas desgrenhada e com o semblante desfeito, dizia phrases sem nexo.

Nas janelas das casas vizinhas, principalmente na estação telephonica, donde saíram os primeiros socorros àquela desgraça, agglomeravam-se muitos curiosos. Amigos e conhecidos subiam as escadas. Ia-se formando uma multidão à porta da rua. Mas, compareceram os delegados drs. João Baptista de Souza e Theophilo Nóbrega e formou-se uma fila de guardas cívicos na calçada. Pouco depois, chegou o dr. chefe de polícia. O povo respeitoso e compungido abriu alas em silêncio....

***

O fato deu-se da seguinte maneira:

O dr. Peixoto Gomide, que passara quase toda a noite sem dormir, levantou-se melancólico, abatido. Poucas palavras disse durante a manhan a sua esposa e a suas filhas. Ao almoço, servido às dez horas, porque o dr. Peixoto Gomide, paulista dos antigos, conservava religiosamente velhos hábitos da nossa cidade, também poucas palavras proferiram. Depois do almoço, Mário vem para o seu trabalho de corretor, Alcêo retirou-se para o seu quarto no pavimento inferior do prédio, d. Ambrosina e Gnesa entregaram-se a lides domésticas e Sophia sentou-se numa cadeira da sala de jantar, a fazer crochet. O dr. Peixoto Gomide conserva-se por algum tempo no topo da mesa mudo, pensativo, atirando bolinhas de miolo de pão para o teto. Depois, entrega-se e, por três ou quatro horas, andou, sem descanso, da sala de jantar para a de visitas; e desta para aquela. Todas as vezes que chegava a sala de jantar, pousava os olhos demoradamente em sua filha, que, também muda e pensativa, ia tecendo a linha em sua agulha. De repente, o dr. Peixoto Gomide aproximou-se da infeliz e, tirando da algibeira um revólver, um grande revólver Smith & Wesson, apontou-lho para a fronte. Sophia teve apenas tempo de perguntar:

- Que é isso meu pae?

- Não é nada.

E a bala partiu certeira, fulminante. Sophia não soltou um grito, não fez o menor movimento. Rolou morta da cadeira para o soalho, que logo se encheu de sangue.

Acudiram todos immediatamente: D. Ambrosina, Gnesa e uma creada ao estrondo do tiro, e Alcêo, que dormia e acordou ao baque do corpo de sua irman nas taboas.

O dr. Peixoto Gomide, sem nada dizer, estendia o braço armado, como que a procura de uma nova victima. Chegou a dirigir a arma para Gnesa, mas a creada correu para elle e evitou que a sua sinistra intenção se realisasse.

Contrariado nos seus intuitos, mas sem dar o minimo signal de irritação, calmo, vagaroso, o dr. Peixoto Gomide foi para a sala de visitas e, logo que lá chegou, poz o cano do revólver no ouvido esquerdo e puxou pelo gatilho. A bala não partiu. O tiro falhou. Mas, novo esforço dá mais uma volta ao cilindro e, desta vez, a bala parte e o dr. Peixoto Gomide cae mortalmente ferido.

***

Resta que os nossos leitores saibam os antecedentes deste (ilegível), deste tristissimo facto, tão triste que não nos lembramos de outro que tanta magoa nos causasse ao cumprirmos o dever de noticial-o.

Sophia era noiva, tinha ha alguns mezes contratado o seu casamento com o dr. Manuel Baptista Cepellos, promotor publico de Itapetininga, que, por signal, é um poeta de grande talento. Delle, ainda não ha muito, nos dizia Olavo Bilac que poucos poétas conhecia no Brasil de tanto merecimento e tão brilhante futuro. Ia realizar-se o enlace no proximo sabbado, 27. O enxoval estava prompto. Tinham-se feito obras no predio para a festa, e o dr. Peixoto Gomide regressara ante-hontem de Itapetininga, aonde fora alugar a casa que deviam residir sua filha e seu futuro genro.

Disse-se hontem que o dr. Peixoto Gomide concedera contrariadissimo a mão de sua filha ao dr. Cepellos. Absolutamente não é exacto. Pessoa digna de todo o credito nos afirmou que elle lhe commemorara o contrato, orgulhoso até da escolha de Sophia, referindo, desvanecido, o modestissimo passado do noivo: ex-official da força publica que só ao seu proprio esforço devia a posição que chegou, depois de um bello curso na nossa Academia.

E acrescentou que já tinha conseguido para elle promessa de uma collocação mais vantajosa. O governo do Estado tinha-se comprometido a nomear o dr. Cepellos juiz de direito da primeira comarca que vagasse.

O que é certo, porém, é que, depois de contratado o casamento e passada a alegrida dos primeiros tempos de noivado, o dr. Peixoto Gomide começou a impressionar-se com a ideia que ia separar de sua filha, pela qual sempre se revelou extremosissimo. E tal impressão, a principio levemente penosa, foi pouco a pouco crescendo e augmentando, a ponto de se converter, de ha cerca de dois mezes para cá, numa grande dor do coração. O desgraçado pae perdeu o appetite e o somno, passava as noites em claro, fugiu de amigos e conhecidos, concentrou-se todo no seu sofrimento. E, esquivando-se ao circulo das suas relações sociaes, no lar tambem se esquivava ao carinho da esposa e dos filhos. Passava os dias encerrado no seu gabinete, só com o constante e negro pensamento da separação cada vez mais proxima...

A dois amigos, com quem por esse tempo conversara, disse elle de todo em rodo não se podia conformar com a ideia de que outro homem, um estranho, ia ser o preferido do coração de sua filha querida.

- Entretanto, exclamou, minha mulher, que é mae, está contentissima! Não comprehendo.

Um dos amigos é casado e tem filhas. Disse-lhe o dr. Peixoto Gomite, pondo-lhe a mão sobre o hombro, num gesto affectuoso:

- Você tambem é casado e tambem tem filhas, que necessariamente irão de querer casar como a Sophia. Pois bem: quando você estiver nas minhas condições, se eu for vivo, você me procurará para dizer-me que tenho razão. Hoje, você não pode avaliar o que a gente sente. É uma sensação indefinível, uma fibra nova que é tocada.

Se eu fôr vivo!... deu-lhe então o primeiro assalto a idea de suicidio, que nunca mais o abandonou.

Sucedera depois alguma coisa que terrivelmente agravou o estado daquella alma enferma. Alguem, quem não se sabe, convenceu o dr. Peixoto Gomide de que seu futuro genro era moço de distintas qualidades, mas fraco, incapaz de lutar pela vida.

Dali até o fatal dia de hontem foi um martyrio, uma prolongada tortura, que não temos tempo, nem eloquencia, para traduzir nessas palidas palavras. Não nos é possivel narrar tudo o que sabemos de fonte segura.

O dr. Peixoto Gomide chegou, ao que parece, a propor a sua desventurada esposa o suicido de ambos, depois da morte das duas filhas.

Ia frequentemente a Juquery, em visita ao dr. Franco da Rocha, de quem era amigo intimo. Desabafava com elle, referia-lhe meudamente o seu immenso infortunio, alludia com insistencia ao que tinham dito do dr. Cepellos, prophetisava um futuro todo de sombras e amarguras a filha estremecida. O dr. Franco da Rocha, que conhece o dr. Cepellos, contestava-o. Elle voltava consolado e, na apparencia ao menos, tanquillo. No dia seguinte, porém, o espinho que cruelmente lhe tinham cravado no espirito já enfraquecido, recomeçava a doer e lá voltava elle para Juquery, á procura do amigo fiel.

De uma feita, ha quatro ou cinco dias somente, o dr. Franco da Rocha, ouviu-lhe a seguinte phrase:

- Não, decididamente não posso. Minha filha não casará. Prefiro vela morta!

E, na incoherencia da loucura que o dominava, fraco para impedir o

O Dr. Franco da Rocha

casamento com a sua autoridade de chefe de familia, mas pavorosamente forte para matar uma filha e matar-se, empunhou um revolver e fez-se protagonista de uma das mais horrorosas scenas que, por intermedio dos jornaes, tem chegado ao conhecimento da população desta capital.

***

O dr. Francisco de Assis Peixoto Gomide nasceu nesta capital em 1848. Formou-se na nossa Academia em 1873 e, logo depois de formado, foi advogar no Amparo, onde casou com d. Ambrosina Pinto Nunes, filha de um velho capitalista e honrado portuguez que ali residida. De Amparo, mudou-se para esta capital, onde estabeleceu residencia definitiva.

Era republicano dedicadíssimo desde os primeiros dias da propaganda. Foi vice-presidente do Estado e, no exercício do governo, revelou-se administrador intelligente e criterioso. Era presidente do Senado e estimadissimo dos seus collegas daquella casa do Congresso.

Pelas excellentes quallidade do seu carater, tinha grande numero de amigos. Foi chefe de familia exemplar até o instante que, em segredo, commeçou a tragedia que hontem em meio de tanta comoção publica terminou.

***

Logo que o sr. presidente do Estado teve communicação da tristeza, por intermedio do sr. dr. Meirelles Reis chefe de polícia, mandou lastrar em repartições publicas estaduaes a bandeira em funeral, e suspendeu o concerto que restava realizar-se aos sabbados no jardim do Palacio.

Não só as repartições estaduaes hastearam a bandeira a meio mastro. Tambem o fizeram as repartições federaes e a camara municipal e a redação do Correio Paulistano.

Em nome do sr. presidente do Estado, o sr. capitão (ilegível) foi a residencia da familia enlutada, pedir-lhe a licença para que fossem feitas a expensas do Estado.

Tendo a familia ascedido, o sr. presidente do Estado tomou as necessarias providencias para que o enterro, que se realisará hoje, ás 7 horas da manhan, sejam prestadas ao morto as honras que lhe são devidas, mandando ainda depositar sobre o feretro uma grande corôa de biscuit.

Prestará honras funebres o primèiro batalhão da força publica, sob o comando do tenente coronel Pedro Aribes, o qual formará as armas em funeral, estendido em linha pela rua Benjamin Constant.

O corpo de cavallaria estacionará no largo São Francisco e dali acompanhará o enterro até o cemitério.

Ao ser transportado o caixão para o coche fúnebre, a banda da força policial e os clarins do corpo da cavallaria, executarão, em surdina, marchas funebres.

Comparecerão ao saimento funebre os srs. presidente do Estado, secretarios, chefe de policia, senadores e deputados federaes e estaduaes, os ministros plenipotenciarios do Chile, Paraguay e Guatemala, todo o pessoal das secretarias do Senado e Camara, corpo consular, alto funcionalismo, commandante geral da força publica, commandantes e officiaes dos corpos, commandante superior e officiaes da Guarda Nacional, presidente da camara municipal, prefeitos e vereadores, presidente e ministros do Tribunal de Justiça, membros do ministerio publico, juizes federal e substituto, além de amigos e admiradores do tinado.

***

Ás 9 horas e meia da noite estava concluido o serviço da armação da camara de ardente, no gabinete de trabalhos do finado.

Sobre a eça, collocada no centro, sala circundada de seis cirios ardentes, foi colocado o riquissimo caixao, em que jazia o cadaver vestido de casaca, tendo a cabeça voltada para o lado do altar em cuja banqueta havia seis velas acesas. Ao centro destacava-se a imagem do cruxificado.

Toda a guardição dessa sala como a do caixão mortuario era preta em galões dourados.

Foram alli colocados ate ás 10 horas e meia da noite corôas de saudades.

O corpo durante a noite foi velado por grande numero de amigos da familia.

***

Ás 10 horas da noite, foi conduzido para a sala de visitas, também transformado em camara ardente, num caixão todo branco com galões prateados, o cadáver de d. Sophia, vestida de noiva. A guarnição da sala de visitar era toda de damasco branco, com galões e franjas prateadas, e junto á parede em frente ás janellas que dão para a rua, foi armado um altar, em cuja banqueta se destacava um crucifixo de prata, entre seis candelabros, também de prata.

Até as 10 horas e meira da noite apenas duas corôas se achavam junto a eça, com os seguintes dizeres:

- A Sophia Peixoto Gomide, o dr. Bernadino de Campos e família;

- A Sophia, saudade da sua prima Henriqueta Arouche;

Muitas senhoras e moças ficaram na sala, velando o corpo.

***

O dr. Peixoto Gomide fez diversos testamentos tendo feito ultimamente um definitivo, ao que consta na notas do sexto tabellião sr. Victorino Gonçalves Carmillo.

Faxada atual da antiga residêmcia da família Peixoto Gomide

ANEXO 8

CAMPANHA DO CVV EXPANSÃO DE1978.

É mais fácil viver quando se tem um amigo.

CVV-Samaritanos
Centro de Valorização da Vida

Rua Abolição, 411 · fones: 34·2121, 36·6001 e 37·9705

Há quanto tempo você não desabafa?

Em vez de fechar os olhos para a vida, abra o coração para um amigo.

CVV-Samaritanos
Centro de Valorização da Vida

Rua Abolição, 411 · fones: 34·2121, 36·6001 e 37·9705

Quando você achar que ninguém mais no mundo te entende, disque 34·2121. Do outro lado da linha tem alguém que quer muito ouvir você.

CVV-Samaritanos
Centro de Valorização da Vida

Rua Abolição, 411 · fones: 34·2121, 36·6001 e 37·9705

Se você não agüenta mais essa vida solitária, disque 34·2121. Do outro lado da linha está o amigo que você procura.

CVV-Samaritanos
Centro de Valorização da Vida

Rua Abolição, 411 · fones: 34·2121, 36·6001 e 37·9705

Disque 34·2121. Do outro lado da linha tem alguém que quer ouvir você falar sobre os seus medos, a sua solidão e a sua angústia.

CVV-Samaritanos
Centro de Valorização da Vida
Rua Abolição, 411 · fones: 34·2121, 36·6001 e 37·9705

Mesmo que você não dê muito valor à sua vida, nós damos.

CVV-Samaritanos
Centro de Valorização da Vida

Rua Abolição, 411 · fones: 34·2121, 36·6001 e 37·9705

Este livro começou a ser feito entre meados de abril e início de maio de 2011, como parte das comemorações dos 50 anos de fundação do Centro de Valorização da Vida.

A ideia surgiu numas das reuniões do Conselho Nacional do CVV, no ano anterior, e assumida como compromisso dos membros do Conselho Diretor, antigos companheiros de ideal samaritano. Deles recebemos essa tarefa desafiadora, a confiança e colaboração para compor os textos e também um grande presente de aniversário, pois o autor nasceu em 1961, no mesmo ano e apenas um mês depois do início do processo de fundação do CVV.

Nosso encontro com essa proposta de vida se deu no litoral paulista em 1979, quando, aos 17 anos de idade, participamos com amigos comuns do comitê para a fundação de um posto na cidade de Santos. O grande incentivador desse grupo foi o inesquecível Eugênio Lopes Correia, piloto marítimo do *ferry-boate* e também idealizador dos postos de São Vicente e Guarujá. Ele estava presente na reunião de Chad Varah com os membros da Aliança na rua Genebra e aparece no registro fotográfico na primeira fileira de convidados, o primeiro á direita.

Nessa época fomos, aos poucos, entre cursos e pequenas viagens a São Paulo, conhecendo todos aqueles que participavam dessa grande conspiração humanitária para a prevenção do suicídio, incluindo os fundadores Jacques Conchon e Flávio Focássio, este último com suas piadas impagáveis e discursos arrebatadores (um deles, no teatro do Sindicato dos Metalúrgicos de Santos, emocionou o ator Carlos Milani, enquanto aguardava para atuar na estréia de uma peça de Plínio Marcos); e o também inesquecível Valentim Lorenzetti, que nos acompanha até hoje, em memória, espírito e verdade, a quem agradecemos a inspiração e elaboração desse pequeno trabalho. É para ele e para todos os voluntários do CVV que oferecemos essas páginas como um prova de reconhecimento e muitas saudades.

NOTA

Muitas informações aqui utilizadas foram extraídas dos arquivos do Posto de Ribeirão Preto; e também do Centro de Valorização da Vida, hoje sob a guarda do Hospital Francisca Júlia.

Jacques Conchon, mesmo sem tempo e cruzando os ares em viagens de negócios, nos deu pessoalmente e também via *on-line* um precioso auxílio na revisão conceitual e histórica dos textos.

Os membros do Conselho Diretor contribuíram de forma amiga e confiante nos deixando livres para fazer o que deveria ser feito.

A concepção do projeto gráfico e as fotos de abertura dos capítulos foram feitas pelo próprio autor, no dia 24 de junho de 2011.

A revisão dos textos foi feita gentilmente pela Professora Maria de Lourdes Gaspar Tavares, dedicada companheira de trabalho, com sinceras observações e advertências, bem como elogios e preciosas recomendações.

ABREU, Caio Fernando de. Zero grau de Libra. In: SANTOS, Joaquim Ferreira dos (Org.).As cem melhores crônicas brasileiras. Rio de Janeiro: Objetiva, 2007.

ANDRADE, Carlos Drumond de. As impurezas do branco.Rio de Janeiro. J.Olýympio, 1974.

CVV, 25 Anos. Nos Caminhos da Amizade. Editora Aliança. São Paulo, 1987.

CVV, Uma Proposta de Vida. Editora Aliança, São Paulo,1989.

CVV - Introdução ao CVV-Samaritanos. São Paulo, 1977.

CVV 40 Anos, uma Linha do Tempo. São Paulo, 2002.

CVV – Manual do Voluntário. São Paulo, 2004.

CVV – Curso de Aperfeiçoamento – CA-I e CA-II. São Paulo, 1983 e 1984.

COLEÇÃO BOLETINS DO CVV

CAMARGOS, Marcia. A Musa Impassível: a poetiza Franscisca Júlia no cinzel de Victor Brecheret. São Paulo: Imprensa Oficial/EMURB, 2007.

COSTA, Antonio Carlos Gomes da. Rivolução, a revolução da Vontade. São Paulo. Instituto Faça Parte: 2004.

FERGUSON, Marilyn. A Conspiração Aquariana. Transformações pessoais e sociais nos anos 80. Rio de Janeiro: Record, 1980.

FRIEDMAN, Thomas L. O Mundo é plano. Rio de Janeiro: Objetiva, 2007.

JÚNIOR, Edelso da Silva. No tempo do Comandante. O Espiritismo em época de Revolução. São Paulo: Editora Radhu, 2009.

HOTKOPF, David. Superclasse. Rio de Janeiro: Agir, 2008.

LEX, Ary, 60 anos de Espiritismo no Estado de São Paulo. São Paulo:

Edições FEESP, 1996.

MACLUHAN, Marshal. Os meios de comunicação com extensões do Homem. São Paulo: Cultrix, 1964.

MAYRINK, José Maria. Solidão. São Paulo: EMW, 1983.

Ministério da Saúde -Secretaria de Atenção à Saúde. Departamento de Ações Programáticas Estratégicas. Coordenação Geral de Saúde Mental. Estratégia Nacional de Prevenção do Suicídio - Amigos da Vida - Levantamento bibliográfico sobre os temas: Suicídio, sobre viventes,família. Maio/2006.

MELLO, Zuza Homem de. A Era dos Festivais. Uma parábola. São Paulo: Editora 34, 2003.

MORIN, Edgard. Os sete saberes para a educação do futuro. São Paulo: Cortez/Unesco, 2001.

MOURA, Flávio e André Nigri. Adoniran. Se o senhor não tá lembrado. São Paulo: Boitempo Editorial, 2002.

NOVAIS, Fernando R. (org.). História da Vida Privada no Brasil. Vol. 3. República: da Belle Époque à Era do Rádio. São Paulo: Companhia das Letras, 1998.

ROGERS, Carl R. Um jeito de ser. São Paulo: EPU, 1983.

Tornar-se Pessoa. São Paulo: Martins Fontes, 1983.

SCLIAR, Moacyr. Pequena História da Melancolia. Folha de São Paulo, 2001.

SKIDMORE, Thomas. Brasil: de Castelo a Tancredo. Rio de Janeiro: Paz e Terra,1988.

TAVARES, Reynaldo C. Histórias que o Rádio Não Contou. São Paulo: Negócio Editora, 1997.

Toledo J. Dicionário de Suicidas Iustres. Rio de Janeiro: Record 1999,Record

WERLANG, B. G. e BOTEGA, N. J. (orgs.). Comportamento suicida. Porto Alegre: Artmed, 2004.

boletim do mova

órgão oficial do
MONTEPIO DA VALORIZAÇÃO
editado pelo
CENTRO DE VALORIZAÇÃO DA VIDA
N.º 29 - Ano III - Agosto de 1972

COMO FOI A INAUGURAÇÃO DA CLÍNICA

Dia 12 de agosto, 15h40. Dona Geny Mercatelli desata a fita verde-amarela, dando por inaugurada a primeira etapa da Clínica de Repouso Francisca Júlia, para doentes mentais sem recursos que o Centro de Valorização da Vida está construindo no bairro do Torrão de Ouro, em São José dos Campos.

Com o gesto simbólico do desatamento da fita, 100 doentes mentais sem recursos tiveram abertas as portas para um tratamento humano e fraterno nos cinco pavilhões iniciais da Clínica. Esperamos que dentro em breve, a obra esteja totalmente concluida, abrigando 600 doentes.

À solenidade de inauguração estiveram presentes, além dos plantonistas e diretores do CVV, inúmeros convidados de São Paulo e São José dos Campos. Compareceram também dirigentes dos Hospitais Psiquiátricos Espíritas de Cruzeiro, Marília e Araraquara. Entre as autoridades estavam os srs. Sidney Alvares, representando o governador do Estado; cel. Itaborahy Vianna Martins, do Conselho Estadual de Auxílios e Subvenções; cel. Marius Vieira Gonçalves, da Secretaria de Promoção Social; cel. Norberto Nicolaci, da Coordenadoria da Saúde Mental da Secretaria da Saúde; sr. José Francisco Mota, da Coordenadoria da Assistência Hospitalar; drs. Edmundo Maia, Alberto Calvo, Otávio Peres Velasco e Benerio Fráguas. A Federação Espírita do Estado de São Paulo e a Federação dos Hospitais Psiquiátricos do Estado de São Paulo estiveram representadas respectivamente, por da. Oslávia Braz Leonis e pelo sr. Sílvio Pelicano.

UMA HOMENAGEM

O dr. Pedro Augusto Martins, presidente do Centro de Valorização da Vida, ao abrir a solenidade agradeceu o apoio que a obra vem recebendo da comunidade e do governo. Passou, a seguir, a palavra ao secretário-geral, que colocou o microfone à disposição dos oradores inscritos. Ao término dos discursos, o secretário-geral enfatizou que a obra, cuja primeira etapa iria se inaugurar, não pertence a uma só pessoa; "todos os plantonistas do CVV colaboraram, desde aquele que dispõe de um tempo mínimo, aquele que pode dedicar mais tempo à nossa obra. A Clínica de Repouso Francisca Júlia é obra coletiva, não individualista".

O secretário-geral, contudo, fez questão de individualizar apenas uma pessoa: o dr. Roberto Mercatelli, diretor do Sanatório Sayão, de Araras, a quem, em nome do CVV, rendeu homenagem. "Dr. Mercatelli é o pai desta obra, tal o estímulo que nos deu para sua concretização. Ao dr. Mercatelli, a gratidão do CVV".

Impedido de comparecer à solenidade, dr. Mercatelli enviou sua esposa, da. Geny, para representá-lo. Foi a ela que o secretário-geral solicitou que desatasse a fita simbólica, dando por inaugurada oficialmente a Clínica de Repouso Francisca Júlia.

As autoridades e os convidados

O Presidente do CVV mostra as dependências da Clínica para o representante do Governador, Dr. Sidney Alvares.

Dona Geny Mercatelli desata a fita simbólica para a inauguração oficial da Clínica de Repouso Francisca Júlia.

lido a 7ª T. em 23/3/63

CAROS IRMÃOS

PAZ EM JESÚS

A CAMPANHA DA VALORIZAÇÃO DA VIDA, agrupamento formado pº colaboradores desta casa, cujo objetivo é diminuir o índice de suicídios, informa que o plantão mantido anteriormente numa das salas desta Federação, passará a atender pelo telefone Nº 33-5268, nos mesmos horários, ou seja:

De 2a. a 6a. Feira, das 16 às 22 hs. e,

Aos Sábados. . . . das 8 às 14 hs.

Se algum dos irmãos tiver conhecimento de alguma pessôa que alimenta a idéia de suicidar-se, seja qual fôr o motivo, queira indicar-lhe o telefone do plantão da Campanha, pois lá serão encontradas pessôas preparadas e de bôa vontade, que tentarão demove-la da idéia, evitando consequências desastrosas, sob todos os pontos de vista.

REPETIMOS: O NÚMERO DO TELEFONE É: 33-5268

Na saida, podem procurar o telefone do plantão, com a pessôa localizada na mesinha ao lado.

E lembrem-se:

Tôda orientação segura que dermos ao nosso irmão mais necessitado, embora que não exija esfôrço físico de nossa parte, é a colaboração ideal que desejávamos, se estivéssemos atravessando fase semelhante.

Obrigado

BOLIVIA - LA PAZ - 15-02-79

Procuramos a senhora Matilde Carmona Busch, Plaza Isabel Católica. Ed. Presidente German Busch, 9º andar. Telefone: 323560, que é tia do Dr. Germann (médico de Santo André) que nos apresentou através de carta.

A senhora Busch é realmente uma pessoa muito amável e que reune condições para ser uma plantonista de primeira linha, em nosso encontro muito proveitoso fomos apresentados, por seu intermédio, aos Dr. La Quintana, Rafaela e Baragan, que de pronto demonstraram o interesse de realmente levar adiante a criação de um Centro de Prevenção ao Suicídio. Alguns fatos importantes marcaram esse encontro, e poderíamos fazer referência a três bem significativos :

1º) quando explicavamos ao grupo o trabalho que se realizam um Centro Samaritano, a senhora Busch pediu a palavra e narrou o ocorrido na noite anterior à nossa chegada : quando seu telefone tocou altas horas da noite e do outro lado da linha um senhor de nacionalidade argentina, com demonstrações de muita aflição, lhe implorou para ouví-lo. Relatou que discara ao acaso e , em seguida, desabafa todo o seu problema, demorando por mais de uma hora, ao final do que lhe agradece pela atenção e pelo muito que ela tinha feito, inclusive salvando lhe a vida , pois estava decidido a matar-se naquela noite. A senhora Busch nos dizia : eu não falei nada só ouvi e ele me agradecia pelo muito que lhe tinha feito ! ...

segue

2º) O Presidente Germann Busch , que foi seu marido, se matou com um tiro na cabeça, ainda quando presidente do país;

3º) Um seu filho também se matou há cerca de três anos quando morava nos Estados Unidos, e as razões foram exatamente por não estar sendo útil ao seu povo como era desejo de seu pai. Era um homem realizado na vida, pois tinha esposa e filhos, era formado em engenharia, tinha independência financeira, etc.

Infelizmente não foi publicado a reportagem no jornal " EL DIARIO", até o dia da nossa partida dia 18-02-79, sendo feita no dia 19-02-79, mas já com a indicação da senhora Busch , como a pessoa a ser procurada pelos interessados.

Você que é bancário, venha atender alguém que está com saldo negativo de carinho.

Você não imagina o que tem de gente triste, solitária e angustiada nesta cidade. Para que o Centro de Valorização da Vida possa ajudar essas pessoas, ele precisa de plantonistas. Gente que saiba ouvir um desabafo. Você não precisa ter nenhuma experiência: o CVV dá um curso rápido de preparação. Nem precisa ter muito tempo disponível: duas horas e meia por semana são mais do que suficientes. A única coisa que o CVV espera de você é compreensão, carinho e vontade de ajudar.
Venha ser voluntário no CVV-Samaritanos.
Os tristes, solitários e angustiados antecipadamente agradecem.

CVV-Samaritanos/Centro de Valorização da Vida
Rua Abolição, 411 · fones: 34-2121, 36-6001 e 37-9705

Você que é engenheiro, venha ajudar a reconstruir uma vida.

Você não imagina o que tem de gente triste, solitária e angustiada nesta cidade. Para que o Centro de Valorização da Vida possa ajudar essas pessoas, ele precisa de plantonistas. Gente que saiba ouvir um desabafo. Você não precisa ter nenhuma experiência: o CVV dá um curso rápido de preparação. Nem precisa ter muito tempo disponível: duas horas e meia por semana são mais do que suficientes. A única coisa que o CVV espera de você é compreensão, carinho e vontade de ajudar.
Venha ser voluntário no CVV-Samaritanos.
Os tristes, solitários e angustiados antecipadamente agradecem.

CVV-Samaritanos/Centro de Valorização da Vida
Rua Abolição, 411 · fones: 34-2121, 36-6001 e 37-9705

Você que é publicitário, venha criar uma nova perspectiva para alguém que não quer saber de promessas.

Você não imagina o que tem de gente triste, solitária e angustiada nesta cidade. Para que o Centro de Valorização da Vida possa ajudar essas pessoas, ele precisa de plantonistas. Gente que saiba ouvir um desabafo. Você não precisa ter nenhuma experiência: o CVV dá um curso rápido de preparação. Nem precisa ter muito tempo disponível: duas horas e meia por semana são mais do que suficientes. A única coisa que o CVV espera de você é compreensão, carinho e vontade de ajudar.
Venha ser voluntário no CVV-Samaritanos.
Os tristes, solitários e angustiados antecipadamente agradecem.

CVV-Samaritanos/Centro de Valorização da Vida
Rua Abolição, 411 · fones: 34-2121, 36-6001 e 37-9705

Você que é estudante, venha compreender uma porção de coisas que não se aprende na escola.

Você não imagina o que tem de gente triste, solitária e angustiada nesta cidade. Para que o Centro de Valorização da Vida possa ajudar essas pessoas, ele precisa de plantonistas. Gente que saiba ouvir um desabafo. Você não precisa ter nenhuma experiência: o CVV dá um curso rápido de preparação. Nem precisa ter muito tempo disponível: duas horas e meia por semana são mais do que suficientes. A única coisa que o CVV espera de você é compreensão, carinho e vontade de ajudar.
Venha ser voluntário no CVV-Samaritanos.
Os tristes, solitários e angustiados antecipadamente agradecem.

CVV-Samaritanos/Centro de Valorização da Vida
Rua Abolição, 411 · fones: 34-2121, 36-6001 e 37-9705

Você que é artista, venha ajudar alguém que não sabe mais representar o seu papel na vida.

Você não imagina o que tem de gente triste, solitária e angustiada nesta cidade. Para que o Centro de Valorização da Vida possa ajudar essas pessoas, ele precisa de plantonistas. Gente que saiba ouvir um desabafo. Você não precisa ter nenhuma experiência: o CVV dá um curso rápido de preparação. Nem precisa ter muito tempo disponível: duas horas e meia por semana são mais do que suficientes. A única coisa que o CVV espera de você é compreensão, carinho e vontade de ajudar.
Venha ser voluntário no CVV-Samaritanos.
Os tristes, solitários e angustiados antecipadamente agradecem.

CVV-Samaritanos/Centro de Valorização da Vida
Rua Abolição, 411 · fones: 34-2121, 36-6001 e 37-9705

Você que é jornalista, venha ajudar alguém que não consegue mais enfrentar as más notícias.

Você não imagina o que tem de gente triste, solitária e angustiada nesta cidade. Para que o Centro de Valorização da Vida possa ajudar essas pessoas, ele precisa de plantonistas. Gente que saiba ouvir um desabafo. Você não precisa ter nenhuma experiência: o CVV dá um curso rápido de preparação. Nem precisa ter muito tempo disponível: duas horas e meia por semana são mais do que suficientes. A única coisa que o CVV espera de você é compreensão, carinho e vontade de ajudar. Venha ser voluntário no CVV-Samaritanos. Os tristes, solitários e angustiados antecipadamente agradecem.

CVV-Samaritanos/Centro de Valorização da Vida
Rua Abolição, 411 · fones: 34-2121, 36-6001 e 37-9705

Você que é executivo, venha dar a mão para alguém que há muito tempo deixou de fazer planos.

Você não imagina o que tem de gente triste, solitária e angustiada nesta cidade. Para que o Centro de Valorização da Vida possa ajudar essas pessoas, ele precisa de plantonistas. Gente que saiba ouvir um desabafo. Você não precisa ter nenhuma experiência: o CVV dá um curso rápido de preparação. Nem precisa ter muito tempo disponível: duas horas e meia por semana são mais do que suficientes. A única coisa que o CVV espera de você é compreensão, carinho e vontade de ajudar. Venha ser voluntário no CVV-Samaritanos. Os tristes, solitários e angustiados antecipadamente agradecem.

CVV-Samaritanos/Centro de Valorização da Vida
Rua Abolição, 411 · fones: 34-2121, 36-6001 e 37-9705

Você que é advogado, venha se dedicar um pouquinho às leis do coração.

Você não imagina o que tem de gente triste, solitária e angustiada nesta cidade. Para que o Centro de Valorização da Vida possa ajudar essas pessoas, ele precisa de plantonistas. Gente que saiba ouvir um desabafo. Você não precisa ter nenhuma experiência: o CVV dá um curso rápido de preparação. Nem precisa ter muito tempo disponível: duas horas e meia por semana são mais do que suficientes. A única coisa que o CVV espera de você é compreensão, carinho e vontade de ajudar. Venha ser voluntário no CVV-Samaritanos. Os tristes, solitários e angustiados antecipadamente agradecem.

CVV-Samaritanos/Centro de Valorização da Vida
Rua Abolição, 411 · fones: 34-2121, 36-6001 e 37-9705

Você que é comerciário, venha atender alguém que não compra mais nenhuma briga.

Você não imagina o que tem de gente triste, solitária e angustiada nesta cidade. Para que o Centro de Valorização da Vida possa ajudar essas pessoas, ele precisa de plantonistas. Gente que saiba ouvir um desabafo. Você não precisa ter nenhuma experiência: o CVV dá um curso rápido de preparação. Nem precisa ter muito tempo disponível: duas horas e meia por semana são mais do que suficientes. A única coisa que o CVV espera de você é compreensão, carinho e vontade de ajudar. Venha ser voluntário no CVV-Samaritanos. Os tristes, solitários e angustiados antecipadamente agradecem.

CVV-Samaritanos/Centro de Valorização da Vida
Rua Abolição, 411 · fones: 34-2121, 36-6001 e 37-9705

Você que é secretária, venha atender os telefonemas mais tristes da cidade.

Você não imagina o que tem de gente triste, solitária e angustiada nesta cidade. Para que o Centro de Valorização da Vida possa ajudar essas pessoas, ele precisa de plantonistas. Gente que saiba ouvir um desabafo. Você não precisa ter nenhuma experiência: o CVV dá um curso rápido de preparação. Nem precisa ter muito tempo disponível: duas horas e meia por semana são mais do que suficientes. A única coisa que o CVV espera de você é compreensão, carinho e vontade de ajudar. Venha ser voluntário no CVV-Samaritanos. Os tristes, solitários e angustiados antecipadamente agradecem.

CVV-Samaritanos/Centro de Valorização da Vida
Rua Abolição, 411 · fones: 34-2121, 36-6001 e 37-9705